WEIHNACHTLICH STRICKEN IM SCANDI-STYLE

Jorid Linvik

WEIHNACHTLICH Stricken IM SCANDI-STYLE

Nordische Looks für Home-Deko & Accessoires

CV

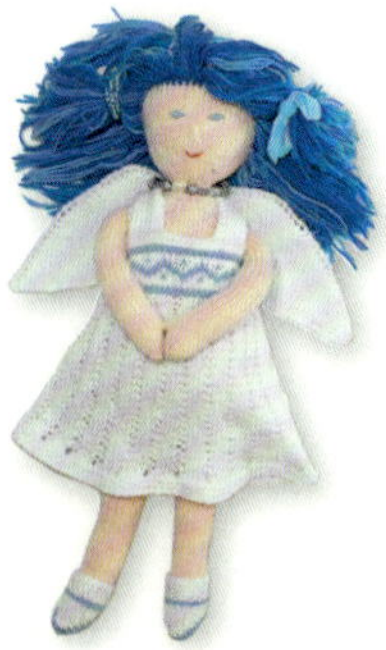

INHALT

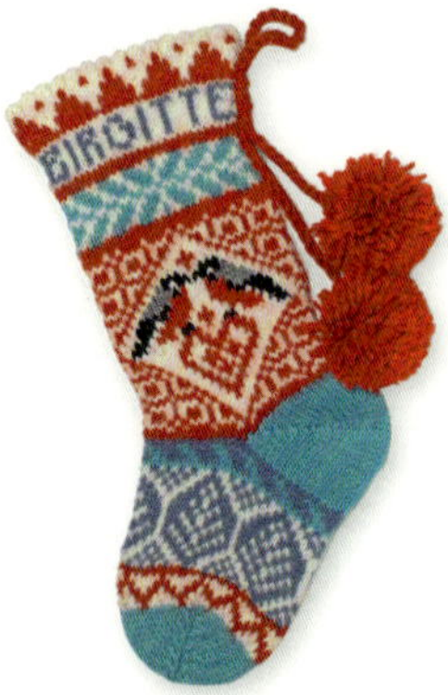

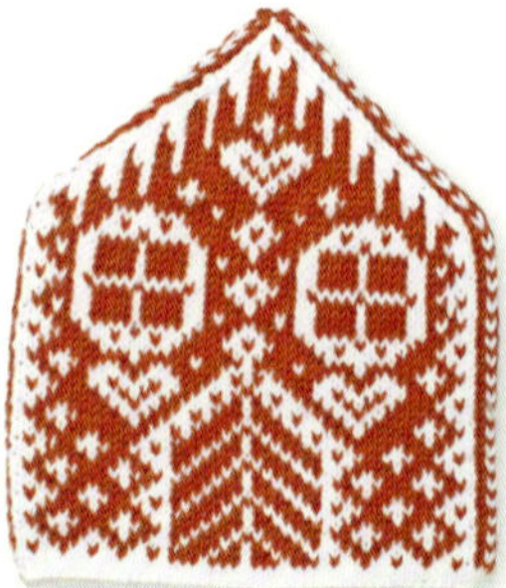

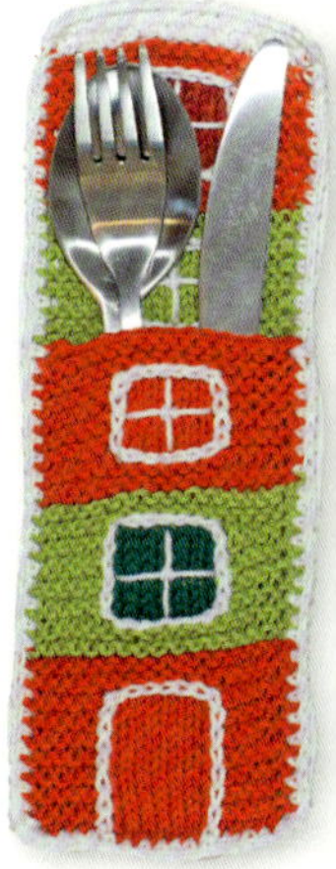

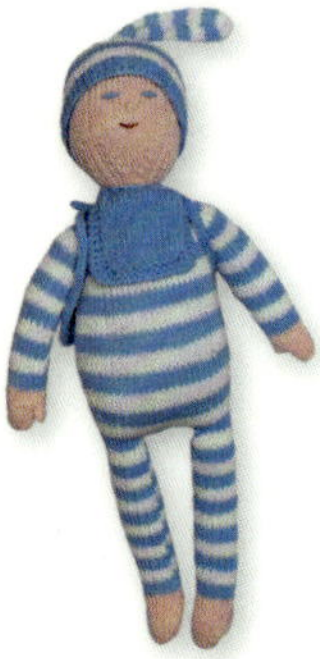

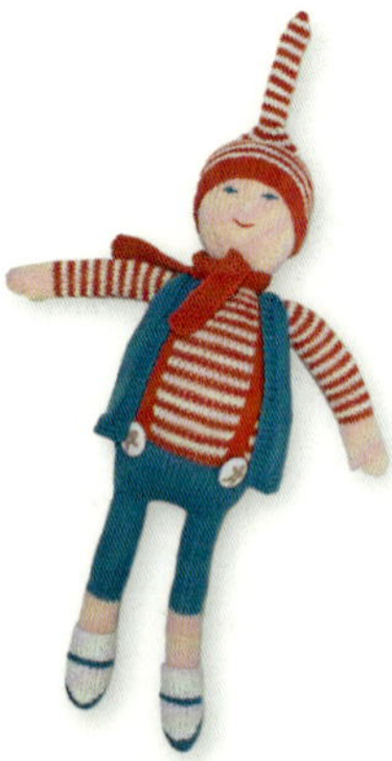

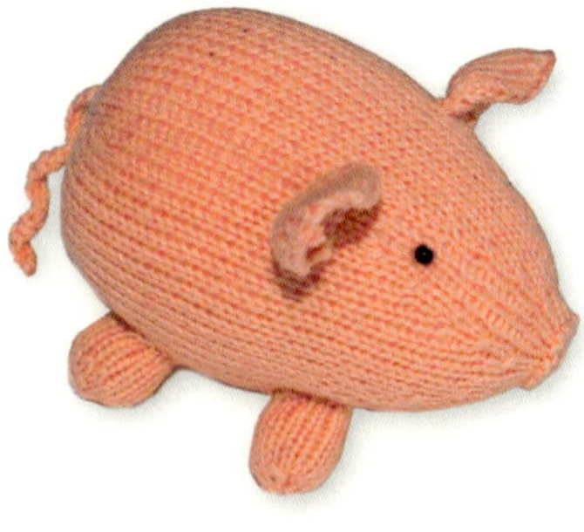

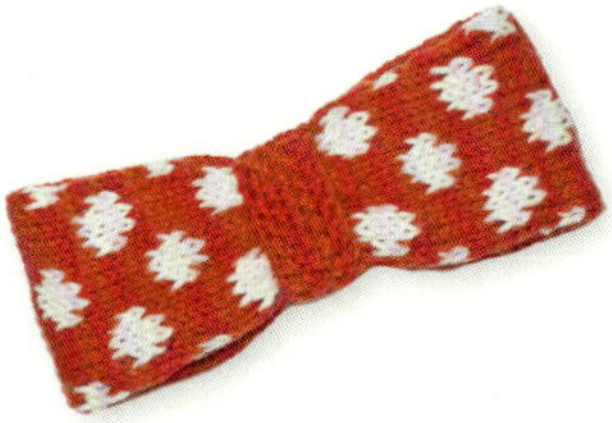
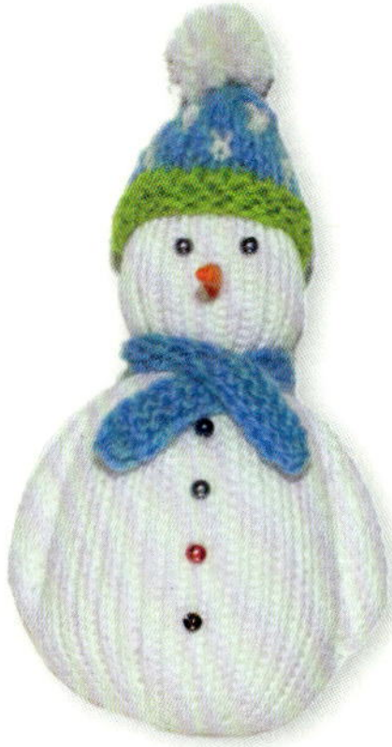
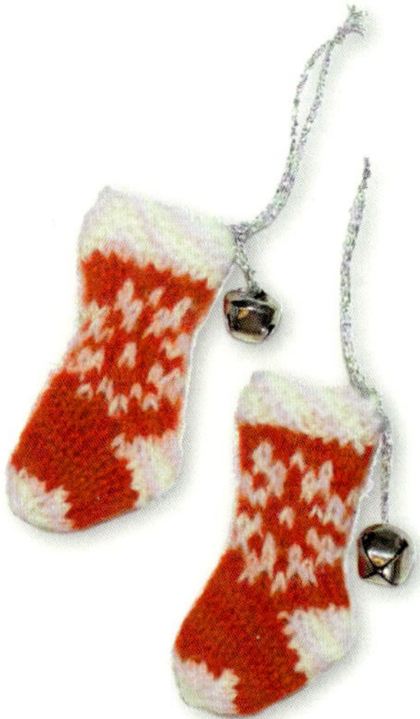

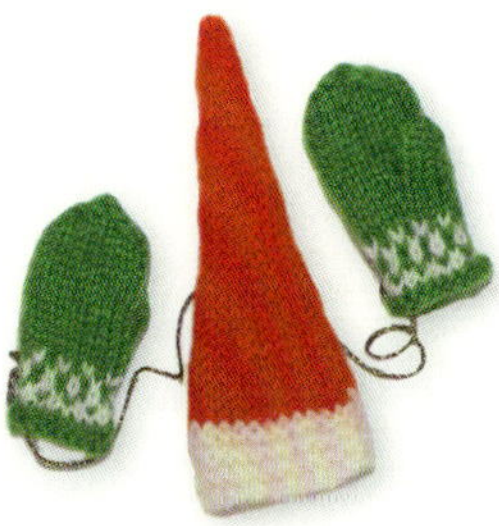
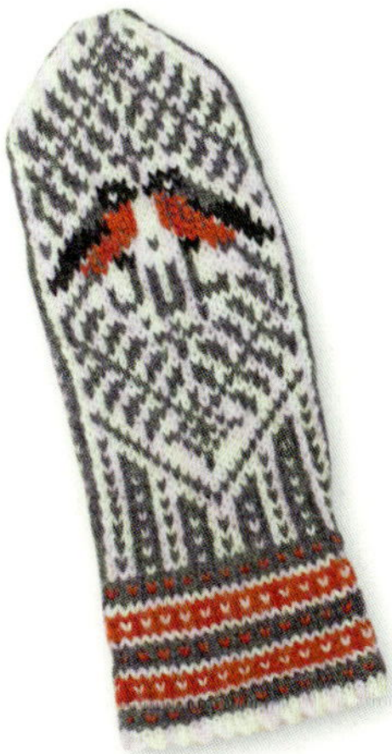
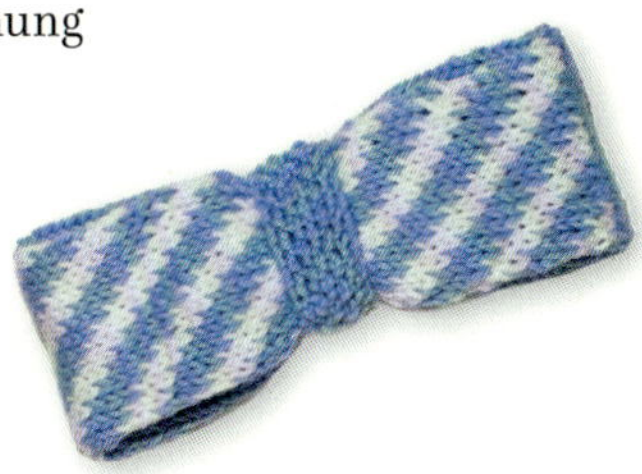

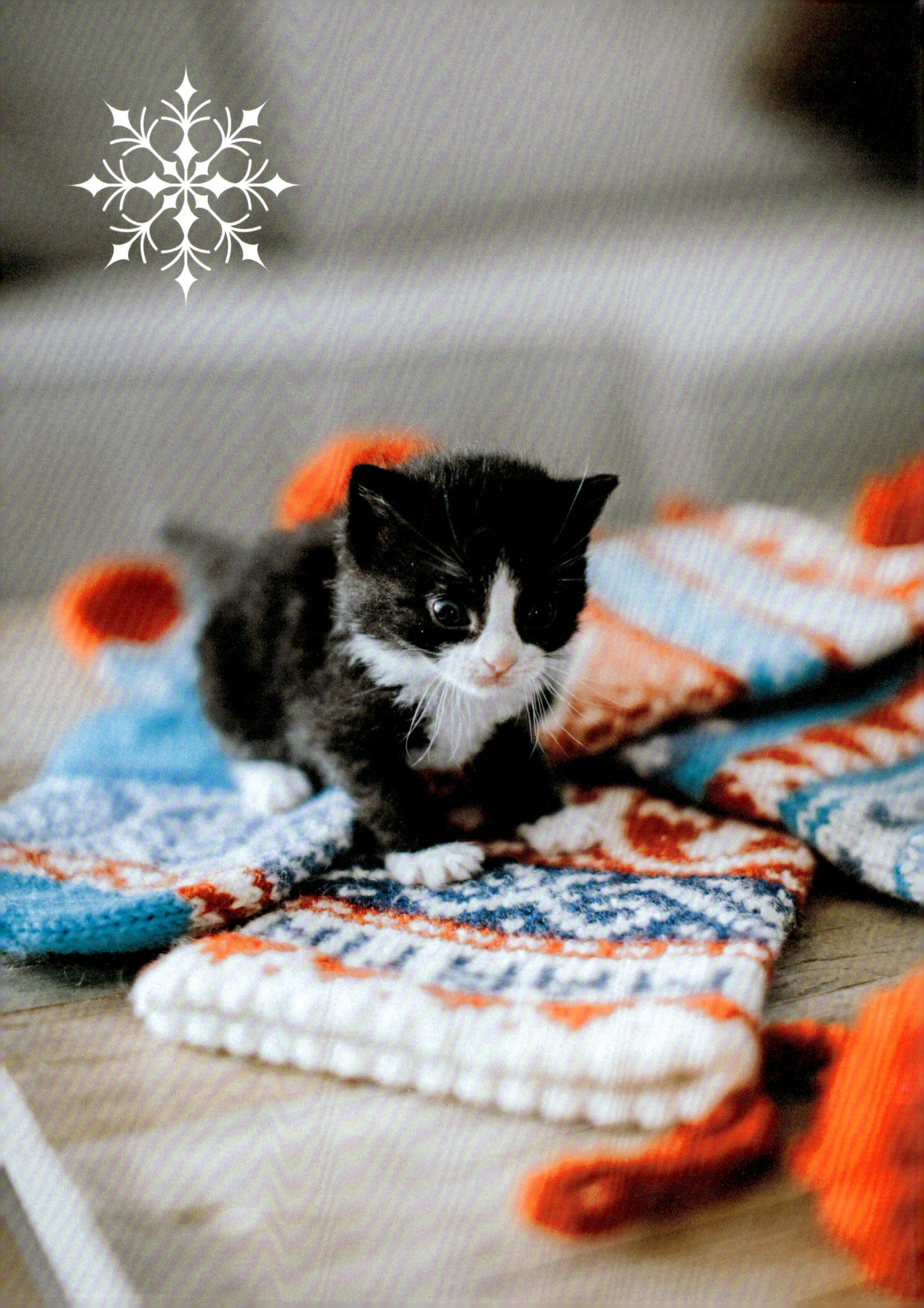

VORWORT

Es gibt sicher außer mir noch mehr Menschen, für die Advent und Weihnachten die allerschönste Zeit des Jahres ist. Das gute Gefühl beginnt am ersten Advent, wenn Adventssterne und Kerzenleuchter im Wohnzimmerfenster dekoriert sind und die wunderbare Zeit anzeigen, die bis Weihnachten vor uns liegt.

Die Dezembertage vergehen mit allen möglichen Weihnachtsvorbereitungen schnell. Weihnachtskonzerte und andere Veranstaltungen sind angenehmer Zeitvertreib. Zuhause gibt es viel zu tun, Geschenke müssen verpackt, Plätzchen und leckeres Weihnachtsessen gebacken und zubereitet werden. Auch das Haus soll geschmückt und für Weihnachten vorbereitet werden. Da kann es schnell passieren, dass man über all der Arbeit die gute Stimmung verliert.

Wir möchten unbedingt das Beste aus der Weihnachtszeit herausholen, und dann passiert es leicht, dass die vielen Erledigungen in Stress ausarten. Deshalb vergiss in dem ganzen Trubel nicht, auch mal auszuruhen! Wenn du die Zeit findest, dich zum Stricken hinzusetzen, ist das pure Erholung. Und während du dich entspannst, stellst du Weihnachtsgeschenke und Weihnachtsschmuck her, eine echte Win-win-Situation. Und vielleicht hast du beim Stricken sogar Zeit zum Fernsehen oder Musik hören? Dreifaches Glück.

Und eigentlich steht einem frühen Start ja nichts im Weg – wenn du eher der/die Planer/in bist. Weihnachtsgeschenke und Weihnachtsschmuck kann man schließlich das ganze Jahr über stricken. Und du hast Zeit, die Weihnachtszeit zu genießen.

Dieses Buch ist für diejenigen gemacht, die sich bei einer schönen Strickarbeit erholen wollen. Hier findest du viele hübsche und nützliche Strickprojekte für Kleine und Große. Alle Projekte sind auf Weihnachten ausgerichtet, sei es als Weihnachtsgeschenk oder zum Spielen oder als Dekoration.

Fröhliche Weihnachten!
Jorid Linvik
Bodø, Oktober 2018

SO STRICKST DU DIE MUSTER AUS DIESEM BUCH

Wenn du die Grundlagen des Strickens beherrscht, steht dem Stricken der Projekte aus diesem Buch nichts im Weg. Natürlich sind einige leichter herzustellen als andere. Viele Projekte eignen sich sehr gut für Anfänger/innen, während andere eher für erfahrene Stricker/innen sind. Vor dem Beginn sollte man immer die ganze Anleitung durchlesen und verstehen, wie das Projekt gestrickt wird. Als Einführung gibt es eine Erklärung für die gebräuchlichsten Begriffe, Strickschriften und Zeichnungen, die im Buch verwendet werden.

IN REIHEN HIN UND ZURÜCK STRICKEN

In vielen Anleitungen wird in Reihen hin und zurück gestrickt. Dafür kannst du entweder mit zwei klassischen Stricknadeln stricken oder mit einer Rundstricknadel. Die erste Masche jeder Reihe locker abheben, das ergibt eine gleichmäßige und schöne Kante. In den Strickschriften wird darauf nicht mehr extra hingewiesen.

RUND STRICKEN

Mehrere Projekte werden rund gestrickt. Mützen und größere Stücke werden auf einer Rundstricknadel gestrickt. Erst werden alle Maschen angeschlagen, dann zum Ring geschlossen und rund wie ein Schlauch gestrickt. Wenn die Maschenanzahl zu gering für die Länge der Rundstricknadel ist, strickst du mit einem Nadelspiel mit fünf einzelnen Nadeln. Zuerst die benötigten Maschen anschlagen, dann auf die vier einzelnen Nadeln verteilen und zum Ring schließen. Darauf achten, dass alle Maschen zur gleichen Seite gedreht sind, damit es keine Löcher im Strick gibt. Mit der fünften Nadel wird gestrickt.

REIHE

Eine Reihe ist die Anzahl der Maschen, die längs in der Arbeit vorkommen. Wenn man rund strickt, ist eine Reihe eine ganze »Runde« der Arbeit.

KRAUSRIPPE

Zwei Reihen rechte Maschen ergeben eine Krausrippe, wenn man hin und zurück strickt. In Runden muss man erst eine Runde rechte Maschen und dann eine Runde linke Maschen stricken, um eine Krausrippe zu erhalten.

MUSTER MIT ZWEI FARBEN STRICKEN

Bei einigen Anleitungen werden Muster mit zwei Farben in einer Reihe gestrickt. Achte darauf, dass beide Fäden die gesamte Zeit auf der linken Seite der Arbeit liegen. Bei Farbwechseln soll der Faden, mit dem nicht gestrickt wird, glatt anliegen, ohne angezogen zu sein.

HAUPTFARBE

Die meisten zweifarbigen Muster zeigen ein deutlich definiertes Motiv vor einem Hintergrund, wie zum Beispiel die Kalenderbeutel, bei denen die Figuren das Motiv sind. Für das bestmögliche Resultat, bei dem das Motiv klar hervortritt, soll der Faden, mit dem das Motiv gestrickt wird, so gehalten werden, dass er auf der Rückseite der Arbeit unter dem anderen Faden liegt.

Wenn du mit einer Farbe in je einer Hand strickst, soll der Faden, mit dem das Motiv gestrickt wird, in der linken Hand gehalten werden. Wenn du beide Fäden über den linken Zeigefinger führst, soll der Faden, mit dem das Motiv gestrickt wird, innen am Finger liegen. Beide Farben sollen während des Strickens gleichmäßig nebeneinander gehalten werden. Wenn sie vertauscht werden, zeigt sich das als Unebenheit im Muster.

EINEN DAUMEN STRICKEN

Fausthandschuhe sind leicht zu stricken – bis man zum Daumen kommt. Du beginnst den Fausthandschuh unten und strickst bis zu der Stelle, an der der Daumen beginnen soll. Die Daumenöffnung ist in den Strickschriften mit einer horizontalen Linie markiert.

In der Reihe über der Linie lässt man einen zusätzlichen losen Faden mitlaufen, den »Daumenfaden«, jedoch nur über die markierten Maschen. Der Daumenfaden sollte eine Kontrastfarbe haben und lang genug sein, damit man ihn gut erkennt und an den Enden locker verknoten kann.

Nach Muster bis einschließlich der letzten Masche vor der Markierung stricken. Die nächsten Maschen (hier im Beispiel 11 Maschen) über der Markierung mit dem Daumenfaden stricken, alles rechte Maschen. Lege beide Enden des Daumenfadens in die Innenseite. Schiebe die mit dem Daumenfaden gestrickten Maschen zurück auf die linke Nadel und stricke über dem Faden weiter nach Muster.

Wenn der Daumenfaden herausgezogen wird, ergibt sich eine Öffnung an der Stelle der Arbeit, an der anschließend der Daumen rund angestrickt wird.

Schiebe eine Nadel durch die Maschen unter und eine Nadel durch die Maschen über dem Daumenfaden, bevor du ihn herausziehst. So vermeidest du, dass du Maschen verlierst, denn sie liegen fest auf der Nadel. Jetzt den Daumenfaden herausziehen.

Beginne den Daumen auf der Vorderseite. In der ersten Reihe werden ein oder zwei Maschen an jeder Seite zugenommen. Für die Zunahme zu Beginn der Reihe wird eine Masche aus dem Maschenbogen der vorherigen Reihe aufgenommen. Am Ende der Reihe wird eine Masche vor der letzten Masche zugenommen.

Wenn der Daumen fertig ist, gibt es eventuell dort, wo der Daumen anfängt, kleine Löcher im Strick. Diese kannst du auf der Innenseite vorsichtig zusammenziehen, wenn du die Fäden vernähst.

EINE FERSE STRICKEN

Auch Socken sind leicht zu stricken, jedenfalls bis zur Ferse. In diesem Buch gibt es Muster für verschiedene Socken und Weihnachtsstrümpfe und unterschiedliche Arten von Fersen. Das Abnehmen für die Ferse wird bei den einzelnen Anleitungen gut erklärt. Ein paar Fersen werden hin und zurück gestrickt und an den Seiten wird abgenommen. Andere werden rund über eine Öffnung gestrickt, die genauso gearbeitet wird wie die Daumenöffnung im Beispiel oben.

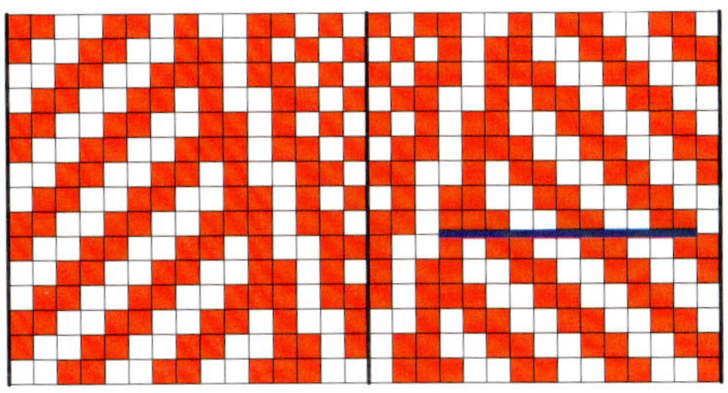

IM MASCHENSTICH ZUSAMMENNÄHEN

Um einen schönen Saum an der Spitze von Fausthandschuhen oder Socken zu erhalten, werden sie mit dem Maschenstich zusammengenäht. Das ergibt eine saubere und leicht abgerundete Kante, die schöner aussieht, als wenn die letzten Maschen mit einem Faden zusammengezogen werden. Den Maschenstich verwendet man auch für die Schulternähte.

BESTICKEN

Bei mehreren Projekten werden einige Maschen bestickt, damit das Motiv besonders gut zu erkennen ist. Das ist gewöhnlich eine spannende Arbeit, denn erst dadurch wird das Stück einmalig. Verwende dafür den Maschenstich.

Manchmal ist es hilfreich, den Stickfaden zu teilen und nur mit 2 Fäden zu sticken. Dann wird die Stickerei nicht so dick. Umgekehrt ist es oft gerade gut, dass die bestickten Maschen aus dem Hintergrund hervortreten, sodass du selbst entscheiden kannst, was im jeweiligen Projekt besser aussieht.

Du kannst diese Technik auch dann verwenden, wenn du einen Fehler im Muster gestrickt hast. Der lässt sich meist mit ein paar Stichen beheben.

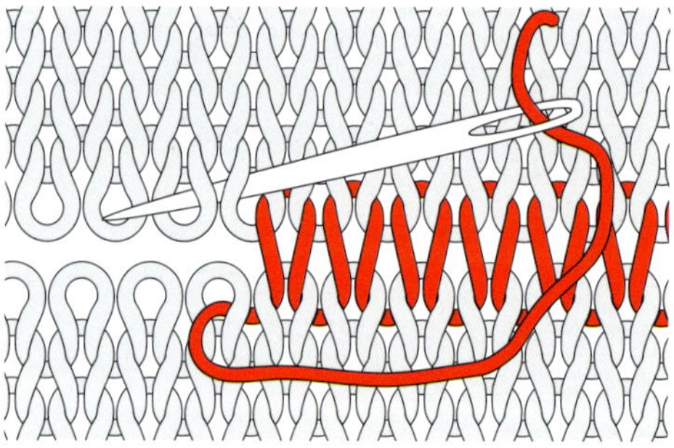

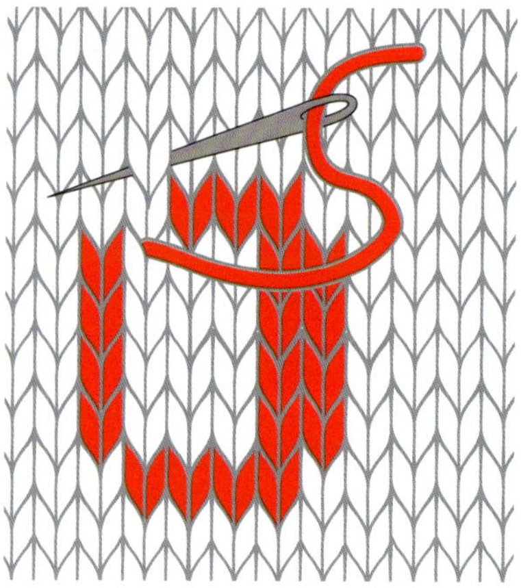

STRICKSCHRIFTEN VERSTEHEN

A) Die Zahl in einem Kreis verweist auf die gleiche Zahl in der Anleitung. Der Pfeil beim Kreis zeigt auf die Reihe/ Runde, die erklärt wird.

B) Deutliche, vertikale Linien im Muster markieren die Trennung zwischen den Maschen auf jeder Nadel. Das macht es einfacher zu sehen, an welche Stelle im Muster man sich befindet.

C) Die Zahl zwischen den vertikalen Linien nennt die Anzahl der Maschen auf der Nadel.

E) Die »Kerbe« an der Seite des Musters: Nach jeder Abnahme gibt es weniger Maschen auf der Nadel und das Muster wird kleiner. Es erscheint auch eine »Kerbe« in der Strickschrift, wenn es um Zunahmen geht.

F) Gestrichelte Linien über »ehemalige« Maschen nach der Abnahme. Das sind keine Maschen mehr, die gestrickt werden. Bei einigen Mustern liegen die gestrichelten Linien über Maschen, die später wieder zugenommen werden.

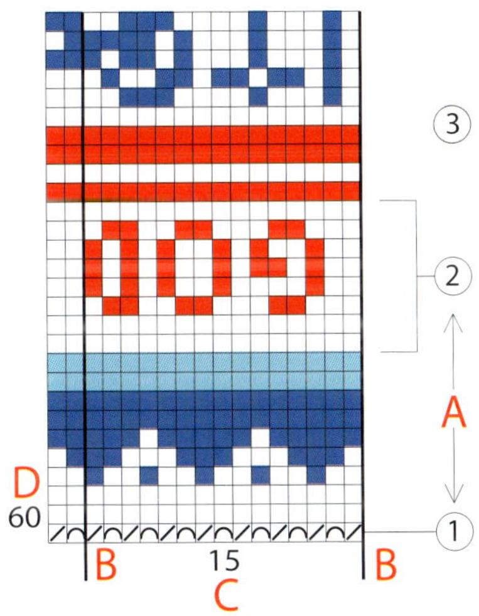

D) Die Zahl links vor der Strickschrift nennt die Gesamtzahl der Maschen der Reihe.

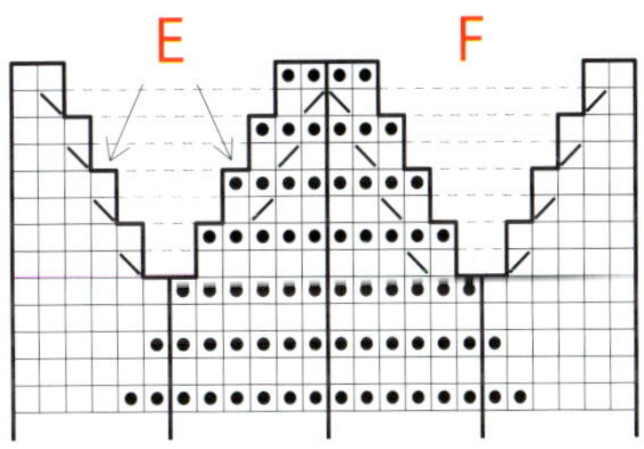

ZEICHENERKLÄRUNG FÜR STRICKSCHRIFTEN

Jedes Kästchen in den Strickschriften entspricht einer Masche. Stricke die Maschen mit den Garnfarben, die im Kästchen angegeben sind. Die Symbole im Kästchen geben an, wie die Masche gestrickt werden soll.

Rechte Masche: Wird sowohl auf der rechten als auch auf der linken Seite der Arbeit rechts gestrickt.

Linke Masche: Wird sowohl auf der rechten als auch auf der linken Seite der Arbeit links gestrickt.

Eine Masche aufnehmen/anschlagen: Hier nimmst du so auf, wie es dir am passendsten erscheint. Entweder indem eine neue Masche aus dem Maschenbogen der vorherigen Reihe gestrickt wird, oder indem der Faden zwischen zwei Maschen hervorgeholt und rechts gestrickt wird.

Umschlag: Den Faden von vorne über die rechte Nadel legen, in der nächsten Reihe wird er wie eine Masche gestrickt.

Nach rechts zunehmen: Eine rechte Masche aus dem Maschenbogen unter der vorherigen Masche stricken.

Nach links zunehmen: Eine rechte Masche aus dem Querfaden der folgenden Masche stricken.

Nach rechts abnehmen: 2 Maschen in der angegebenen Farbe rechts zusammenstricken.

Nach links abnehmen: 2 Maschen in der angegebenen Farbe rechts verschränkt zusammenstricken.

Rechts verschränkt: Die Nadel von links nach rechts durch zwei Maschen schieben und beide Maschen zusammenstricken. Oder die erste Masche locker abheben, die zweite Masche verschränkt stricken und die erste Masche über die gestrickte Masche heben.

3 Maschen zusammenstricken: Die erste Masche locker abheben, die nächsten zwei Maschen rechts zusammenstricken und die abgehobene Masche darüberziehen.

- Rechte Masche
- Linke Masche
- Eine Masche aufnehmen/anschlagen
- Nach rechts zunehmen
- Nach links zunehmen
- Umschlag
- Nach rechts abnehmen
- Nach links abnehmen
- 3 Maschen zusammenstricken

GARN, STRICKNADELN UND MASCHENPROBE

GARN

Jede Anleitung in diesem Buch kann mit vielen verschiedenen Garnsorten gestrickt werden. Das hier verwendete Garn ist mehr oder weniger zufällig ausgewählt. Du kannst einfach mit dem Garn stricken, das dir gefällt, sofern die Maschenprobe übereinstimmt. Nur dann ist die endgültige Größe auch gleich.

Wenn du die Suche nach dem passenden Garn schwierig findest, nimm das Buch einfach mit ins Garngeschäft. Damit lässt sich das gewünschte Garn im jeweiligen Sortiment vielleicht einfacher finden.

Zu Beginn jeder Anleitung steht die Garnsorte, die für das Modell verwendet wurde. Außerdem sind die Zusammensetzung, die Lauflänge (LL) und die Maschenprobe angegeben, damit du leicht ein alternatives Garn finden kannst.

BAUMWOLLGARN

Viele der Modelle aus diesem Buch sind mit Baumwollgarn gestrickt. Meistens wurde dünnes Garn verwendet, nur die Topflappen sind in einer stärkeren Qualität hergestellt. Baumwolle hat die Eigenschaft, dass sie weder verfilzt noch fusselt und »ordentlich« aussieht bei den Projekten, die auf dem Tisch stehen oder das Haus schmücken sollen. Baumwollgarn eignet sich außerdem gut zum Stricken von Spielsachen, vor allem für kleine Kinder, die noch vieles in den Mund nehmen. Es gibt immer mehr ökologisches Baumwollgarn, frage in den Geschäften einfach danach, falls du dich dafür interessierst.

WOLLGARN

Viele Projekte in diesem Buch sind aber für das Stricken mit Wollgarn gedacht. Ich habe verschiedene Sorten Wollgarn für die unterschiedlichen Verwendungsmöglichkeiten benutzt.

- *Wollgarn zum Filzen:* Gestrickte Sachen, die gefilzt werden, bekommen eine dichte, weiche und schöne Oberfläche. Wenn Muster eingestrickt sind, werden sie ganz leicht verwaschen aussehen. Gut geeignet zum Filzen ist Garn aus 100 % Wolle oder Alpaka oder eine Mischung der beiden Sorten. Oft ist es auf der Garnbanderole vermerkt, wenn das Garn zum Filzen geeignet ist.

- *Verstärktes Wollgarn:* Für Socken, Fausthandschuhe und andere Kleidungsstücke, die ständig benutzt werden, sollte man Garn auswählen, das speziell dafür hergestellt ist. Bei diesem Garn ist Wolle mit Kunstfasern verstärkt für eine bessere Haltbarkeit.

- *Wollgarn, das sich in der Maschine waschen lässt:* Viele Waschmaschinen haben ein eigenes Wollwaschprogramm, das die Kleidung so vorsichtig wäscht wie bei Handwäsche. Wenn du keine solche Waschmaschine hast, wählst du am besten ein Garn mit »Superwash«-Behandlung. Dieses Garn wurde chemisch behandelt und läuft in der Waschmaschine nicht ein und verfilzt nicht.

GARNVERBRAUCH

Der Garnverbrauch, der bei den Anleitungen angegeben ist, gilt für das Garn, mit dem die Modelle gestrickt sind. Wenn du anderes Garn verwendest, kann der Garnverbrauch anders als angegeben sein und die Menge reicht eventuell nicht.

STRICKNADELN

Es gibt Stricknadeln in ganz unterschiedlichen Qualitäten. Die Stärke der Nadeln sollte zusammen mit dem ausgewählten Garn die Maschenprobe ergeben, die für das Projekt benötigt wird. Wähle die Stricknadeln auch nach der Oberfläche und dem Gewicht aus, damit du gerne mit ihnen strickst. Gute Nadeln sind Gold wert.

• *Nadelspiel mit 5 Nadeln:* Es wird verwendet, wenn rund gestrickt wird und das Projekt nicht so viele Maschen hat, dass man dafür eine Rundstricknadel benötigt. Die Maschen werden auf 4 Nadeln verteilt und mit der 5. Nadel wird gestrickt.

Nadelspiele gibt es in unterschiedlichen Längen. Wähle die Länge aus, die für das jeweilige Projekt am besten geeignet ist.

• *Rundstricknadel:* Das ist eine Schnur mit zwei Nadeln an den Enden. Sie ist für größere Stücke gedacht, die rund gestrickt werden. Sie eignet sich aber genauso gut zum in Reihen stricken, wenn es sehr viele Maschen sind. Für eine Mütze solltest du eine Nadellänge von 40–50 cm wählen.

MASCHENPROBE

Um die richtige Größe zu erreichen, muss deine Maschenprobe mit der Maschenprobe in der Anleitung übereinstimmen. Stricke ein Probestück oder miss beim Stricken nach, um sicher zu sein, dass es passt.

Lege das Maßband auf das Gestrickte und zähle ab, wie viele Maschen es auf 10 cm sind. Die Abbildung zeigt eine Maschenprobe von 18 Maschen = 10 cm.

Wähle das Garn und die Nadeln passend für die benötigte Maschenprobe. Stricke ein Probestück oder miss beim Stricken nach und vergleiche mit der Anleitung. Wenn die Zahl zu niedrig ist, solltest du dünnere Nadeln verwenden und wenn sie zu hoch ist, dickere Nadeln verwenden.

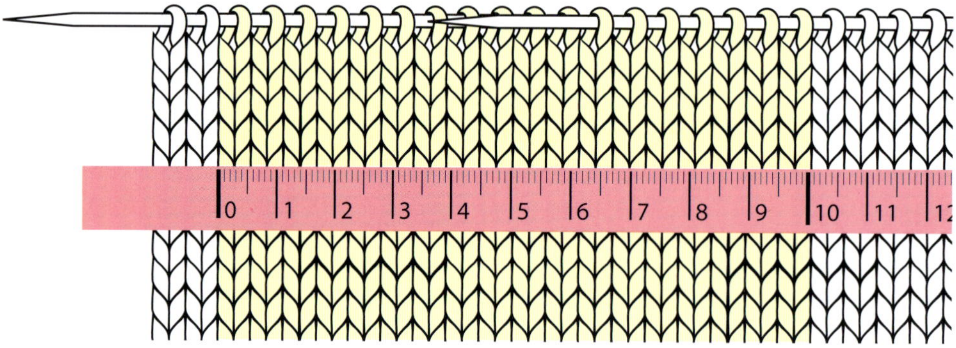

BOMMEL

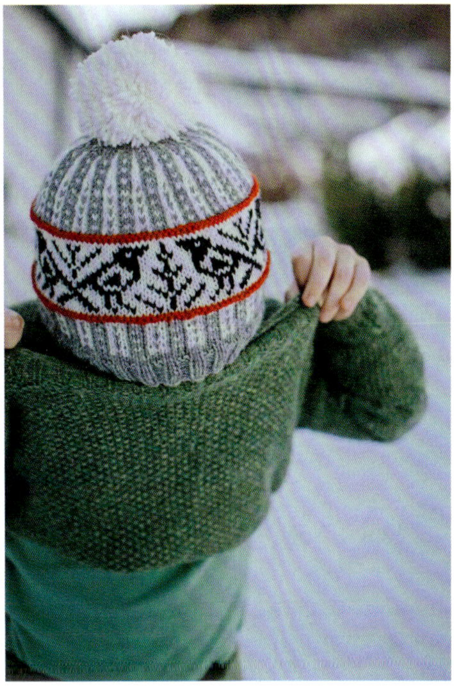

Weihnachten soll reich geschmückt und modisch sein, deshalb schmückt man sich mit üppigen Bommeln. In Garngeschäften kann man ein Werkzeug zum Herstellen von Bommeln kaufen. Oder verwende diese einfache und praktische Methode:

Wickle das Garn um einen flachen oder runden Gegenstand mit passender Größe, zum Beispiel um eine Flasche oder eine feste Karte.

Wickle das Garn mindestens 100-mal so um den Gegenstand, dass ein dickes Bündel entsteht. Ziehe das Bündel vorsichtig vom Gegenstand, umwickle es in der Mitte mehrfach eng mit einem langen Faden und knote diesen schließlich fest zusammen. Mit einem Ende des Fadens durchstichst du die Mitte des Bündels von beiden Seiten mehrmals, bis es fest ist. Auf diese Weise verhinderst du, dass sich der Bommel später auflöst.

Die Schlingen an beiden Enden mit der Schere aufschneiden, aber den Befestigungsfaden nicht abschneiden. Schneide den Bommel mit der Schere in eine schöne runde Form und nähe ihn mit dem Faden an.

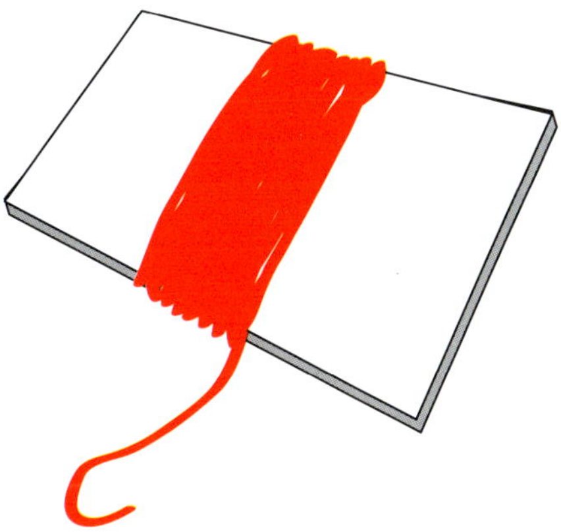

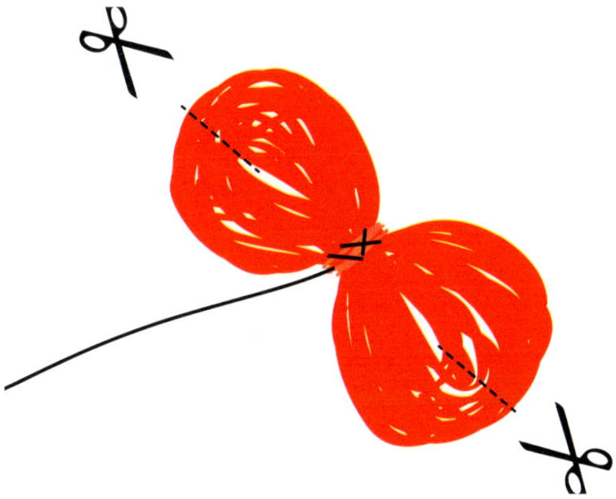

BÄNDER HERSTELLEN

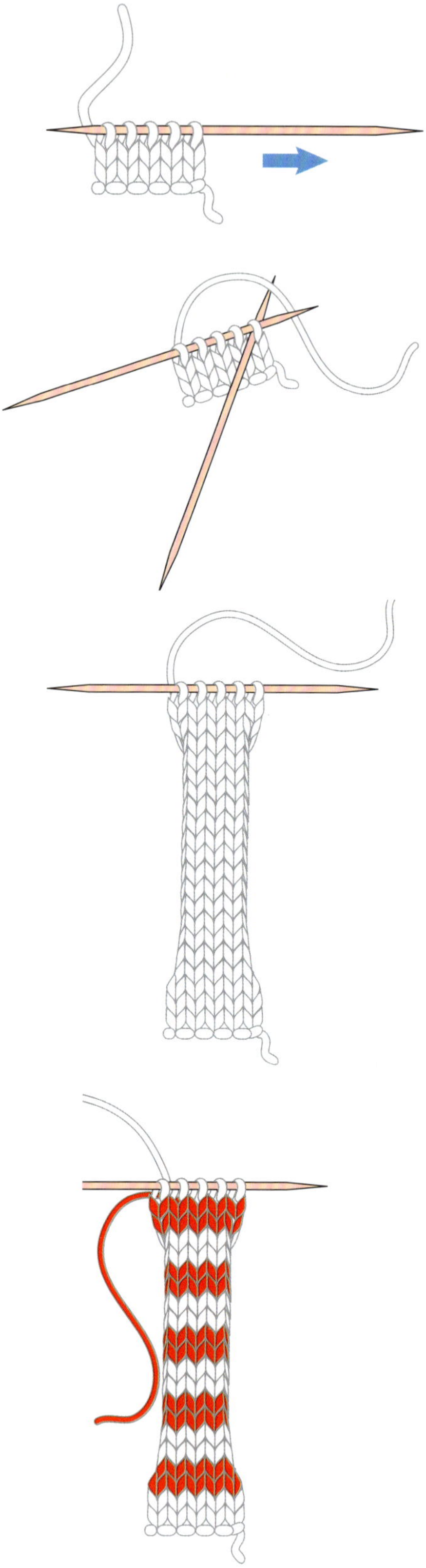

Hier kommt eine Anleitung für ein breites festes Band, das vielseitig einsetzbar ist. Man kann es als Band für Mützen, Fausthandschuhe oder Strümpfe benutzen oder als Aufhänger für die Weihnachtsstrümpfe.

Ein schönes Band kann auch als Brillenband oder Armband benutzt werden.

BAND ODER »I-CORD«

Dies ist eine gute »alte« Methode, die viele sicher noch aus dem Handarbeitsunterricht in der Schule kennen. Das Ergebnis ist ein flaches dickes Band.

Das Band wird mit 2 Nadeln gestrickt. Mit einer Nadel wird die gewünschte Anzahl Maschen angeschlagen. Es können 3–7 Maschen sein und man muss selbst herausfinden, wie viele Maschen man für das gewünschte Band benötigt.

Die Maschen anschlagen. Eine Reihe stricken. Die Arbeit nicht wenden, sondern die Maschen auf die linke Seite der Nadel schieben. Den Faden auf der Rückseite der Maschen leicht anziehen und rechte Maschen über alle Maschen stricken. Die Maschen wieder auf die linke Seite der Nadel schieben, stricken und dies so lange wiederholen, bis das Band lang genug ist. Maschen abketten.

BAND MIT ZWEI FARBEN

Man kann gestreifte Bänder mit mehr als einer Farbe stricken. Man muss nur darauf achten, dass der Faden, mit dem gerade nicht gestrickt wird, *innen* im Band liegt. Das ergibt ein besonders festes Band, das sich kaum in die Länge zieht, wenn es festgenäht ist.

FRANSEN UND HAARE

Bei einigen Anleitungen hier im Buch werden Fransen verwendet. Dichte Reihen mit Fransen ergeben die Haare der Puppen.

Eine Reihe Fransen peppt jedes Strickteil auf und macht es zu etwas Besonderem. Die Fransen können auch aus einem anderen Garn sein als das gestrickte Teil.

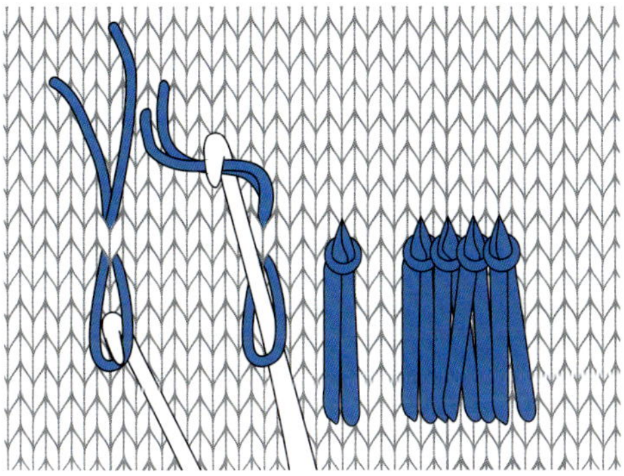

FRANSEN HERSTELLEN

Garnstücke zuschneiden, die etwas mehr als die doppelte Länge der fertigen Fransen haben. Stich mit einer Häkelnadel von unten nach oben zwischen zwei Maschen und ziehe das Garn in einer Schlaufe nach unten. Dann die zwei Fäden durch die Schlaufe ziehen.

Fransen als Haare: Mache zuerst einen Ring aus Fransen am Haaransatz rund um den Kopf. Stich die Häkelnadel immer von unten nach oben durch das Kopfteil. Wenn du dünnes Garn als Haare verwendest, kannst du auch zwei Fäden gleichzeitig durchziehen. Bei dickem Garn muss man eventuell nur in jeder zweiten Masche eine Franse anbringen. Fülle auf diese Weise den gesamten Kopf von unten nach oben.

FILZEN

Damit etwas gefilzt werden kann, muss es zuerst aus reiner unbehandelter Wolle gestrickt werden. Durch das Filzen verhaken sich die Fasern ineinander, die Oberfläche wird dichter und weicher und das gesamte Stück zieht sich zusammen und wird kleiner.

Es gibt zwei Arten des Filzens.

VON HAND FILZEN

Das zu filzende Stück wird in warmes Seifenwasser gelegt. Dafür eignet sich normale Handseife oder auch ein Haarshampoo. Traditionell wird mit Grüner Seife gefilzt, aber die riecht nicht so gut.

Reibe das Stück fest gegen ein Waschbrett oder eine andere raue Oberfläche. Auch auf der linken Seite soll das Stück gut gedrückt und gerieben werden. Je heißer das Wasser ist, desto schneller geht das Filzen. Aus dem Wasser nehmen, wenn das Stück genug gefilzt ist.

Wenn man von Hand filzt, kann man das Einlaufen am besten steuern. Man kann zum Beispiel den Daumen eines Fausthandschuhes weniger lange filzen als den Handschuh selbst. Und es ist viel einfacher, die richtige Form zu erhalten.

Der Nachteil beim von Hand Filzen ist, dass es vor allem bei großen Stücken sehr anstrengend ist.

FILZEN IN DER WASCHMASCHINE

Die Stücke, die gefilzt werden sollen, zusammen mit einem Handtuch in die Waschmaschine legen. Einen Esslöffel Grüne Seife oder ein flüssiges Waschmittel dazu geben und bei 30 °C waschen. Je nach Waschmaschinentyp kann das Ergebnis sehr unterschiedlich ausfallen. Kleine Teile sollten nicht allein, sondern mit anderen Dingen zusammen gefilzt werden.

NACH DEM FILZEN

Die Stücke in Form ziehen, solange sie feucht sind und dann auf einer flachen Unterlage trocknen lassen. Das Bürsten mit einer Nagelbürste verleiht den Stücken eine extra »haarige« Oberfläche.

ANLEITUNGEN

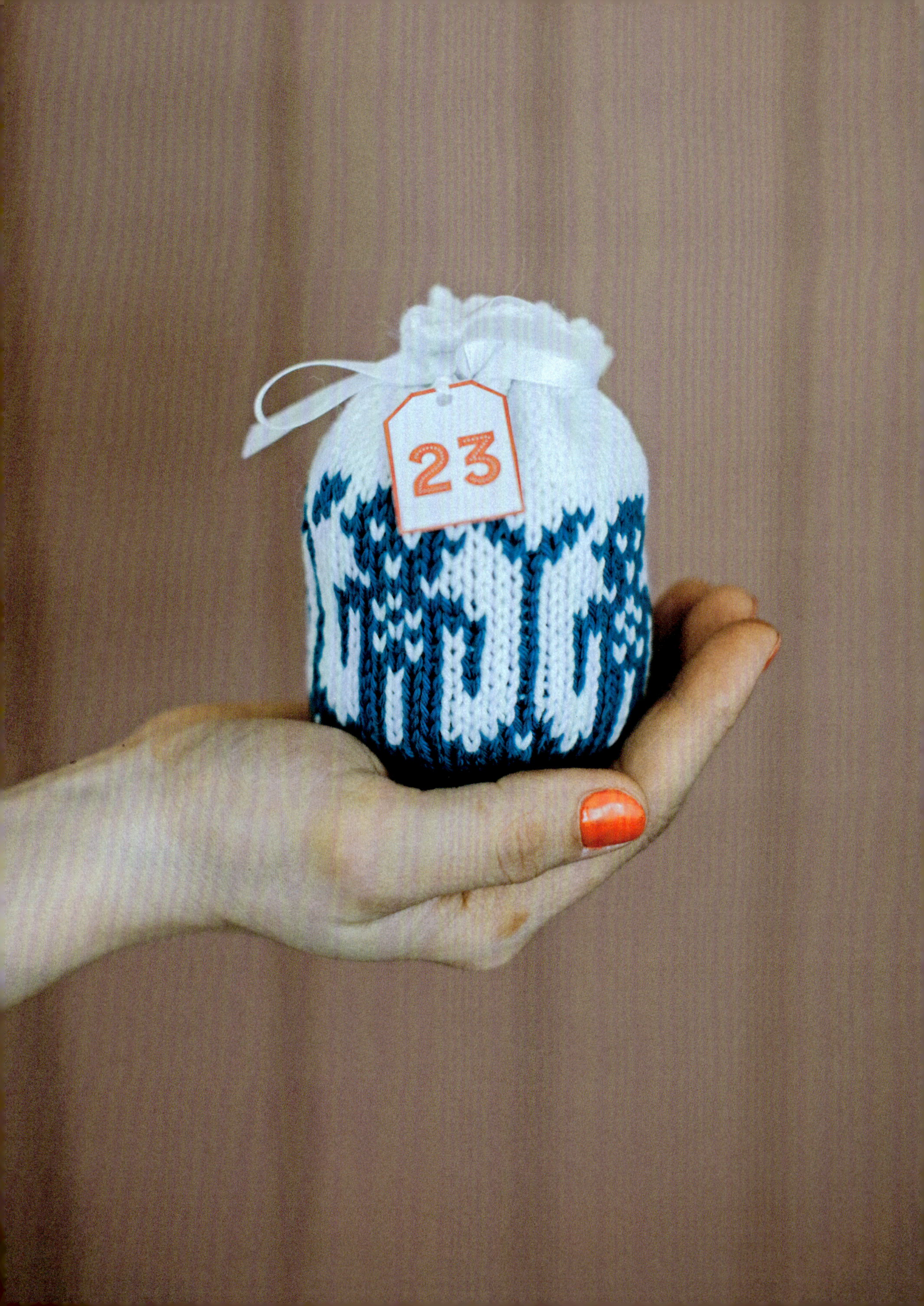
23

ADVENT

Advent bedeutet Wartezeit, wir warten darauf, dass es Weihnachten wird. Aber die Adventszeit ist oft voller Ereignisse: Es gibt Weihnachtsfeiern, Jahresabschlüsse, Weihnachtsessen und Gemütlichkeit. Eine herrliche Sache für Kleine und Große ist der Adventskalender. Mit ihm werden die Tage gezählt und gleichzeitig bekommt man jeden Tag ein kleines Geschenk oder eine Überraschung. Und es sind natürlich nicht nur die Kinder, die sich über den Kalender freuen – warum nicht auch Erwachsene damit beschenken? An den vier Sonntagen vor Weihnachten zünden wir Adventskerzen an und eins nach dem anderen werden die Lichter angezündet.

Eine neuere Tradition ist der »Rampenisse«, der Weihnachtskobold, der ins Haus kommt und in der Adventszeit jede Nacht Streiche spielt. Wer einen solchen Zwerg im Haus hat, hat viel zu tun. Für diejenigen unter uns, die gern stricken, ist die Adventszeit eine schöne Zeit. Was kann denn gemütlicher sein, als an einem dunklen und kalten Vorweihnachtsabend mit dem Strickzeug am Kamin zu sitzen. Die ersten Anleitungen im Buch zeigen Dinge, die unbedingt zur Adventszeit dazu gehören.

KALENDER-BEUTEL

Mache jeden einzelnen Tag der Adventszeit spannend!

Es gibt keine Regeln dafür, wie ein Adventskalender aussehen soll. Es kann zum Beispiel eine kleine Kommode mit 24 Schubladen sein, oder ein großes Bild mit 24 Haken, um Päckchen daran aufzuhängen, er kann digital sein oder ein Rubbellos.

Hier gibt es Anleitungen für 24 verschiedene Geschenkebeutel, alle mit süßen Motiven. In die Beutel kann man kleine Überraschungen legen. Stelle sie alle auf den Tisch oder in ein Regal, hänge sie an Haken oder Zweige, oder lege sie in einen Korb.

Auf die Beutel selbst ist kein Datum gestrickt, das schreibst du auf kleine Anhänger, damit man weiß, welcher Beutel an welchem Tag geöffnet werden darf. Dafür kannst du entweder eigene Anhänger entwerfen oder die Vorlage aus dem Buch herunterladen.

Zum Binden der Beutel habe ich verschiedene Bänder benutzt.

GARN: Anna og Clara Baumwollgarn von Søstrene Grene (100 % Baumwolle, LL = 160 m/50 g). Es sind 50 g Knäuel ohne Farbnummern. Jedes Geschäft bietet je nach Saison unterschiedliche Farben an. Für die Beutel habe ich Weiß (1–2 Knäuel), Rot, Dunkelblau, Dunkelgrün und Türkis (jeweils weniger als 1 Knäuel) verwendet. Kauf einfach die Farben, die dir am besten gefallen, aber bleibe bei Weiß als Grundfarbe.

ALTERNATIVES GARN: Jedes Garn mit einer Maschenprobe 26–28 Maschen = 10 cm. Bei dickem Garn oder stärkeren Nadeln werden die Beutel größer.

NADELN: Nadelspiel mit 5 Nadeln Stärke 2,5.

MASCHENPROBE: Ca. 26 Maschen = 10 cm.

GRÖSSE: Höhe ca. 12 cm, Durchmesser ca. 25 cm. Wenn du größere Beutel brauchst, kannst du mehr Runden zwischen Musterbordüre und Lochreihe stricken.

ZUBEHÖR: Bänder oder Schnur, Anhänger für Datum.

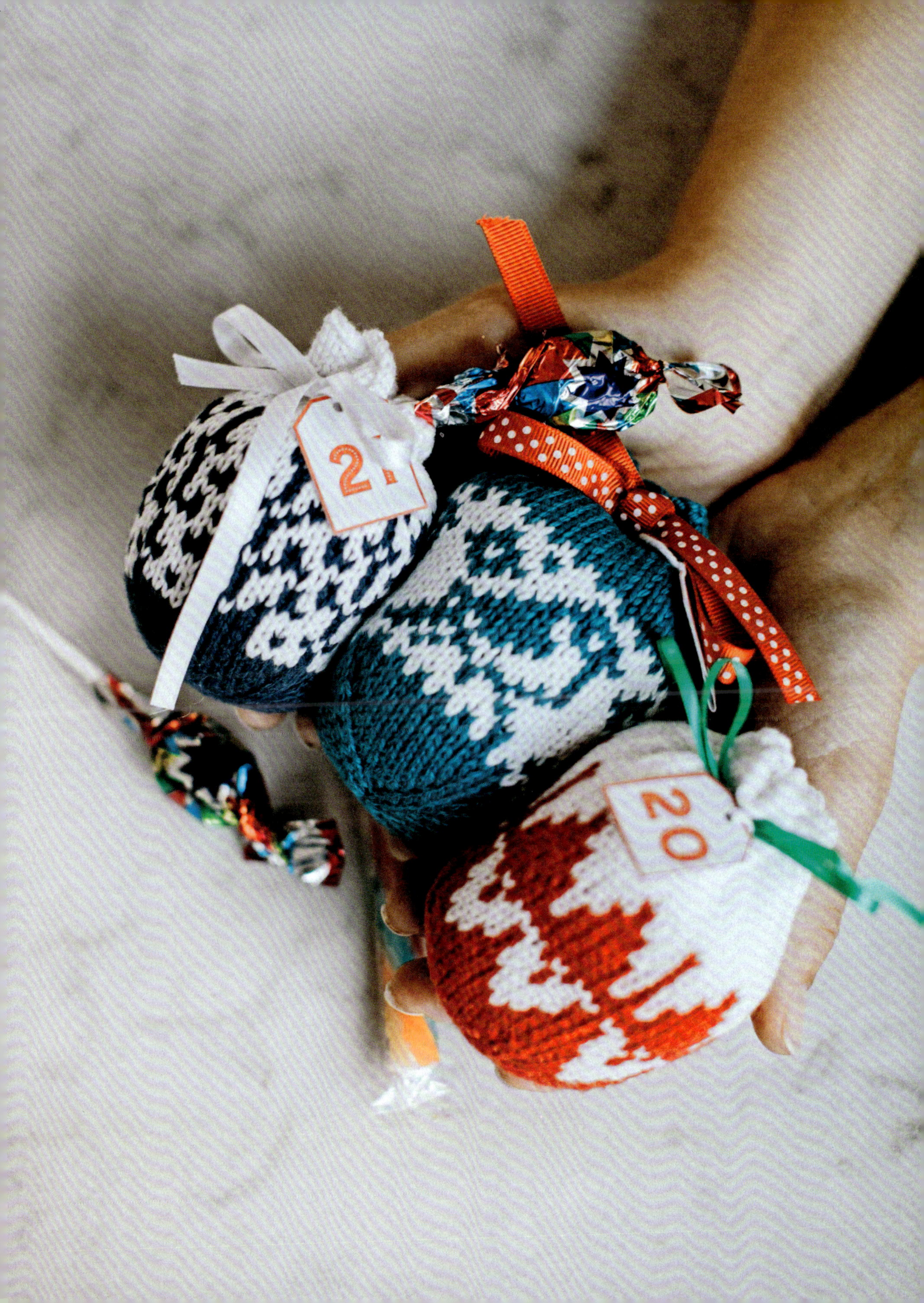
21
20

Anleitung

Alle Beutel werden rund gestrickt und nach der gleichen Grundanleitung. Die leere Strickschrift kannst du verwenden, wenn du ein eigenes Muster für deine Beutel entwerfen willst.

① 16 Maschen mit der Farbe wie in der Strickschrift angegeben anschlagen. Die Maschen auf 4 Nadeln verteilen (4 Maschen auf jeder Nadel) und zum Ring schließen.

② Nach der Strickschrift auf jeder Nadel 2 Maschen zunehmen. In jeder 2. Runde wird zugenommen auf insgesamt 14 Maschen pro Nadel und 56 Maschen insgesamt.

③ Musterteil. Stricke das Muster wie in der Strickschrift für den jeweiligen Beutel angegeben.

④ Nachdem das Muster fertig ist, gibt es 5–6 Runden in der Grundfarbe vor der Lochreihe. Hier kannst du auch zusätzliche Runden stricken, wenn der Beutel höher werden soll.

⑤ Lochreihe für das Band.

⑥ Nach der Lochreihe noch 5 Runden glatt rechts stricken und abketten. Die Kante rollt sich von selbst.

Die Fäden abschneiden und vernähen. Schließe das Loch am Boden beim Vernähen des Fadens. Ziehe eine Schnur in die Lochreihe und der Beutel ist fertig.

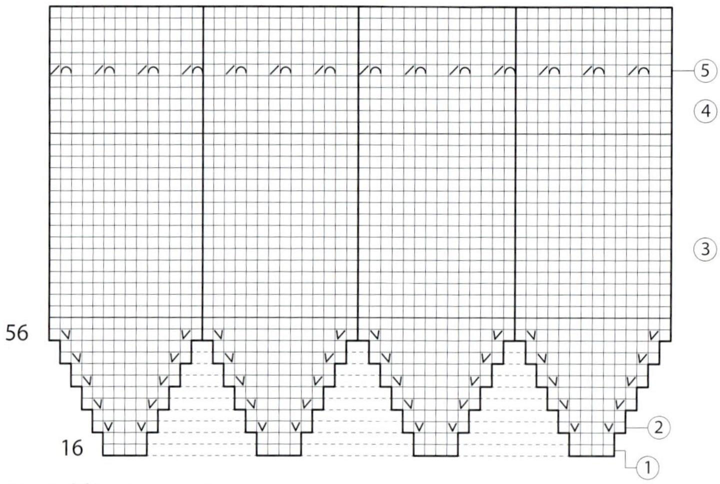

Beutel für eigenes Design

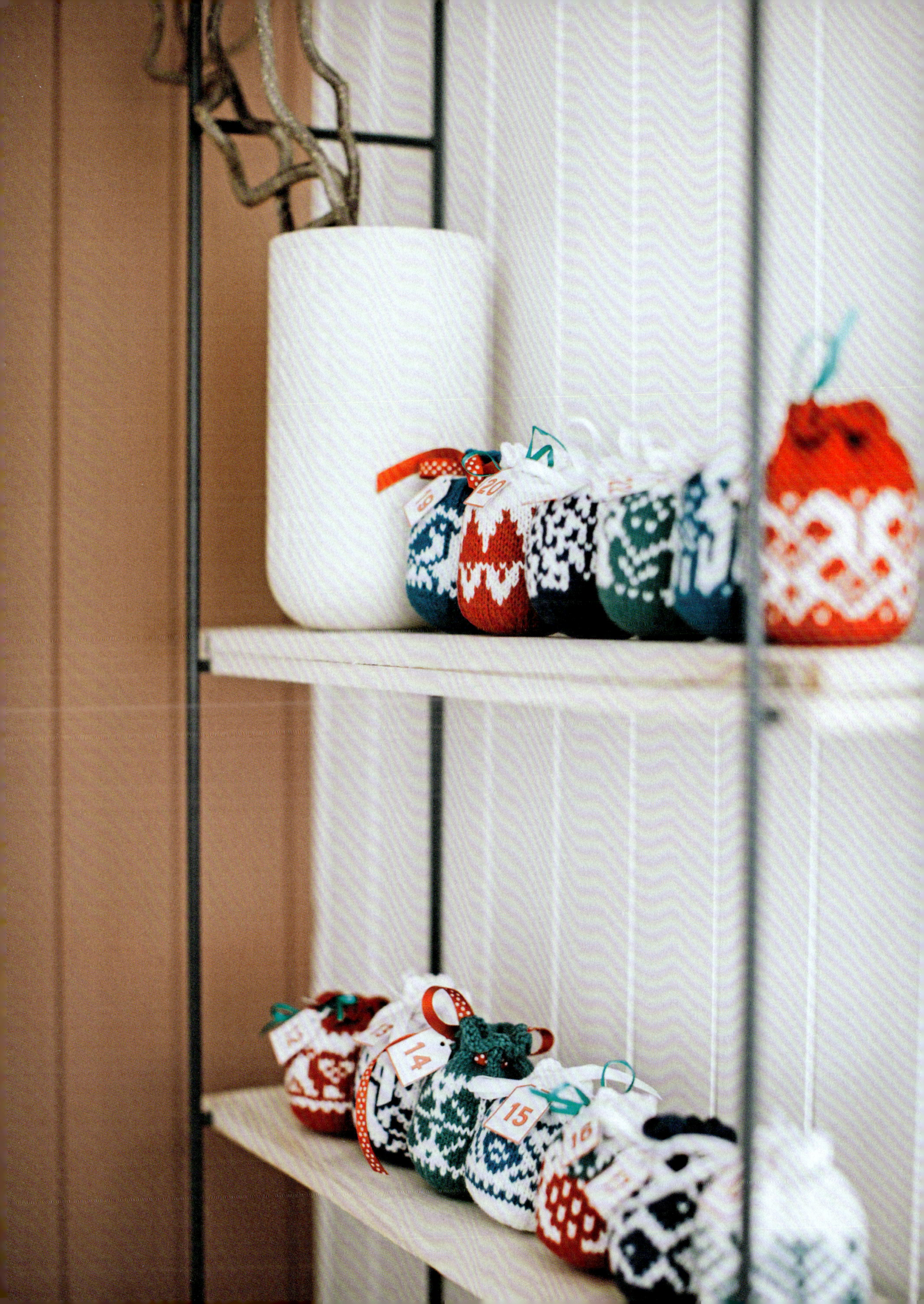
20
14
15

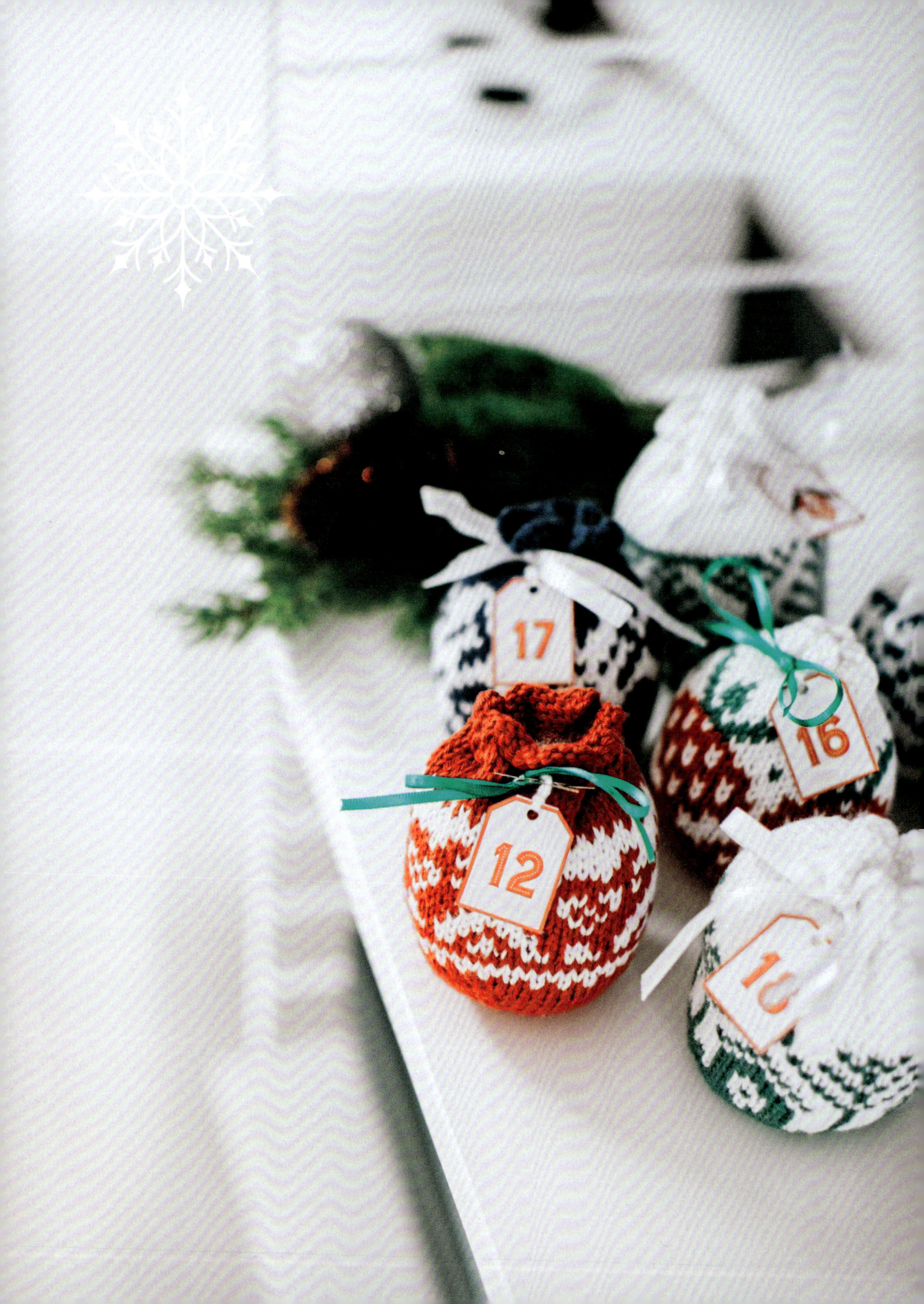
17
16
12

1

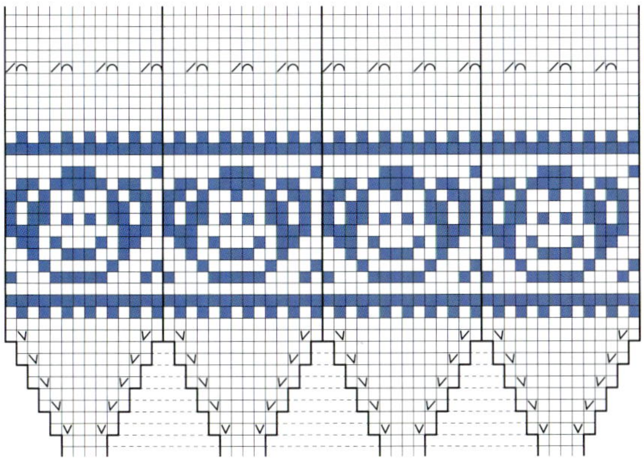

2

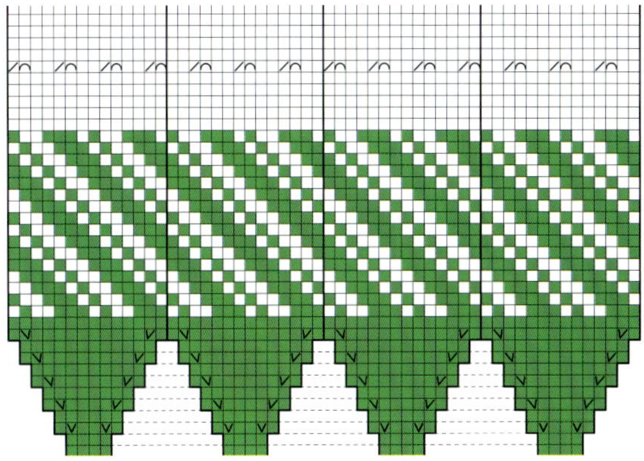

3

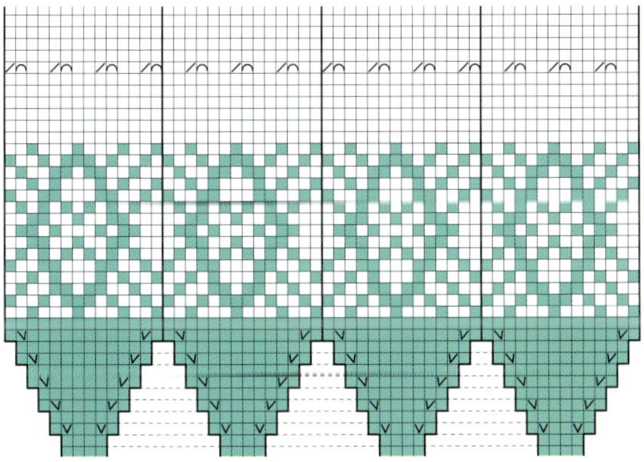

4

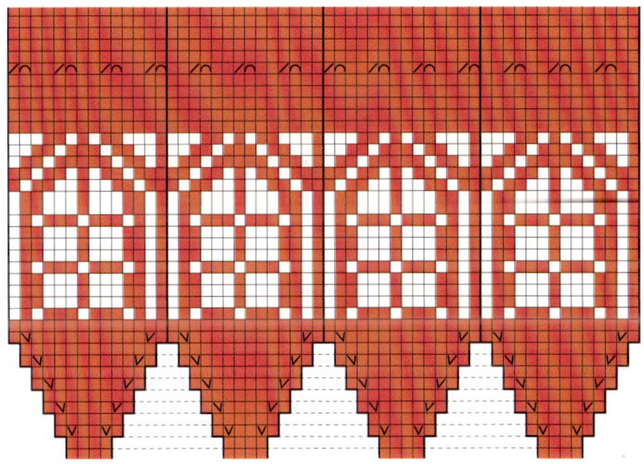

5

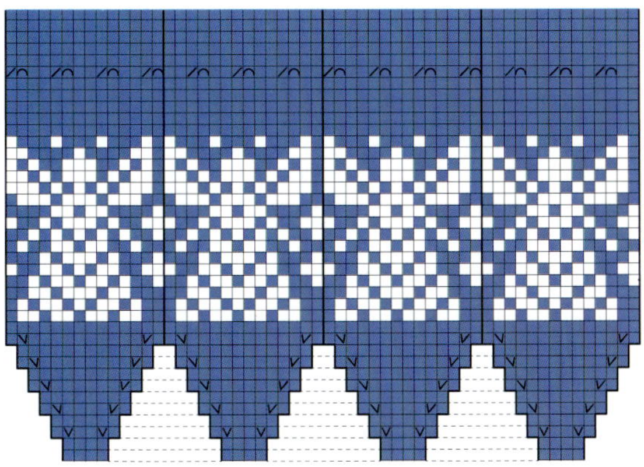

6

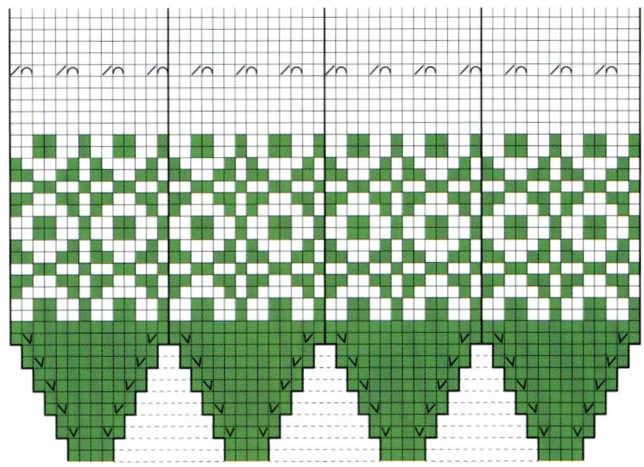

7

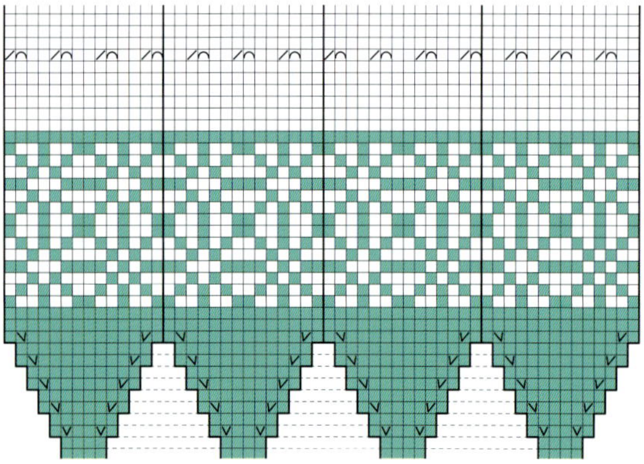

8

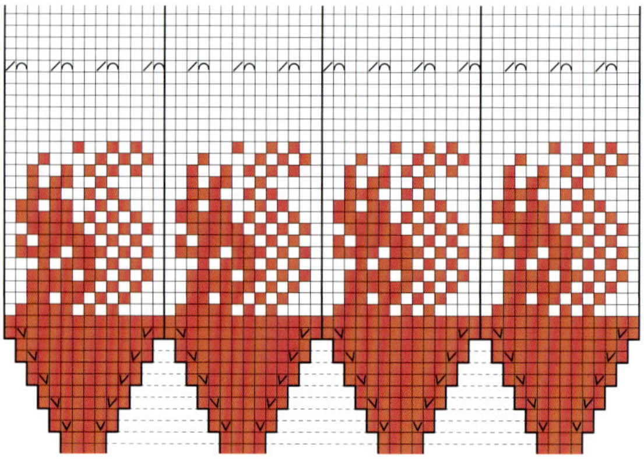

9

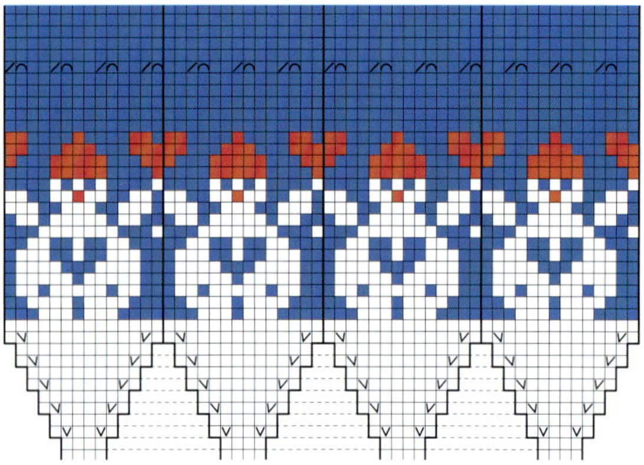

10

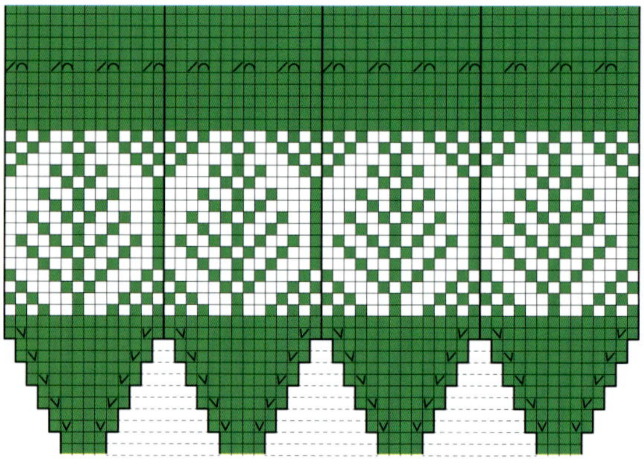

11

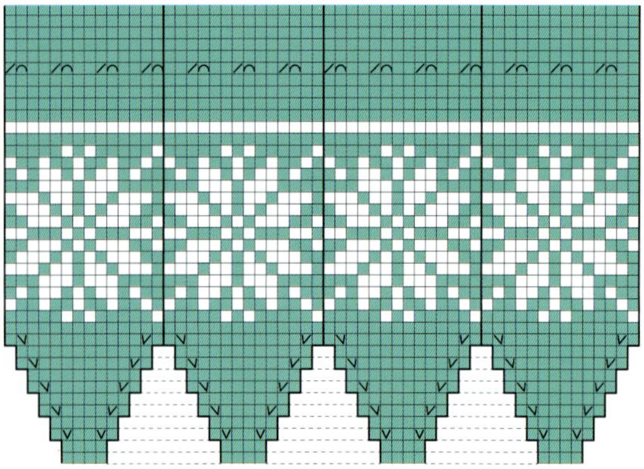

12

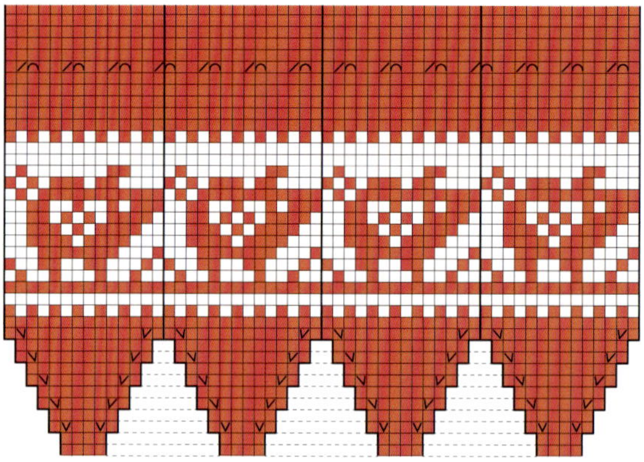

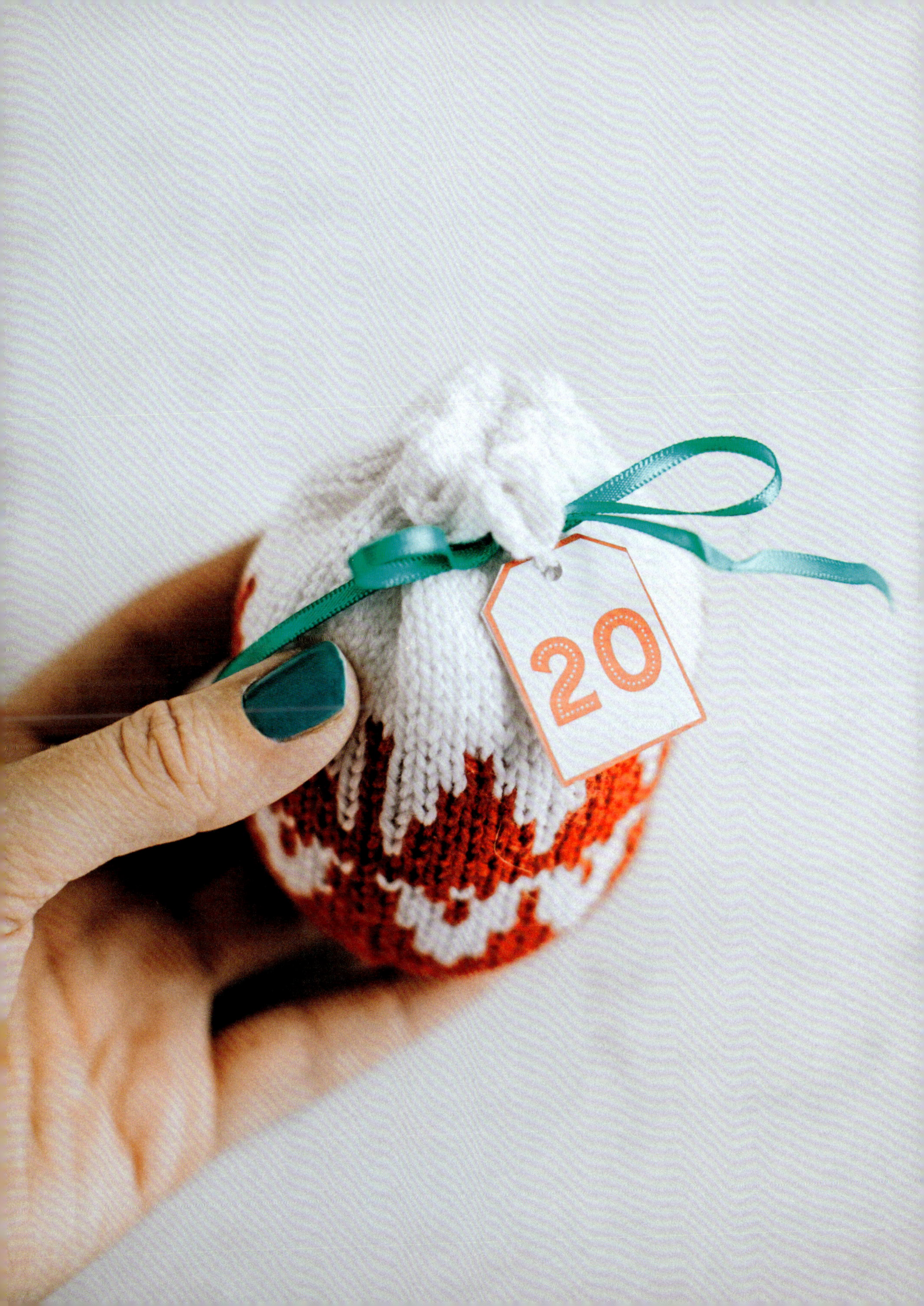
20

13

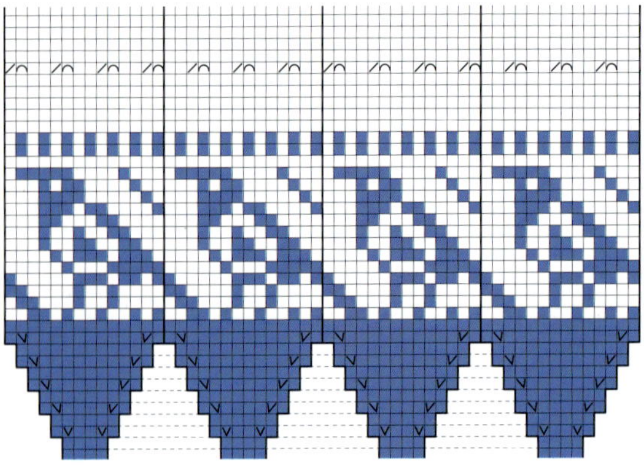

14

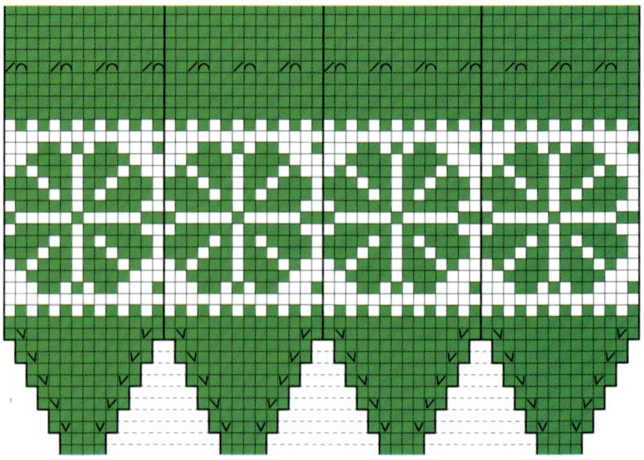

15

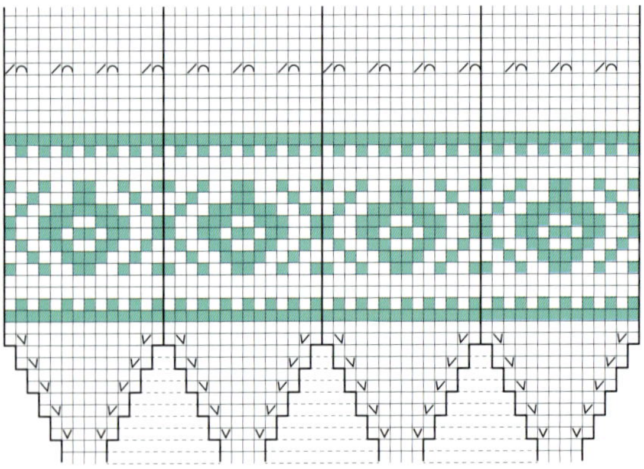

16

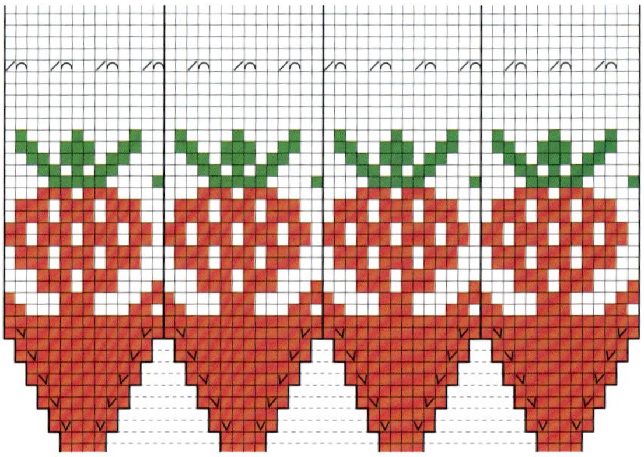

17

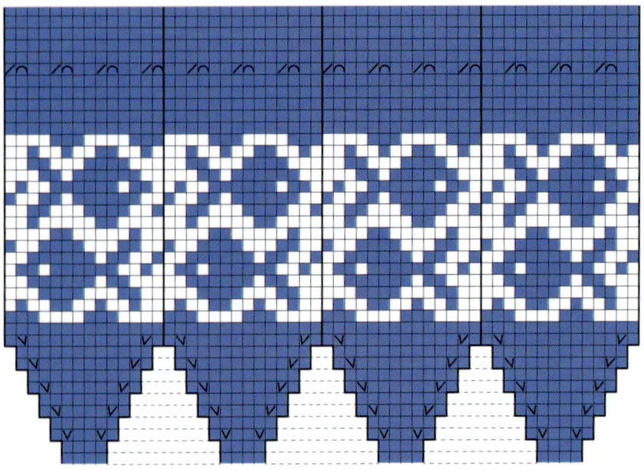

18

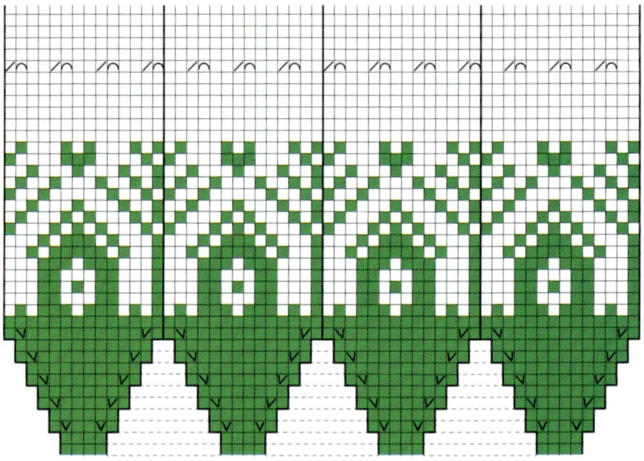

19

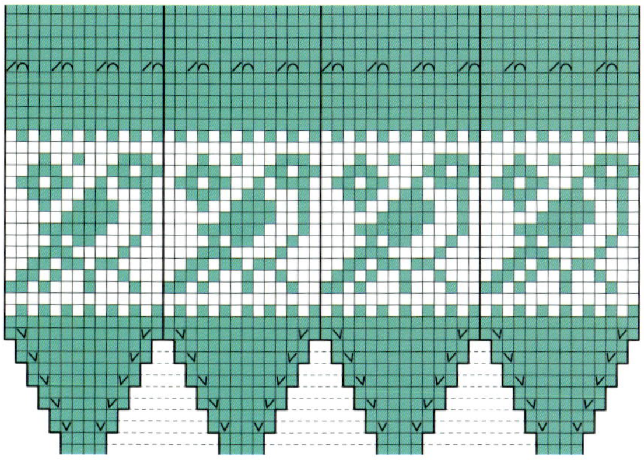

20

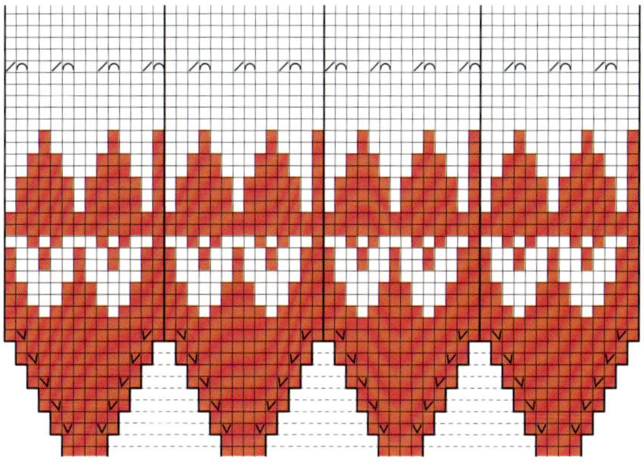

21

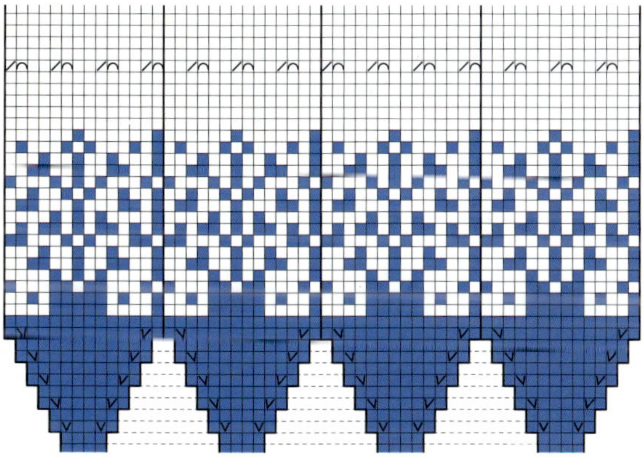

22

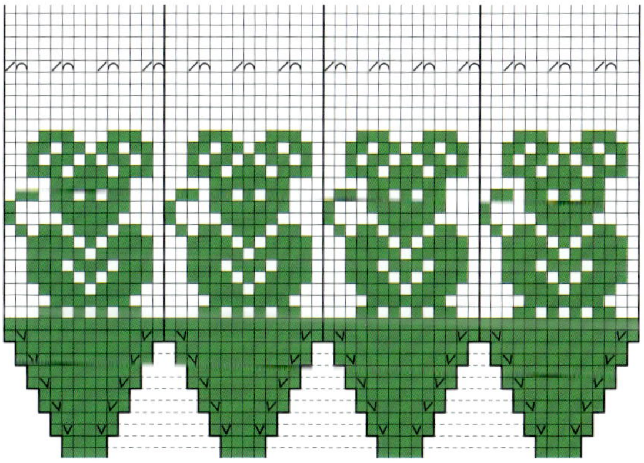

23

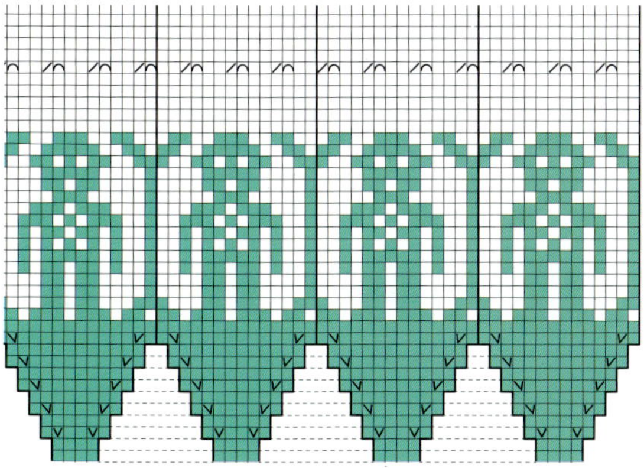

24

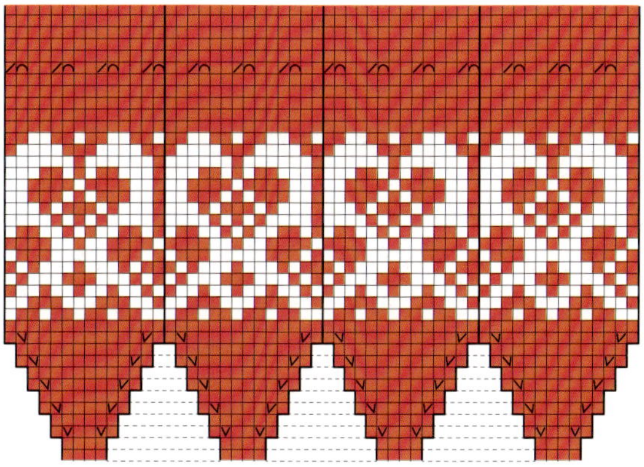

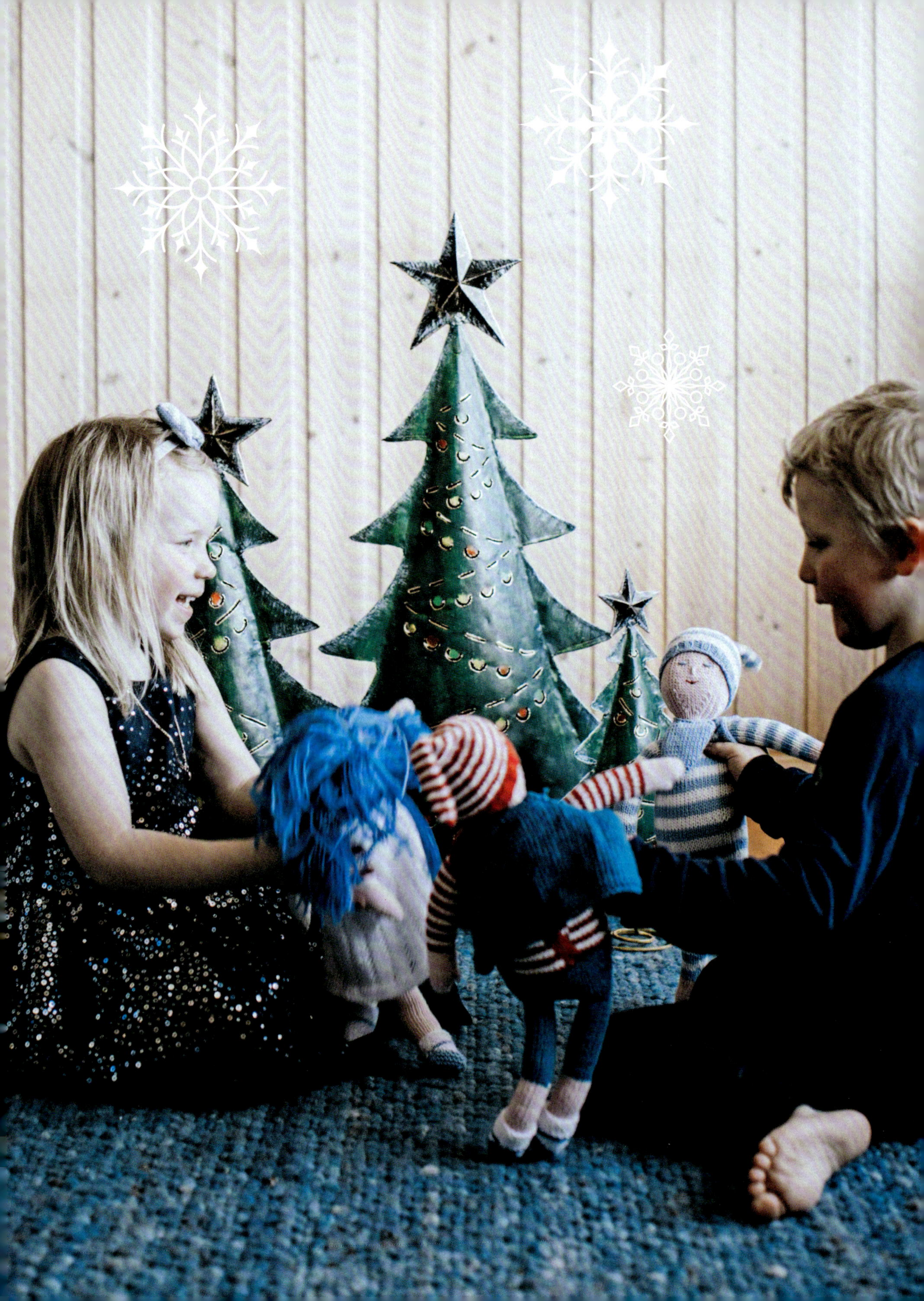

PUPPEN

Eine Puppe ist nicht nur Dekoration, mit ihr kann man lustig spielen und im besten Fall wird sie ein/eine treuer/treue Freund/in. Es ist leicht, all die vielen und schönen Puppen zu mögen, und sie sind immer zum Spielen da.

Hier gibt es Anleitungen für drei Puppen. Selbst wenn die Puppen komplett verschieden aussehen, sind sie alle genau gleich groß und nach derselben Grundanleitung gestrickt. Es gibt auch Anleitungen für Kleidung, die den Puppen ihre Persönlichkeit gibt.

Lass deiner Fantasie freien Lauf und stricke Puppen und Garderobe nach deinen eigenen Vorstellungen.

RAMPUS RAMPENISSE

Satt eines traditionellen Adventskalenders mit Geschenken für jeden Tag kommt bei vielen Familien der »Rampenisse«, ein Weihnachtskobold. Er zieht ins Haus ein und wohnt dort den ganzen Dezember. Der Rampenisse spielt den Bewohnern nachts Streiche, sodass es witzig und spannend ist, morgens aufzustehen und nachzusehen, was er über Nacht angestellt hat. Es ist üblich, dafür eine sogenannte »Elf on the Shelf«-Puppe zu kaufen, die in die Rolle des Rampenisse schlüpft. Aber warum denn nicht einen eigenen und persönlichen Rampus stricken?

KLEINER BRIEFTRÄGER

Während Rampus sich Streiche ausdenkt, läuft sein gutmütiger kleiner Freund herum und sucht nach positiven Dingen, die er aufschreibt. Der Kleine Briefträger hat einen kleinen Rucksack, in dem die Briefe mit den schönen Sachen liegen, die er im Laufe des Tages beobachtet hat. Wenn es Abend wird, verteilt er die Briefe. Darin steht dann vielleicht etwas Freundliches, wie ein Lob für schönen Gesang oder etwas Gutes über andere Ereignisse oder Angewohnheiten.

PUPPE MIT HAAREN

Der Körper für diese Puppe wird nach der gleichen Anleitung gestrickt wie Rampenisse und Kleiner Briefträger, allerdings komplett in pastellrosa Garn. Die Puppe hat eine Menge Haare, die sich gut frisieren und mit Schleifen verzieren lassen. Du kannst die Haare so lang oder kurz machen wie du möchtest und in jeder beliebigen Farbe.

Unsere Puppe ist ein Engel, aber lass dich nicht täuschen! Die Flügel sind nur hinten am Kleid befestigt und wenn man es auszieht, ist es eine ganz gewöhnliche Puppe. Auf den folgenden Seiten findest du die Anleitungen für verschiedene Kleidungsstücke. So kannst du ganz persönliche Puppen stricken, die den Beschenkten sicher gefallen.

GARN: Alle drei Puppen und die gesamte Kleidung und das Zubehör (abgesehen vom Haar des Engels) sind mit Anna og Clara Baumwollgarn von Søstrene Grene (100 % Baumwolle, LL = 160 m/50 g) gestrickt. Diese Garne haben keine Farbnummern und jedes Geschäft bietet je nach Saison unterschiedliche Farben an. Das Garn ist sowohl erschwinglich als auch ergiebig und du benötigst nur ein Knäuel von jeder Farbe, egal welche Puppe und welches der kleinen Kleidungsstücke du stricken willst.

Für die Rampus-Puppe benötigst du Garn in vier Farben: Pastellrosa, Rot, Weiß und Dunkelgrün.

Für den Kleinen Briefträger benötigst du Pastellrosa, Weiß und Blau.

Die Puppe mit den Haaren ist ganz in pastellrosa Garn gestrickt. Sie wird nach der gleichen Strickschrift gestrickt wie auch die anderen Puppen, nur komplett einfarbig. Für die Haare eignet sich ein dünnes Baumwollgarn gut. Wir haben Viking of Norway Nordlys, Nr. 927 (75 % Wolle, 25 % Nylon, LL = 350 m/100 g) verwendet.

ALTERNATIVES GARN: Die Puppen können selbstverständlich auch mit Wollgarn oder mit jeder anderen Garnqualität gestrickt werden. Bei dickerem Garn oder stärkeren Nadeln werden die Puppen größer.

NADELN: Nadelspiel mit 5 Nadeln Stärke 2,5.

MASCHENPROBE: Ca. 28 Maschen = 10 cm. Damit die Füllung nicht durch die Maschen austritt, müssen die Puppen fest gestrickt werden. Achte darauf, dass es keine größeren Löcher zum Beispiel entlang der Kante bei den Zunahmen gibt. Wenn du so locker strickst, dass es Löcher zwischen den Maschen gibt, verwendest du besser eine Nadel eine halbe Nummer dünner.

GRÖSSE: Die Länge der Puppe ist ca. 45 cm.

ZUBEHÖR: Für die Füllung benötigst du weiße Füllwatte, die möglichst allergikerfreundlich und schwer entflammbar ist.

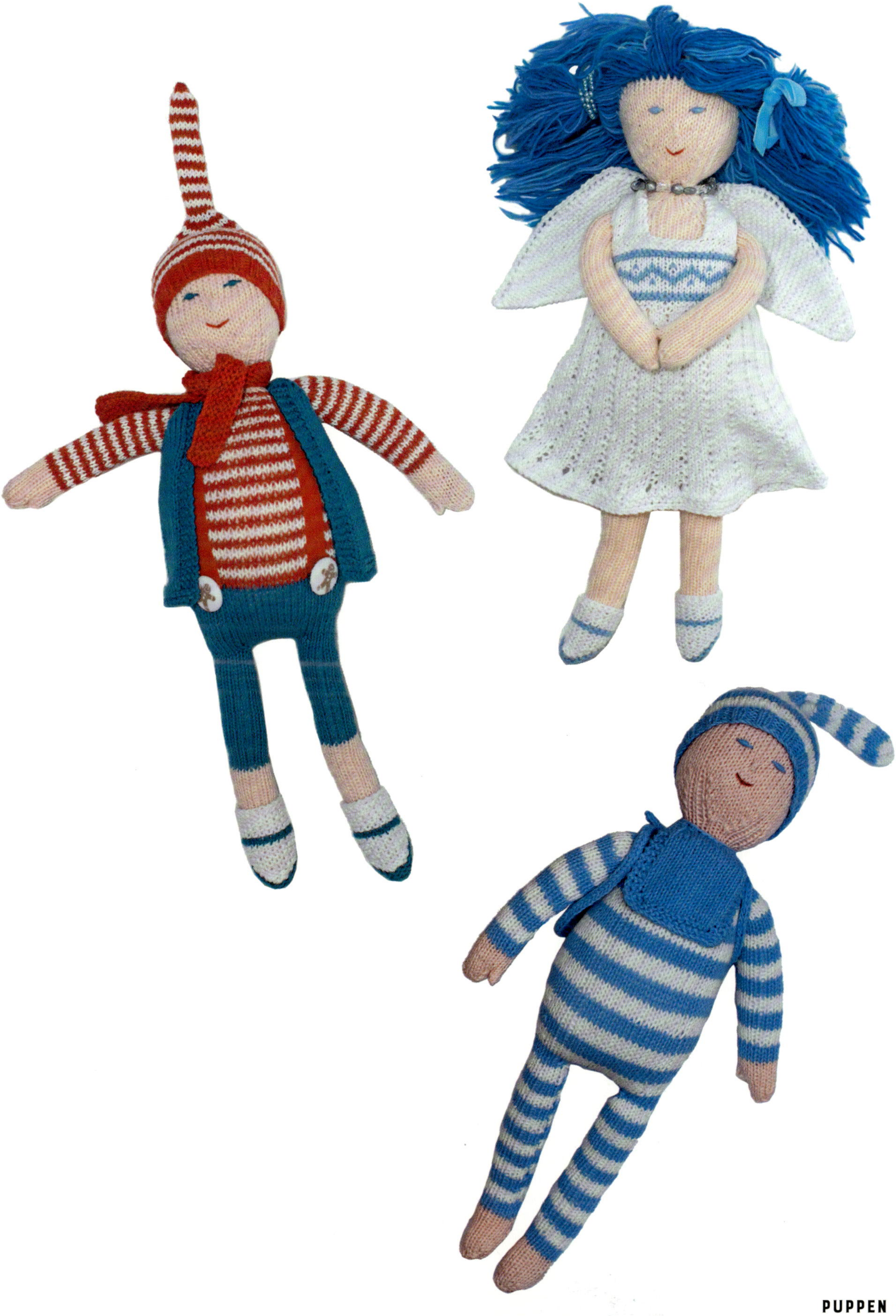

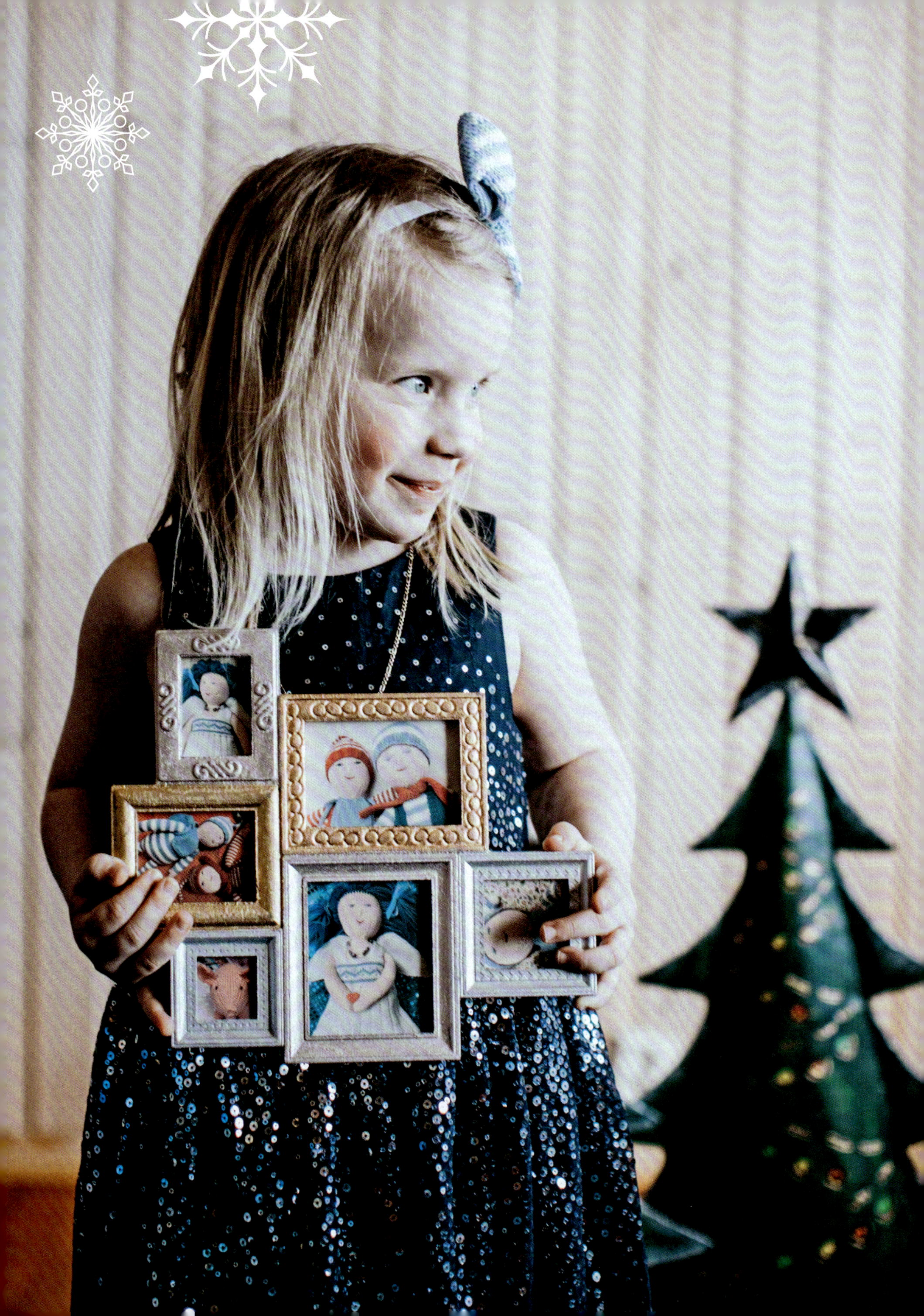

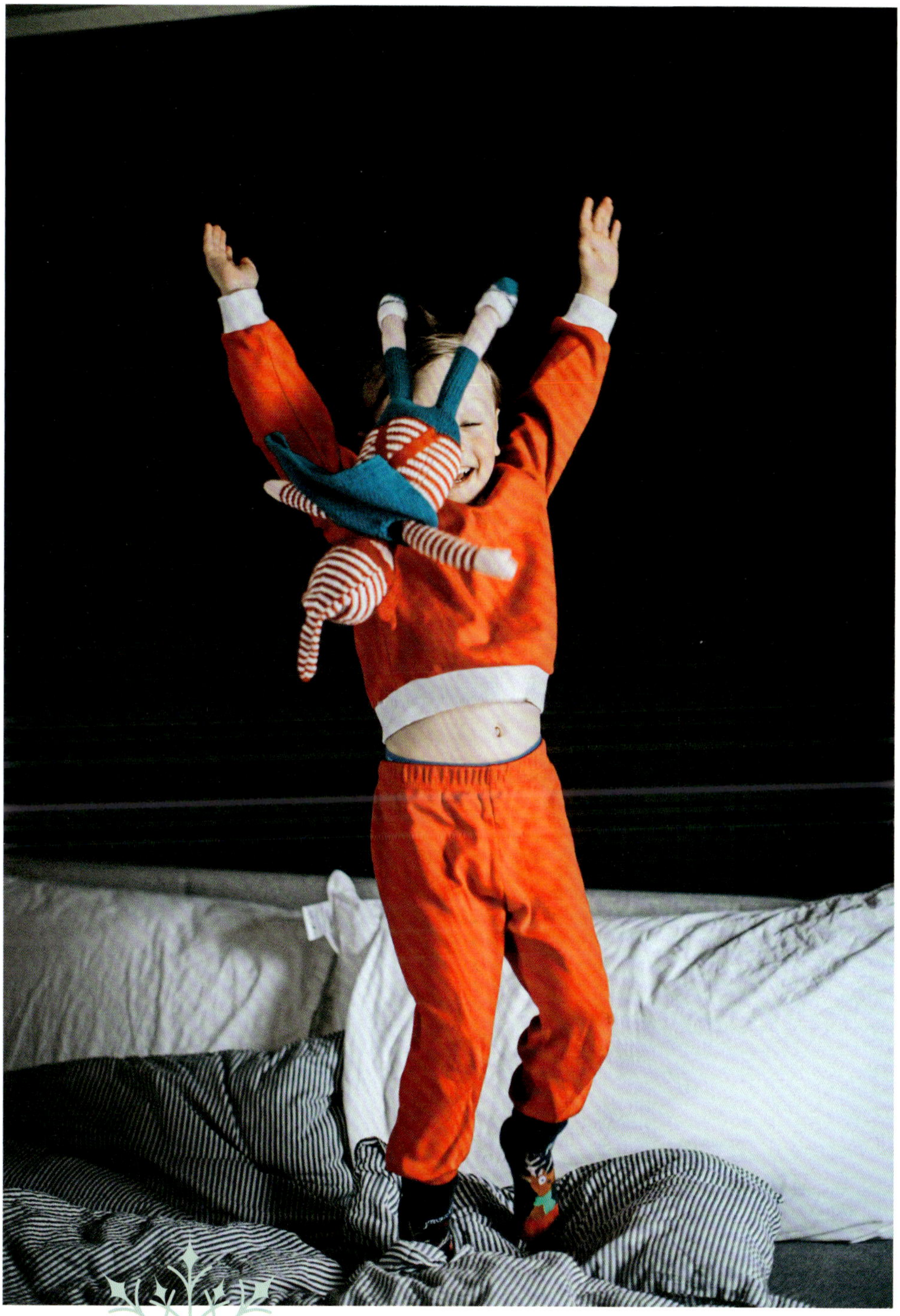

PUPPEN

Anleitung

Die Puppen werden rund gestrickt, vom Kopf nach unten bis zu den Füßen. Die Arme werden einzeln gestrickt, mit Füllwatte ausgestopft und an den Körper genäht.

① Nach der Strickschrift *Kopf* stricken. Die Strickschrift zeigt die Maschen auf jeder Nadel und wiederholt sich 4-mal in einer Runde. 12 Maschen in Pastellrosa anschlagen, je 3 Maschen auf einer Nadel, und zum Ring schließen. 2 Runden rechte Maschen stricken.

② In jeder zweiten Runde nach der Strickschrift zunehmen auf 15 Maschen pro Nadel und 60 Maschen insgesamt.

③ Diese Runde 20-mal wiederholen.

④ Nach der Strickschrift 2 Maschen auf jeder Nadel in jeder zweiten Runde abnehmen auf 5 Maschen pro Nadel und 20 Maschen insgesamt.

⑤ Hals: Diese Runde 5-mal wiederholen.

⑥ Nach der Strickschrift *Körper* weiterstricken. Es wiederholt sich 2-mal in einer Runde, Vorder- und Rückseite der Puppe werden gleich gestrickt. In der 1. und weiter in jeder 4. Runde nach der Strickschrift zunehmen auf 15 Maschen pro Nadel und 60 Maschen insgesamt.

⑦ Den Bauch stricken, insgesamt 27 Runden ohne Zu- oder Abnahmen.

⑧ Nach der Strickschrift 2 Maschen an jeder Seite der Puppe (auf Nadel 1 und Nadel 3) abnehmen für die Hüfte. Jede 4. Runde wiederholen, vgl. Strickschrift.

⑨ Letzte Runde des Körpers: jeweils die 9 Maschen in der Mitte vorne und hinten abketten.

⑩ Nach der Strickschrift *Fuß* weiterstricken. Die 13 Maschen der einen Seite stricken, 1 Masche an der Innenseite des Oberschenkels zunehmen auf insgesamt 14 Maschen in der Runde. Weiter rund stricken. Die Maschen für den zweiten Fuß werden auf einem Maschenseil oder einer Hilfsnadel stillgelegt. 52 Runden bis zur Ferse stricken. Rampus-Puppe: 30 Runden in Grün und 22 Reihen in Pastellfarben bis zur Ferse stricken.

⑪ Ferse: Achte darauf, dass die Ferse hinten in der Mitte liegt, hier kann man leicht einen Fehler machen. 1 Masche auf jeder Seite abnehmen auf 12 Maschen insgesamt. Nächste Reihe: 6 Maschen rechts, wenden, 5 Maschen links, wenden, hin und zurück stricken, 1 Masche weniger auf jeder Nadel. Bei 2 Maschen insgesamt weiter hin und zurück stricken, aber jetzt 1 Masche mehr pro Nadel. Damit es an den Seiten der Ferse keine Löcher gibt, wird vor der letzten Masche 1 Masche aufgenommen und mit der letzten Masche zusammengestrickt.

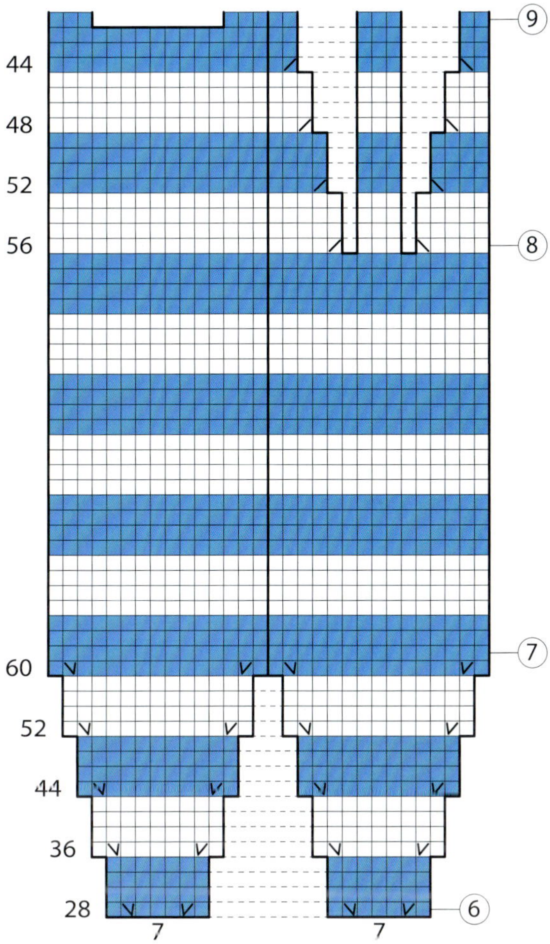

Körper,
Kleiner Briefträger

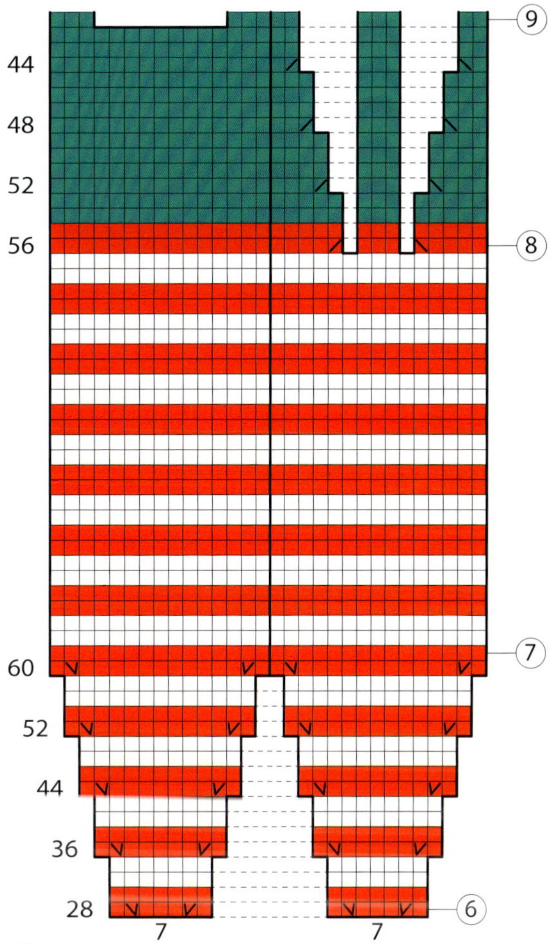

Körper,
Rampus

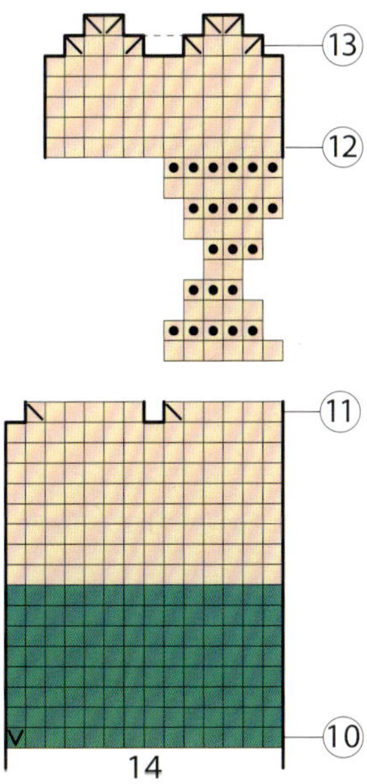

Fuß,
Rampus

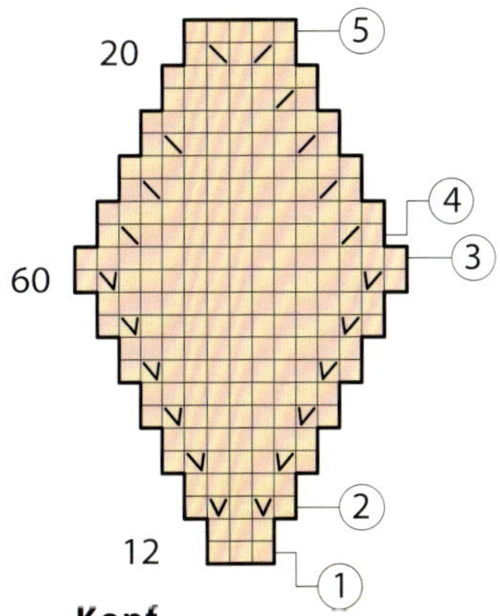

Kopf

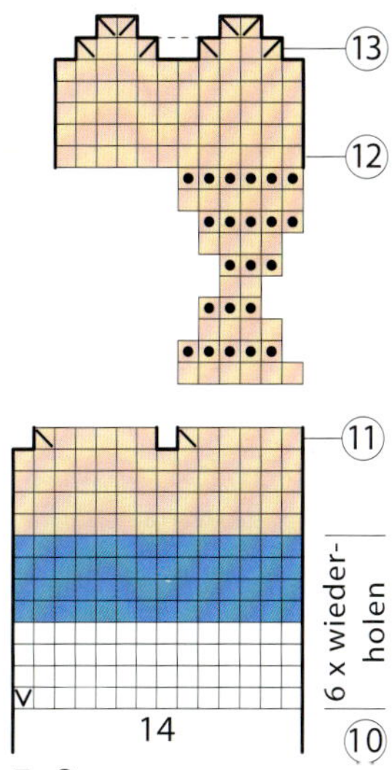

Fuß,
Kleiner Briefträger

⑫ 5 Runden über alle Maschen stricken.

⑬ An jeder Seite 2-mal abnehmen. Faden abschneiden und durch die letzten Maschen ziehen.

⑭ Nach der Strickschrift Arm weiterstricken. Die Arme werden von der Schulter nach unten gestrickt. 6 Maschen anschlagen, hin und zurück stricken.

⑮ In jeder 4. Reihe 1 Masche an jeder Seite zunehmen.

⑯ Bei insgesamt 15 Maschen wird in Runden weiter gestrickt. Insgesamt 52 Runden bis zum Daumen stricken.

⑰ *Daumen:* Die ersten 2 und die letzten 2 Maschen der Runde auf einem Maschenseil oder einer Hilfsnadel stilllegen. Über die letzten Maschen noch 4 Runden weiterstricken.

⑱ Nach der Strickschrift abnehmen. Die Hände oben zusammennähen.

Daumen: Eine Nadel durch die 4 Maschen schieben und 4 rechte Maschen stricken. Faden abschneiden und durch die letzten Maschen ziehen.

Den zweiten Arm gleich stricken.

ZUSAMMENNÄHEN

Die Puppe wenden und eventuelle lose Fäden auf der linken Seite vernähen. Auf die rechte Seite wenden und mit Füllwatte ausstopfen. Dabei im Kopf beginnen und nacheinander kleine Mengen gut feststopfen, damit die Füllung später nicht zu locker ist. Sie muss wirklich fest sein, sonst ist der Hals zum Beispiel zu dünn und der Kopf fällt nach unten. Den gesamten Körper und die Füße ausstopfen. Dann im Schritt zusammennähen.

Die Arme wenden und eventuelle lose Fäden auf der linken Seite vernähen. Dabei gleichzeitig eventuelle Löcher am Daumen zusammenziehen. Auf die rechte Seite wenden und mit Füllwatte fest ausstopfen. Die Arme mittig an den Seiten des Körpers annähen

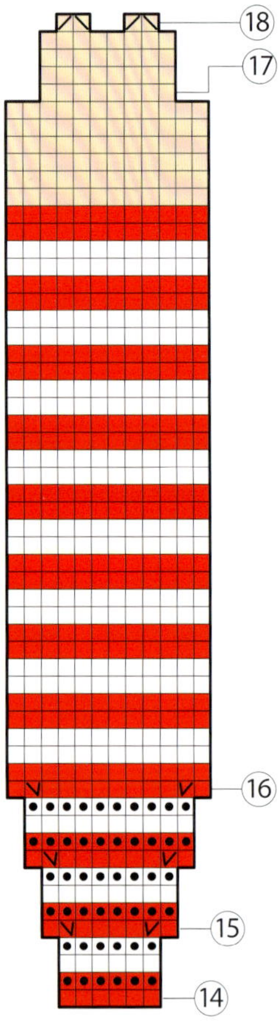

Arm,
Rampus

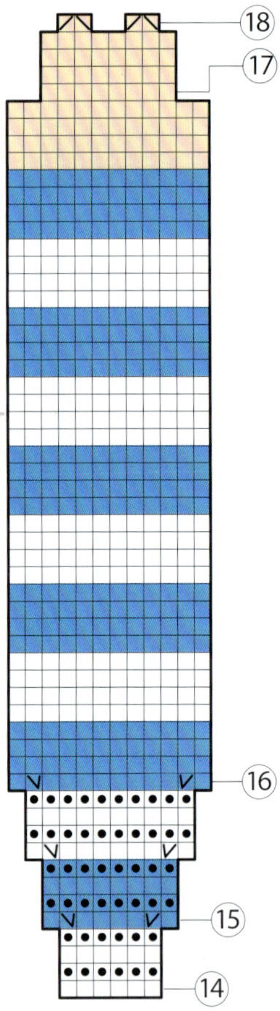

Arm,
Kleiner Briefträger

Die Puppen haben ein hübsches Gesicht, das einfach aufgestickt wird.
Nase: In Pastellrosa drei kleine Stiche über die zwei mittleren Maschen im Gesicht machen. Diese Stelle sollte genau zwischen dem Hals und dem oberen Ende des Kopfes sein.
Augen: Eine Art Knoten machen, indem das Garn 6-mal um den Geradstich für jedes Auge gewickelt wird. Diesen Stich in symmetrischer Entfernung zur Nase machen.
Mund: Mit rotem Garn 2 Geradstiche symmetrisch unterhalb der Nase machen. Die Fadenenden in den Kopf ziehen und so festnähen, dass sie unter der Mütze oder den Haaren verborgen sind.

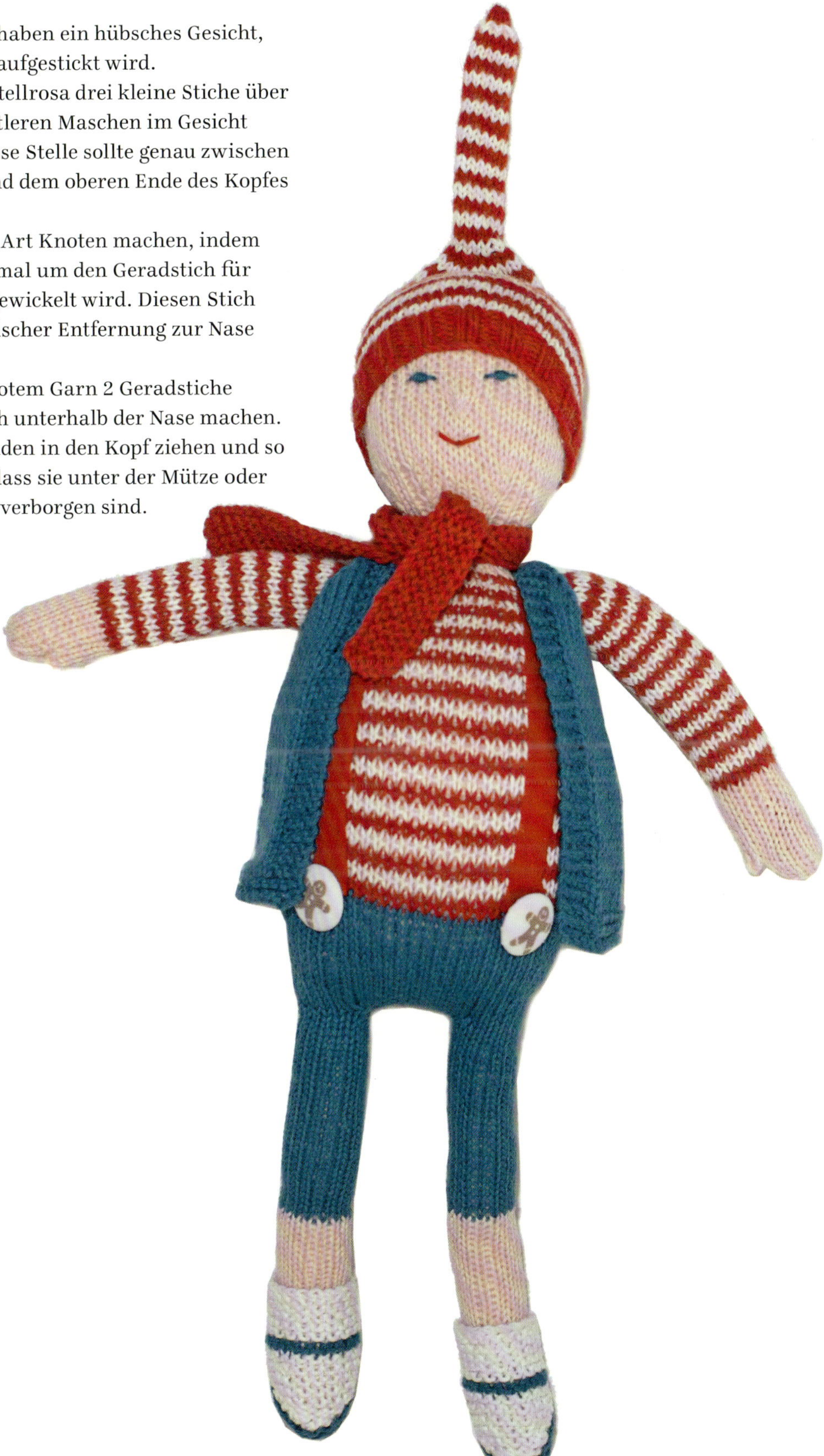

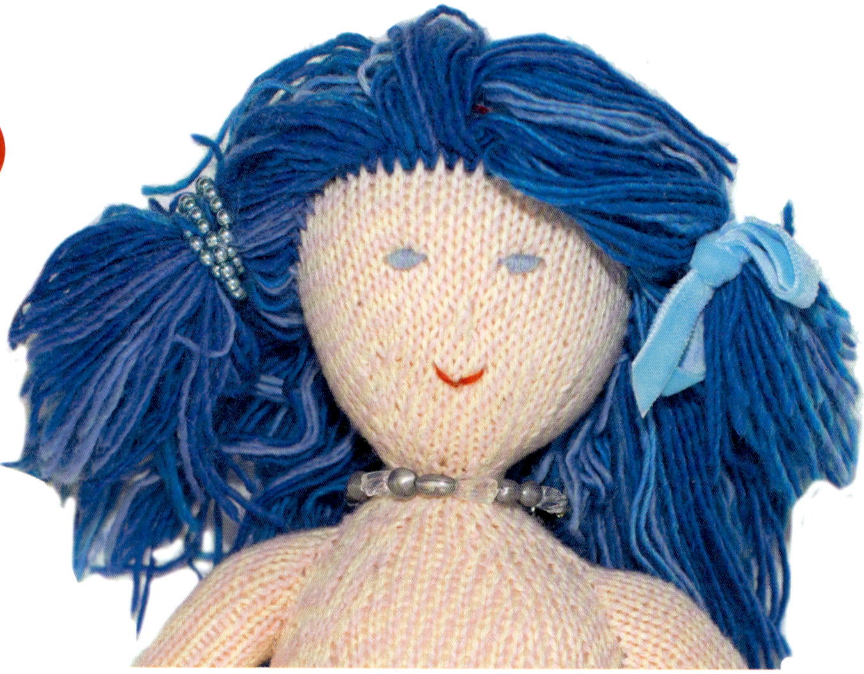

HAARE UND ZUBEHÖR FÜR PUPPEN

HAARE

Die Puppe wird zuerst gestrickt und dann zusammengenäht. Garnstücke zuschneiden, die die doppelte Länge der Haare haben. Eine Häkelnadel verwenden und die Fransen rund um den Kopf am »Haaransatz« befestigen. Stich mit der Häkelnadel von unten nach oben zwischen zwei Maschen und ziehe das Garn in einer Schlaufe nach unten. Dann die zwei Fäden durch die Schlaufe ziehen. Eine »Franse« in jedem Maschenzwischenraum arbeiten. Fülle zuerst den gesamten Rand des Haaransatzes mit Fransen und dann die Reihe darüber. Fülle auf diese Weise den gesamten Kopf von unten nach oben.

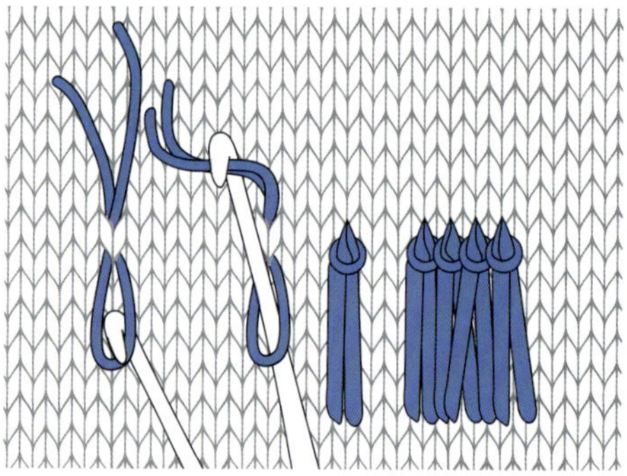

SCHAL

Der Schal wird längs gestrickt, hin und zurück auf einer Rundstricknadel Stärke 3.

75 Maschen anschlagen. 10 Reihen (5 Krausrippen) hin und zurück stricken. Maschen abketten.

HOSENTRÄGER

Rampus möchte unbedingt Hosenträger haben. Die Träger bestehen aus einem Baumwollband, das im Rücken über Kreuz gelegt und mit Nähgarn am Körper festgenäht wird. An jedem Ende wird ein Knopf angenäht.

LÄTZCHEN

Der Kleine Briefträger hat ein kleines Lätzchen, das mit hellblauem Garn hin und zurück gestrickt wird.

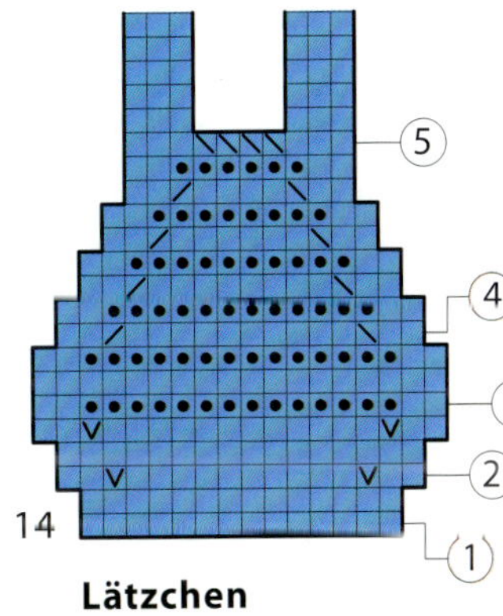

Lätzchen

Anleitung

① 14 Maschen anschlagen, hin und zurück stricken, mit einer Krausrippe beginnen.

② An jeder Seite 2-mal 1 Masche nach der Strickschrift zunehmen.

③ Weiterstricken mit rechten Maschen auf der rechten Seite und linken Maschen auf der linken Seite. Die ersten und die letzten 2 Maschen jeder Reihe werden weiter rechts gestrickt. Weiterstricken, bis die Vorderseite des Lätzchens 18 Reihen hoch ist, glatt rechts gestrickt.

④ Nach der Strickschrift an den Seiten abnehmen, insgesamt 4-mal bis auf 10 Maschen.

⑤ 3 Maschen stricken, 4 Maschen abnehmen, 3 Maschen stricken. Die letzten 3 Maschen werden als Band gestrickt, vgl. Seite 16. Die ersten 3 Maschen bleiben auf einer Nadel, bis das Band gestrickt ist. Dann mit diesen Maschen das 2. Band stricken.

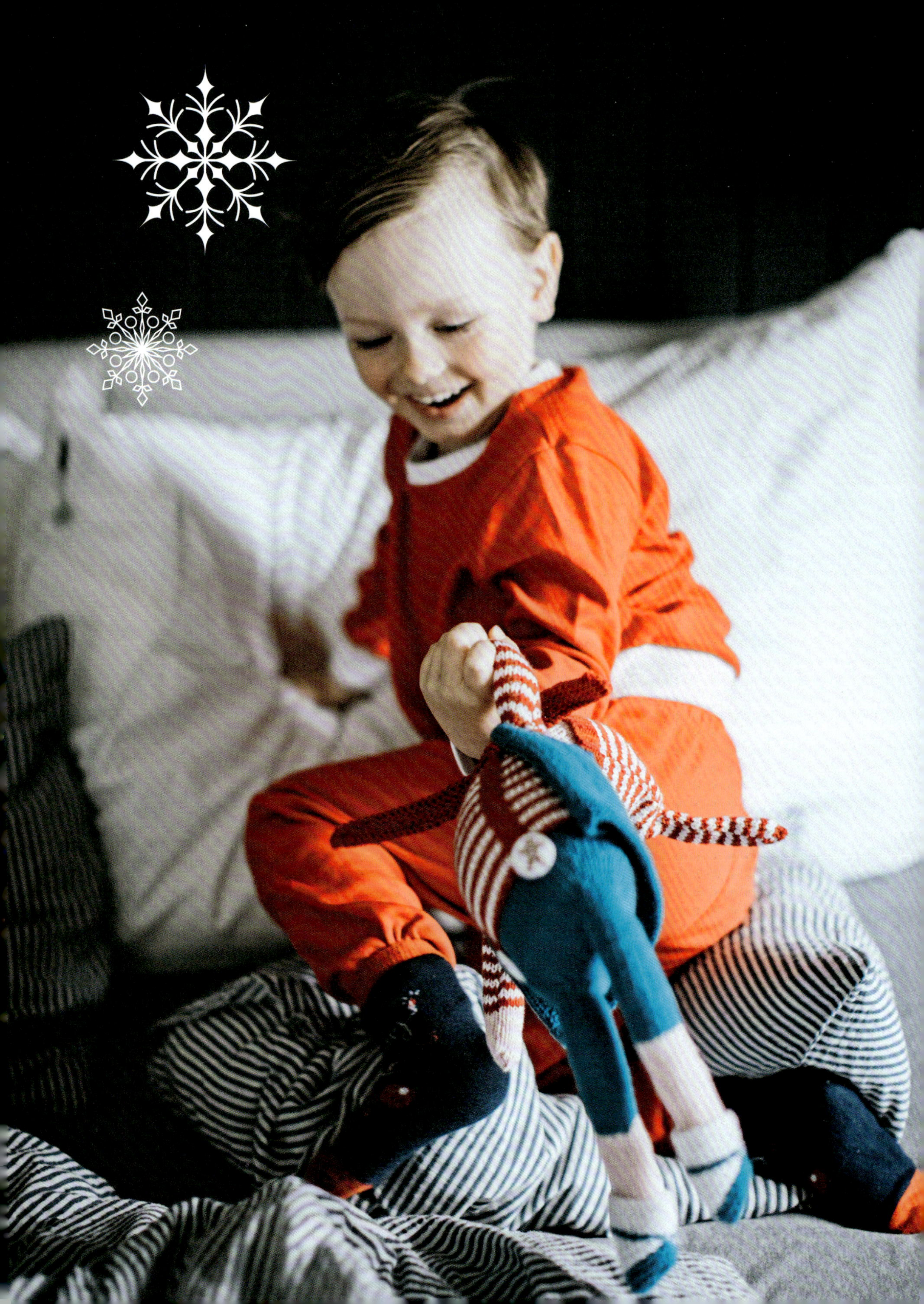

MÜTZEN

Anleitung

Die Mützen werden rund gestrickt.

① 60 Maschen anschlagen, die Maschen auf 4 Nadeln verteilen und zum Ring schließen. Nach der Strickschrift *Mütze* stricken. Das Muster in den Runden fortlaufend wiederholen. Ein Bündchen über 6 Runden stricken.

② Je 15 Maschen pro Nadel und Streifen nach der Strickschrift stricken.

③ 2 Maschen auf jeder Nadel in jeder 4. Runde abnehmen, vgl. Strickschrift. Die Strickschrift zu Ende stricken. Fäden abschneiden und einen Faden durch die letzten Maschen ziehen.

Die Fäden auf der linken Seite der Mütze vernähen. Die Mütze auf dem Kopf annähen.

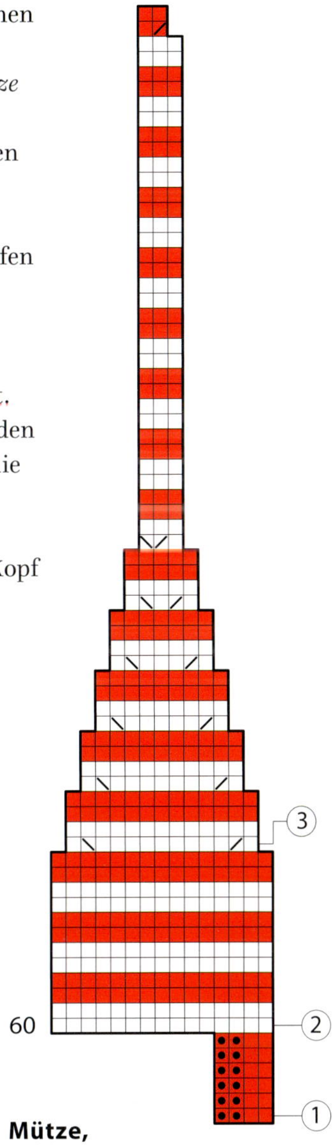

Mütze,
Rampus

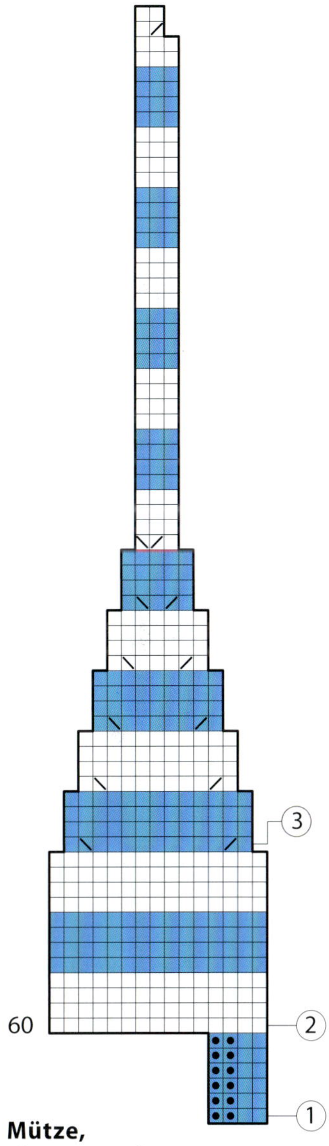

Mütze,
Kleiner Briefträger

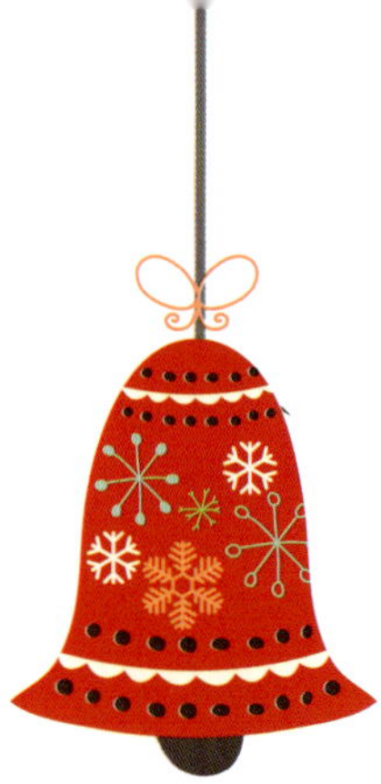

HAUSSCHUHE

Mit den gestrickten Hausschuhen bekommen die Puppen keine kalten Füße.

Anleitung

Die Hausschuhe werden in Reihen hin und zurück gestrickt und später unten und hinten zusammengenäht.

① 19 Maschen anschlagen. Nach der Strickschrift *Hausschuhe* stricken. 10 Reihen rechte Maschen hin und zurück stricken (5 Krausrippen).

② 2 Reihen (1 Krausrippe) in einer Kontrastfarbe stricken.

③ Weiter hin und zurück stricken, aber mit 1 Masche weniger auf jeder Nadel. Die restlichen Maschen sind an den Seiten stillgelegt. Den Faden abschneiden, wenn noch 3 Maschen da sind.

④ Sohle: Mit der Kontrastfarbe über alle Maschen stricken. Noch 4 Reihen stricken.

⑤ Die 1. Masche abnehmen, 6 Maschen stricken, 1 Masche abnehmen, 7 Maschen stricken, 1 Masche abnehmen.

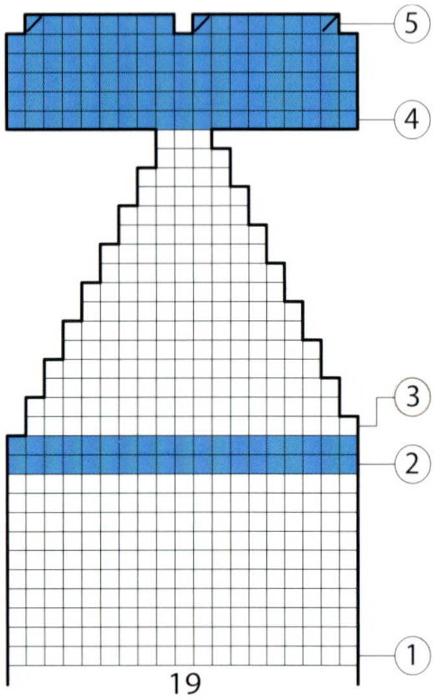

Hausschuhe,
Briefträger und Puppe mit Haaren

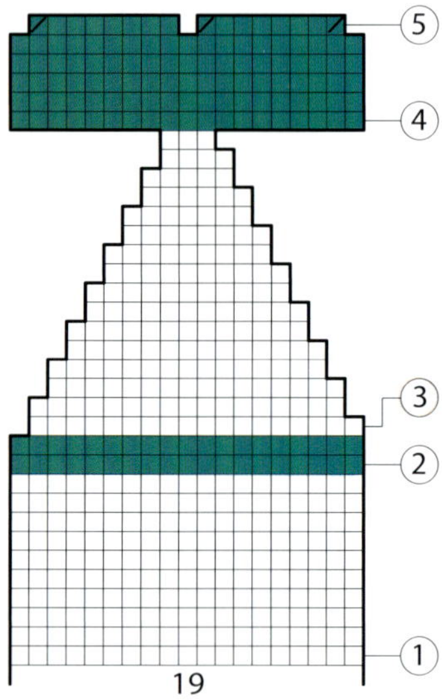

Hausschuhe,
Rampus

RUCKSACK

Der Kleine Briefträger benötigt selbstverständlich irgendetwas, um die Briefe zu transportieren!
Der Rucksack wird vom Boden nach oben rund gestrickt. Das Schloss wird extra gestrickt.

Anleitung

① Nach der Strickschrift *Rucksack* stricken. 16 Maschen anschlagen, je 4 Maschen auf 4 Nadeln verteilen und zum Ring schließen. 2 Runden stricken.

② In jeder zweiten Runde 2 Maschen auf jeder Nadel zunehmen auf 10 Maschen je Nadel und 40 Maschen insgesamt in der Runde.

③ Diese Runde 22-mal wiederholen.
④ *Rand:* Rechte und linke Maschen an den Seiten und vorne am Rucksack nach Strickschrift arbeiten.

⑤ *Lochreihe für Band:* Nach der Lochreihe noch 2 Reihen mit Rand stricken.

⑥ 26 Maschen an den Seiten und vorne nach Strickschrift abnehmen. Die restlichen Maschen der Rückseite werden als Schloss weitergestrickt.

⑦ Nach der Strickschrift *Rucksack, Schloss* weiterstricken. Das Schloss wird über die restlichen 14 Maschen hin und zurück gestrickt. Die ersten 2 Maschen auf beiden Seiten rechts stricken, die Maschen dazwischen rechts auf der rechten Seite und links auf der linken Seite. Die ersten 2 Reihen 7-mal wiederholen, bis das Schloss 14 Reihen hoch ist.

⑧ An den Seiten des Schlosses in jeder zweiten Reihe nach Strickschrift abnehmen.

Die Fäden nicht abschneiden. 4 Luftmaschen häkeln und das andere Ende der Luftmaschen an der gegenüber liegenden Seite des Schlosses befestigen.

RIEMEN: 5 Maschen anschlagen und ein Band stricken, siehe Seite 16. Wenn das Band ca. 38 cm lang ist, die Maschen abketten. Die Mitte des Riemens am Rucksack befestigen, hinten mittig unter dem Schloss. Die Enden werden unten an den Seiten des Rucksackes festgenäht.
BAND: An jeder Seite der Öffnung wird ein Band befestigt, durch die Löcher gezogen und vorne zusammengeknotet. Das Band kann aus Garn gehäkelt oder geflochten werden oder man verwendet ein schmales Seidenband.
Am Boden zusammennähen, die Fäden vernähen und einen Knopf annähen.

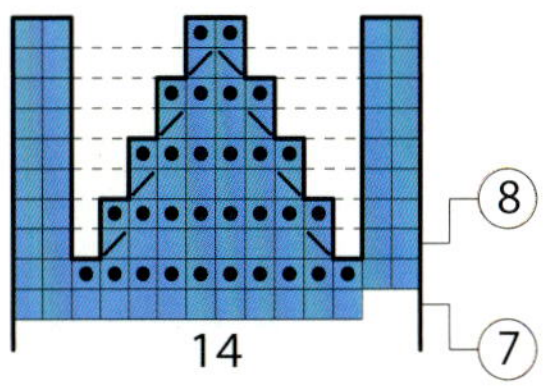

Rucksack, Schloss

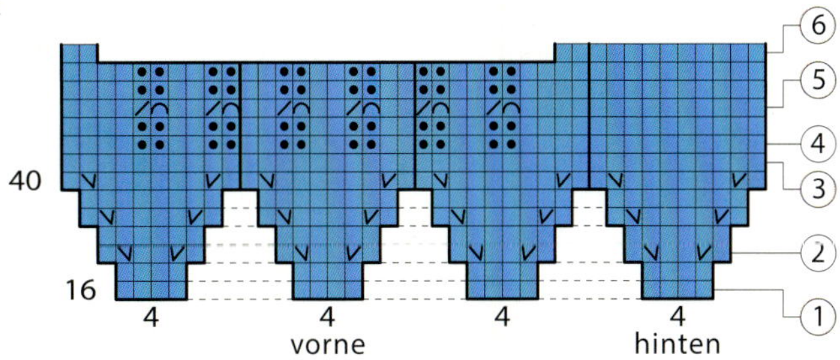

Rucksack

WESTE

Rampus trägt eine grüne Hose, da passt eine Weste in derselben Farbe gut dazu.

Anleitung

Die Weste wird in Reihen hin und zurück gestrickt.

① 60 Maschen anschlagen. Nach der Strickschrift Weste stricken. 6 Reihen hin und zurück stricken (3 Krausrippen).

② Rechte Maschen auf der rechten Seite und linke Maschen auf der linken Seite stricken. Dabei immer die ersten 4 und die letzten 4 Maschen auf der Nadel rechts stricken, sowohl auf der rechten als auch auf der linken Seite. 26 Reihen stricken.

③ Das erste Vorderteil stricken, die restlichen Maschen werden auf der Nadel stillgelegt, bis es fertig ist. (Rechte Seite der Weste) Die ersten 14 Maschen stricken, wenden und die 14 Maschen zurück stricken. In jeder 2. Reihe wird an den Seiten nach Strickschrift abgenommen. Die Vorderseite nach Strickschrift beenden und abketten.

④ *Rückenteil:* Die nächsten 4 Maschen abketten, das Rückenteil über die nächsten 26 Maschen stricken. An den Seiten in jeder 2. Reihe abnehmen. Nach Strickschrift beenden und abketten.

⑤ *Das 2. Vorderteil:* Die nächsten 4 Maschen abketten, dieses Vorderteil gegengleich wie das erste stricken.

An den Schultern zusammennähen. Fäden vernähen.

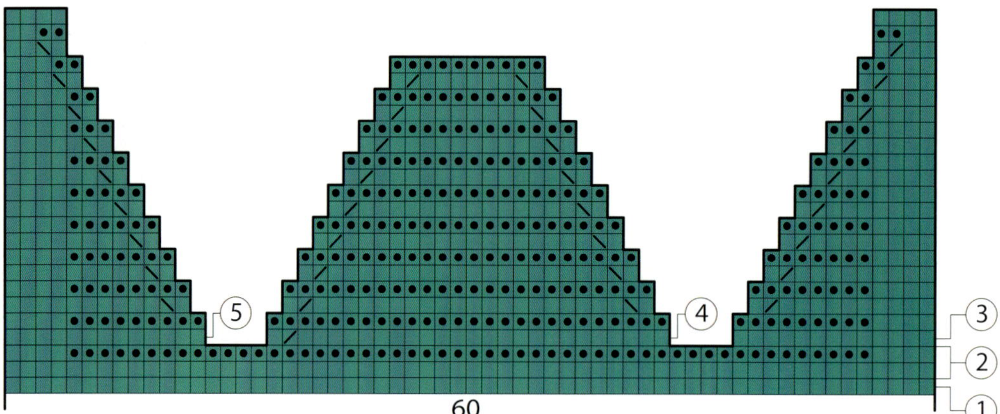

Weste

KLEID MIT FLÜGELN

Das Kleid ist rund gestrickt und hat ein kleines Muster im Bündchen und ein Lochmuster im Rockteil. Die Träger sind im Nacken festgenäht.

Anleitung

① 66 Maschen anschlagen und zum Ring schließen. Nach der Strickschrift *Kleid* stricken. Das Muster in der Runde fortlaufend wiederholen. Die ersten Reihen können gut hin und zurück gestrickt werden. Das Kleid beginnt in Krausrippen mit 2 Rippen in Weiß und 1 in Blau.

② Weiter rund stricken.

③ Zunehmen auf insgesamt 88 Maschen, indem im Wechsel 1 Umschlag und 3 Maschen gestrickt werden.

④ Lochmuster: Diese 2 Runden wiederholen, bis insgesamt 46 Runden mit Lochmuster gestrickt sind oder bis dir das Kleid lang genug ist.

⑤ Mit 2 Krausrippen in Weiß enden, Maschen abketten.

»HALTERNECK«-TRÄGER

9 Maschen auf jeder Seite des Vorderteils anschlagen und auf die Nadeln verteilen. Darauf achten, dass die Träger symmetrisch auf dem Muster platziert sind und 9 Maschen zwischen beiden Trägern liegen. Die Träger hin und zurück mit 2 Nadeln stricken. Rechte Maschen auf der rechten Seite und 2 rechte, 5 linke, 2 rechte Maschen auf der linken Seite.

Die Träger 16 cm hoch stricken. Maschen abketten.

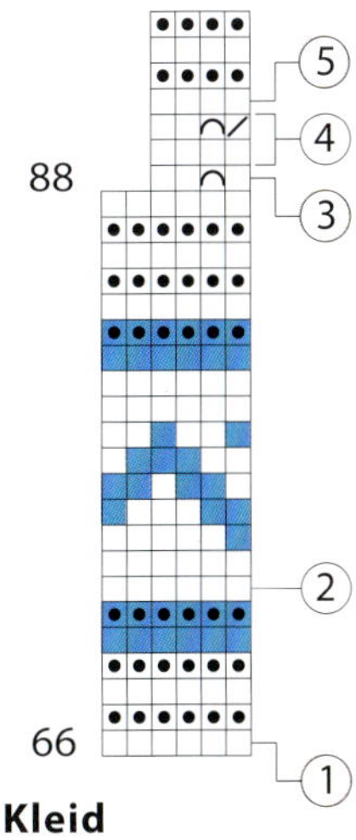

Kleid

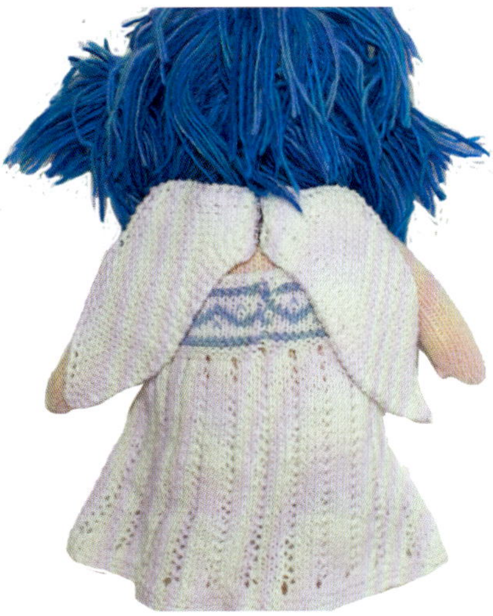

FLÜGEL

Die Flügel werden einzeln gestrickt und zwar von der Flügelspitze nach oben. Sie werden hin und zurück gestrickt, dann längs gefaltet und an den Seiten zusammengenäht, damit sie etwas fester werden.

Anleitung

① Nach der Strickschrift *Flügel* stricken. 5 Maschen anschlagen. Rechte Maschen hin und zurück stricken.

② In jeder 2. Reihe 2 Maschen zunehmen, indem je 1 Umschlag vor und nach der Mittelmasche gemacht wird.

③ In jeder 2. Reihe 2 Maschen abnehmen: 1 vor und 1 nach dem Umschlag neben der mittleren Masche.

④ Nach Strickschrift in jeder zweiten Reihe 1 Masche an jeder Seite abnehmen.

⑤ Weiterstricken, bis noch 17 Maschen übrig sind. Eine Reihe rechts stricken und Maschen abketten.

Den Flügel längs falten und an den Seiten locker zusammennähen. Den zweiten Flügel genauso stricken.

Jeden Flügel am Ende eines Trägers am Kleid annähen. An die Flügel jeweils einen kleinen Druckknopf annähen, mit dem sie am Hals befestigt werden.

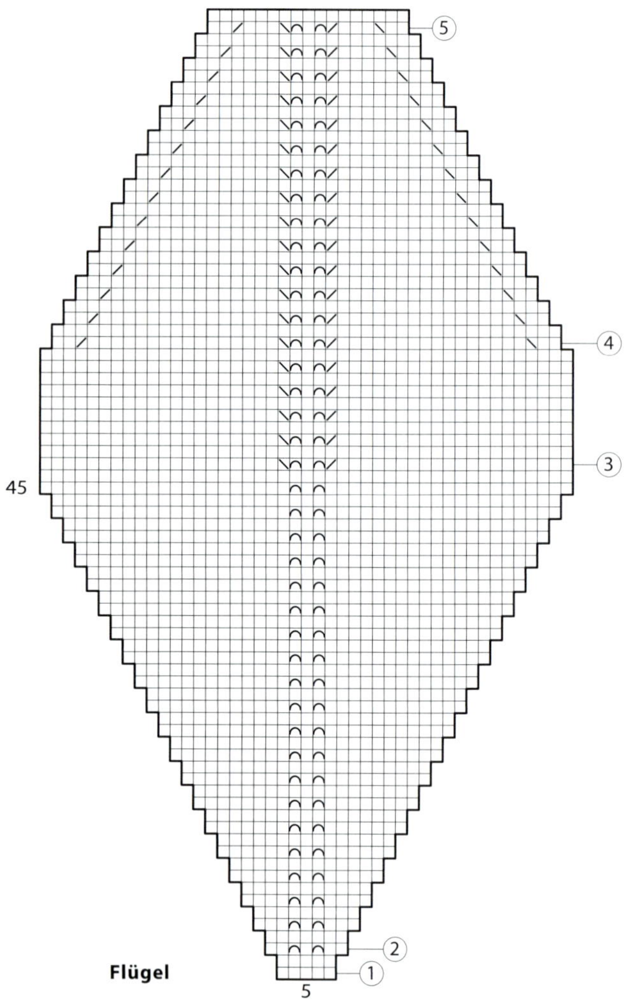

Flügel

HOSEN

Unter dem Kleid trägt der Engel eine Hose mit kurzen Beinen. Nach dieser Anleitung können auch lange Hosen gestrickt werden, natürlich mit längeren Beinen. Die Hosen werden mit einem Nadelspiel mit 5 Nadeln gestrickt.

Anleitung

Die Hose wird von oben nach unten gestrickt. 60 Maschen anschlagen, auf 4 Nadeln verteilen und zum Ring schließen. 3 Runden 1 rechts, 1 links stricken. Dann 6 cm glatt rechts stricken.

Ein Hosenbein stricken: 4 Runden über die 30 Maschen der einen Seite stricken. Die restlichen Maschen stilllegen, bis das 1. Hosenbein fertig ist. 2 Maschen auf der Innenseite des Beins in jeder 4. Runde abnehmen. Solange weiterstricken und abnehmen, bis noch 22 Maschen auf der Nadel sind. 4 Runden stricken.

Lochreihe/Faltenkante: Eine Runde 1 Umschlag, 2 rechts zusammenstricken, dies fortlaufend wiederholen. 4 Runden stricken, abketten.

Das 2. Bein gleich stricken.

Den Rand längs der Lochreihe falten und auf links zusammennähen. Die Öffnung zwischen den Beinen zusammennähen.

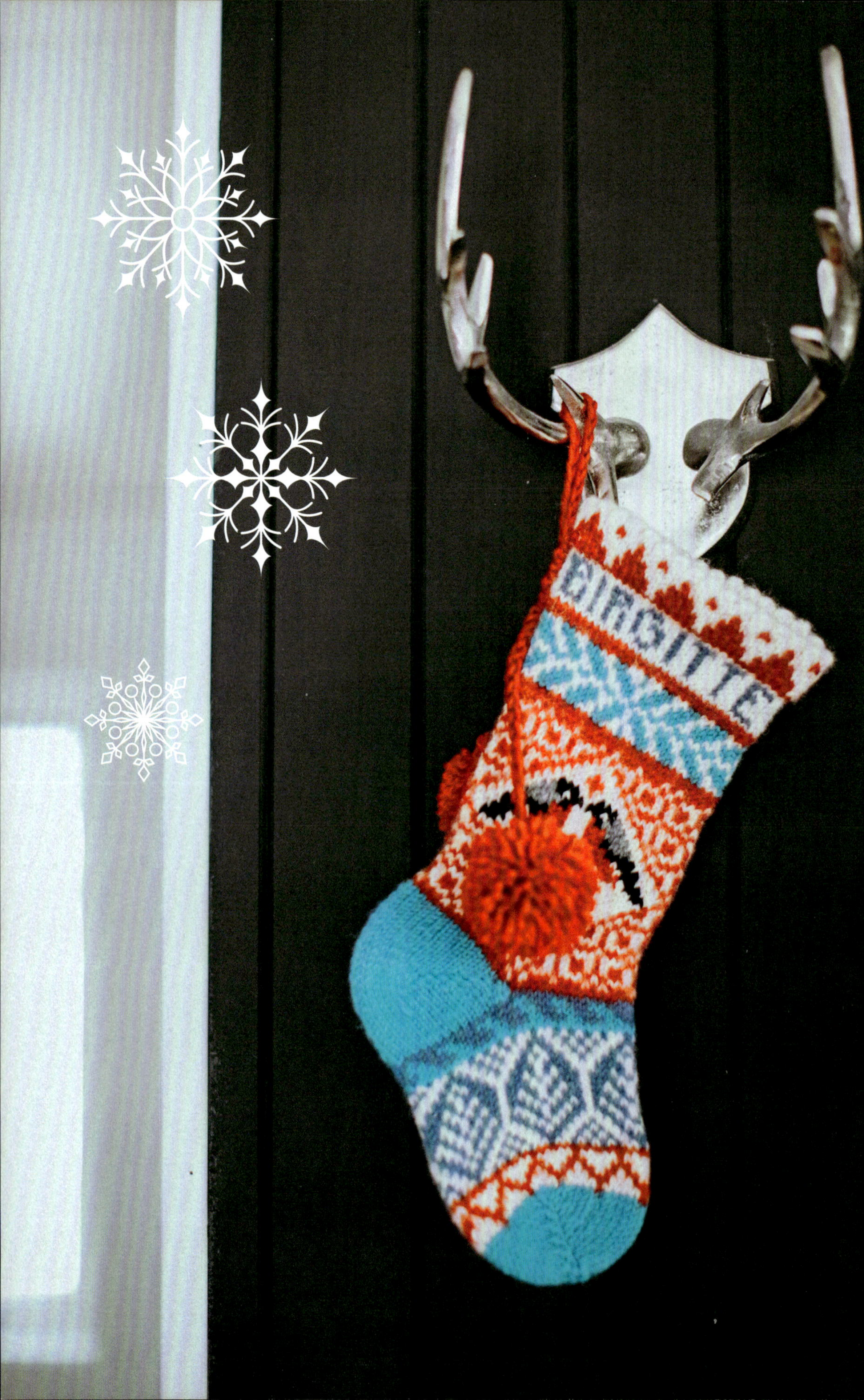
BIRGITTE

ENDLICH WEIHNACHTEN

Auch wenn die Adventszeit eine schöne Zeit ist, ist die Freude groß, wenn wir am 24. Dezember aufwachen und wissen, dass jetzt Weihnachten ist! Doppelt schön wird es bei dem Gedanken daran, dass der Vorweihnachtsstress vorbei ist und man jetzt Weihnachten in vollen Zügen genießen kann.

WEIHNACHTS-STRÜMPFE

Als ich klein war, war der Weihnachtsstrumpf ganz einfach einer der Strümpfe, die ich täglich trug. Er wurde am Tag vor Weihnachten abends ausgezogen und am Ofen oder am Bett aufgehängt. Im Laufe der Nacht wurde dieser Strumpf auf wundersame Weise mit Weihnachtsleckereien und anderen wunderbaren Dingen gefüllt. Typisch war zum Beispiel eine Weihnachtszeitschrift, die aufgerollt und in den Strumpf gestopft wurde. Diese Rolle war dann gefüllt mit Leckereien wie Mandarinen, einer kleinen Schachtel Rosinen, Schokolade und Bonbons und manchmal sogar mit einem Päckchen Kaugummi.

Schon seit einiger Zeit werden selbstgemachte Weihnachtsstrümpfe aufgehängt. Jedes Kind in der Familie bekommt seinen eigenen Strumpf, der dann jedes Jahr wieder aufgehängt wird. Der Strumpf ist mit hübschen Weihnachtsmotiven in fröhlichen Farben verziert. Und er ist auf jeden Fall sehr viel größer als ein gewöhnlicher Strumpf, damit besonders viel hineinpasst.

Aber nicht nur Kinder haben Weihnachtsstrümpfe. Warum sollte man nicht am Weihnachtsmorgen eine/n erwachsene/n Freund/in mit einem eigenen Strumpf überraschen? Das ist auch ein liebevolles Geschenk für einen Weihnachtsgast oder eine neue Bekanntschaft. Mit dem eingestrickten Namen und Motiven, die zur Person passen, ist das eine besonders schöne Aufmerksamkeit.

Wenn die Strümpfe geleert sind, hängen sie als hübsche Dekoration an der Wand und alle erfreuen sich die Weihnachtstage über daran.

Hier gibt es Anleitungen für fünf verschiedene Weihnachtsstrümpfe. Und wenn dir keines der Muster gefällt, kannst du deinen eigenen Strumpf komplett neu entwerfen – dafür findest du eine leere Strickschrift, in die du dein eigenes Muster einzeichnen kannst.

Alle Weihnachtsstrümpfe haben am oberen Rand eine Namensbordüre. Wenn du noch nicht weißt, wem du den Strumpf schenken wirst, lässt du die einfach weg und strickst stattdessen »Fröhliche Weihnachten«, eine Jahreszahl oder etwas ganz anderes.

Die Weihnachtsstrümpfe werden mit Wollgarn gestrickt und anschließend in der Waschmaschine gefilzt. Zum Filzen vgl. Seite 18.

Die Strümpfe können in jeder erdenklichen Garnqualität gestrickt werden, wenn sie nicht gefilzt werden sollen.

GARN: Mor Aase Wollgarn von Sandnes Garn (100 % Wolle, LL = 91 m/50 g).
GARNVERBRAUCH: Für alle Anleitungen reicht ein Knäuel von jeder angegebenen Farbe.
ALTERNATIVES GARN: Jedes Garn, das gefilzt werden kann und mit Nadeln 3,5–4,5 eine Maschenprobe von 22–24 Maschen = 10 cm ergibt.
NADELN: Nadelspiel mit 5 Nadeln Stärke 4.
GRÖSSE: Nach dem Filzen sind meine Strümpfe ca. 40 cm lang, der Schaft und der Fuß ca. 14 cm breit.

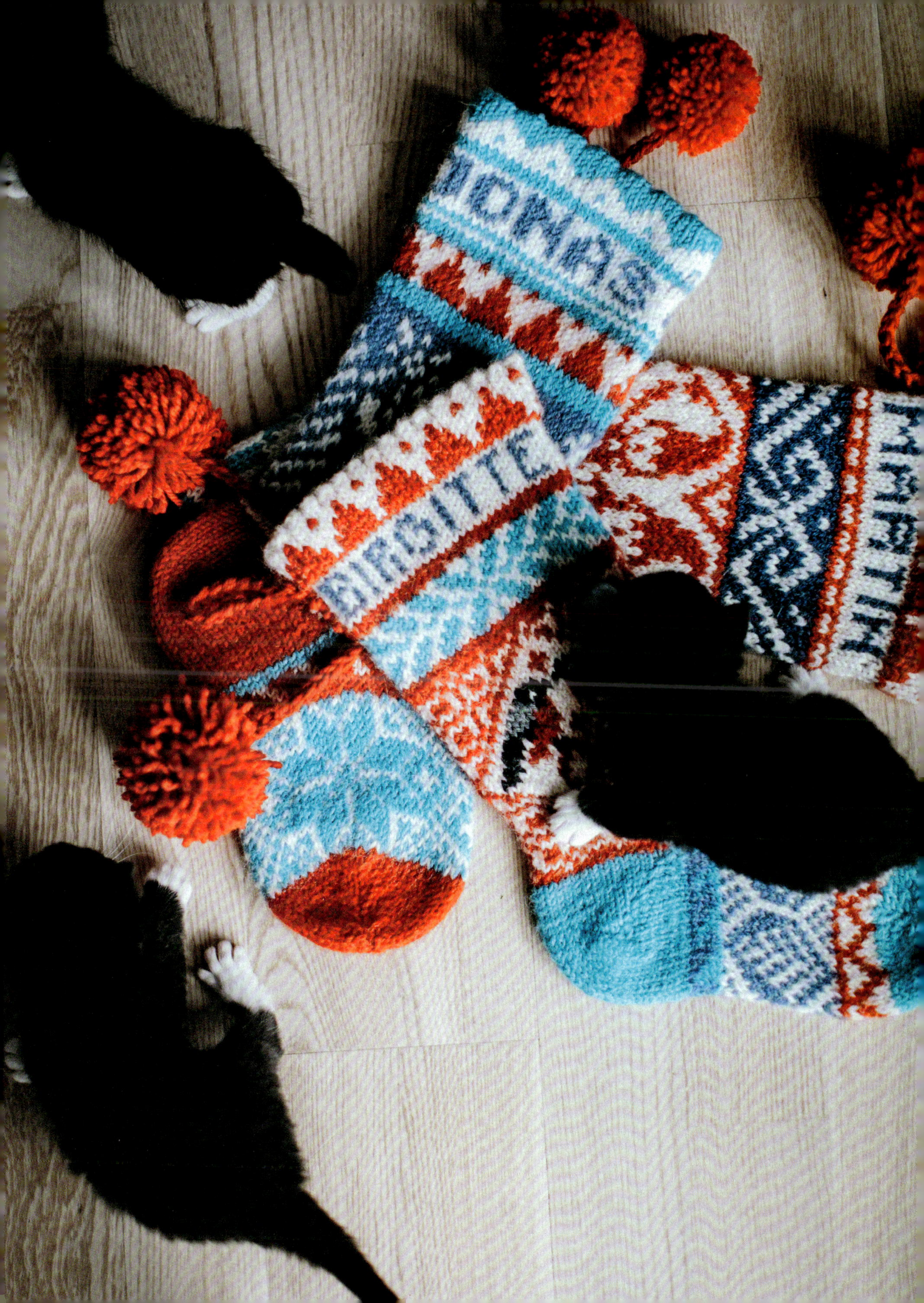
JONAS
BIRGITTE
MARTIN

Anleitung

60 Maschen mit dem jeweiligen Garn anschlagen, auf jede Nadel 15 Maschen verteilen und zum Ring schließen. Den Beleg stricken, 7 Runden rechte Maschen. Der Beleg ist der Rand, der später nach innen umgefaltet und auf der linken Seite festgenäht wird. Nach der Strickschrift für den ausgewählten Strumpf stricken.

① Lochreihe, die später die Umbruchkante für den Beleg wird. Nach der Lochreihe nach Anleitung weiterstricken.

② Namenbordüre: hier die passende Bordüre stricken. Buchstaben, Zahlen und leere Bordüren findest du auf Seite 68.

③ Nach der Strickschrift bis zur Ferse stricken, die mit einer kräftigen horizontalen Linie markiert ist. Fäden abschneiden.

④ Nach der Strickschrift Ferse stricken: Die Ferse wird über die 30 Maschen der hinteren Mitte hin und zurück gestrickt. Die restlichen Maschen werden stillgelegt, bis die Ferse fertig ist. Verwende die Farben, die für die ausgewählte Anleitung angegeben sind. Beginne mit der 1. Masche auf der 4. Nadel. (15 Maschen vor dem Beginn der Reihe). 1. Reihe, rechte Seite: 30 rechte Maschen mit der Farbe für die Ferse stricken.

⑤ Wenden und 29 linke Maschen stricken.

⑥ Wenden und 28 rechte Maschen zurück stricken. Diese Reihen fortlaufend wiederholen, je 1 Masche weniger in jeder Reihe. Die Maschen, die an beiden Seiten nicht gestrickt werden, bleiben auf den Nadeln.
⑦ Weiterstricken, bis es 15 Maschen in der Mitte der Ferse sind. Jetzt immer 1 Masche mehr aus dem Rand mitstricken, dabei die nächste Masche stricken, die in jeder Reihe auf den Nadeln liegt. Rechte Seite: Die letzte Masche mit der nächsten Masche rechts zusammenstricken. Damit es keine Löcher beim Zunehmen gibt, wird 1 Masche aus dem Maschenbogen vor der nächsten Masche zugenommen und rechts gestrickt.

⑧ Linke Seite: Linke Maschen stricken, die letzte Masche wird mit der ersten, die auf der Nadel liegt, links zusammengestrickt. 1 Masche aus dem Maschenbogen vor der nächsten Masche zunehmen und links stricken.

Weiterstricken, bis alle 30 Maschen der Ferse gestrickt sind. Fäden abschneiden.

⑨ Den Fuß stricken. Das Muster beginnt in der Mitte unter der Ferse. Das Muster fertig stricken, Fäden abschneiden.

⑩ Für die Spitze abnehmen: Die Weihnachtsstrümpfe mit den Ponys und dem Bären werden mit einer langen Abnahme gestrickt, die anderen mit einer kurzen. Wähle diejenige aus, die du möchtest. Nach der Strickschrift Lange Spitze oder Kurze Spitze stricken. Mit derselben Garnfarbe wie die Ferse stricken. An der Seite des Strumpfes anfangen. Die Strickschrift 2-mal in einer Runde wiederholen.

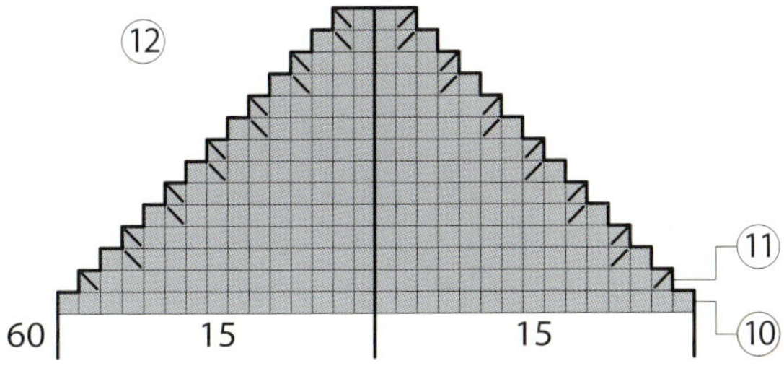

Kurze Spitze

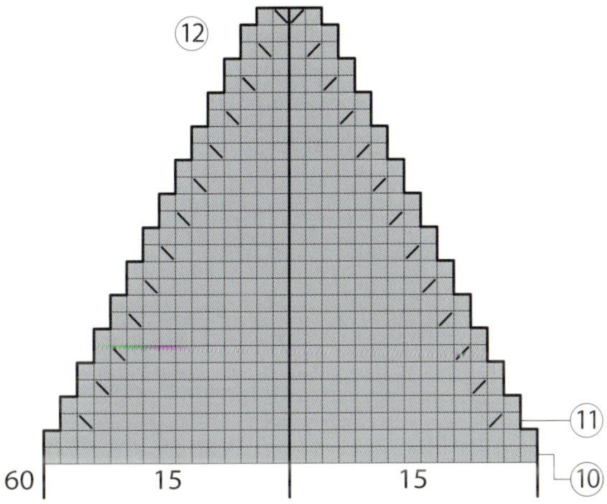

Lange Spitze

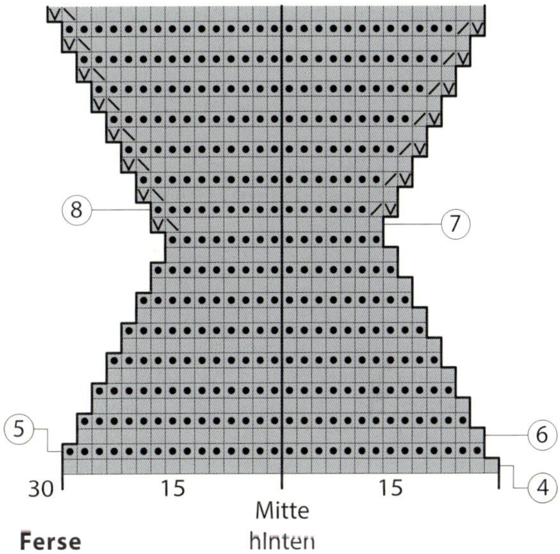

Ferse

⑪ An den Seiten nach Strickschrift abnehmen. Für die lange Spitze wird in jeder zweiten Runde abgenommen, für die kurze in jeder Runde. Aber wechselweise mit 2 oder keiner Masche zwischen den Abnahmen an den Seiten jeder 2. Runde.

⑫ Faden abschneiden und durch die letzten Maschen ziehen. Fäden vernähen und Beleg festnähen. Die Strümpfe nach der Anleitung auf Seite 18 filzen.

BOMMEL FÜR STRÜMPFE

Die Weihnachtsstrümpfe auf den Bildern haben je zwei dicke Bommel bekommen. Sie sind an einer Schnur aus gehäkelten Luftmaschen befestigt. Die Schnur zur Hälfte falten und hinten am Strumpf so festnähen, dass es eine Schleife gibt.

WEIHNACHTSSTRUMPF »JONAS«

Der junge Hirsch hat einen kurzen Abstecher weg von der Herde gemacht – hier steht er und bewundert den Weihnachtsstern.

GRUNDFARBE: Weiß.
MUSTERFARBEN: Hell- und Dunkelblau, Dunkelrot. Die Ferse und die Spitze werden in Rot gestrickt.

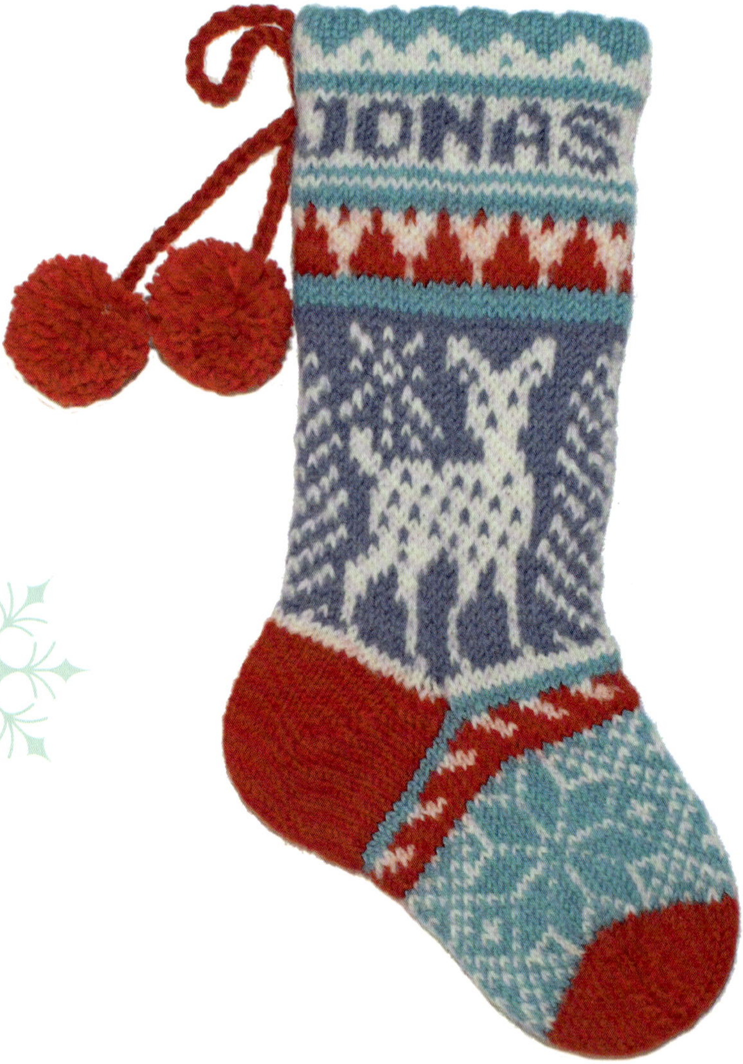

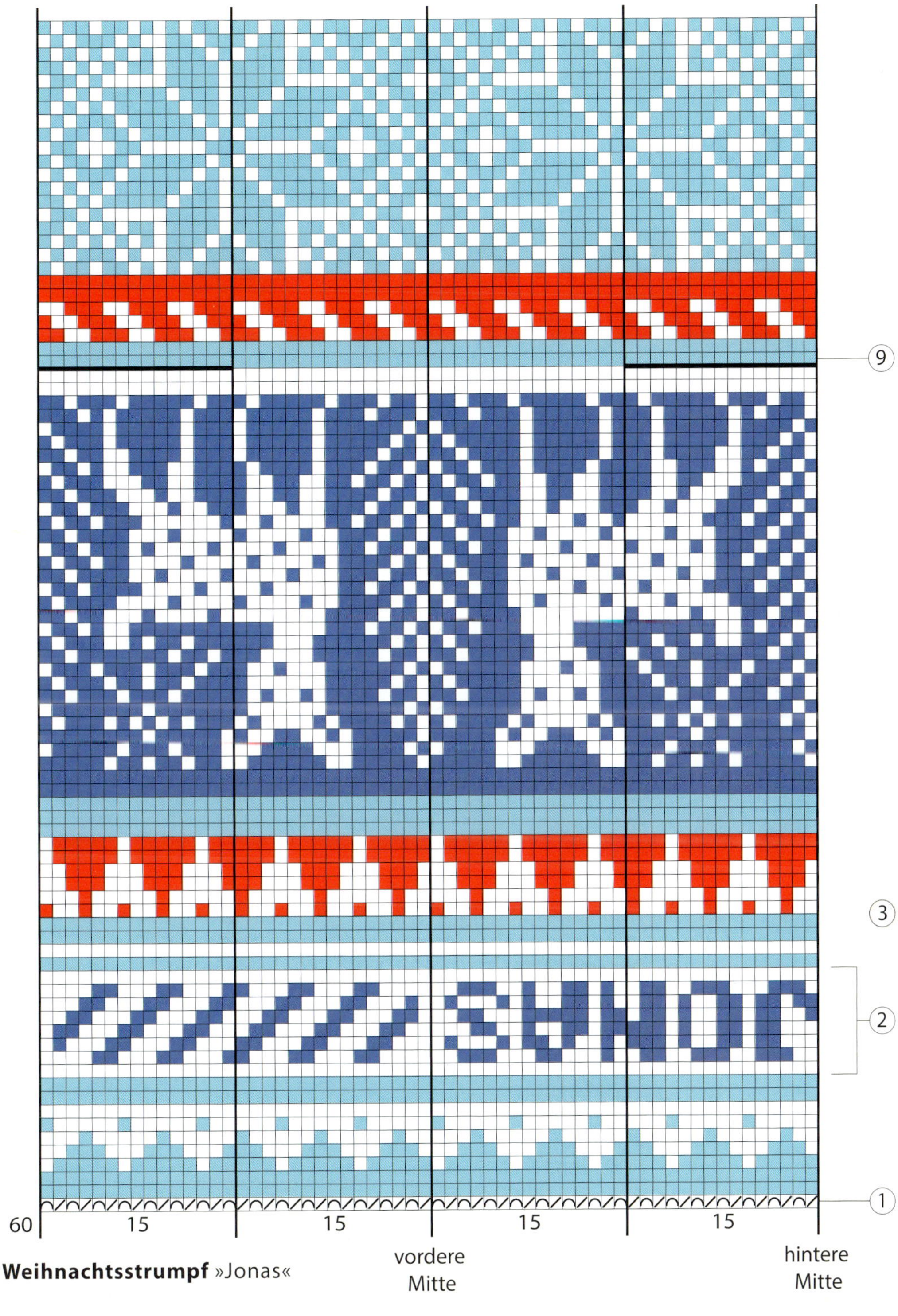

Weihnachtsstrumpf »Jonas«

WEIHNACHTSSTRUMPF »MARTIN«

Die tanzenden Zwerge sind ein Motiv, das bei einer anderen Anleitung im Buch wieder erscheint. Hier haben sie die Rentiere losgelassen, die schon in wilder Flucht über die Ebene rasen. Auch die Zwerge flüchten in einem wilden Tanz.

GRUNDFARBE: Weiß.
MUSTERFARBEN: Hell- und Dunkelblau, Dunkelrot. Die Ferse und die Spitze werden in Dunkelblau gestrickt.

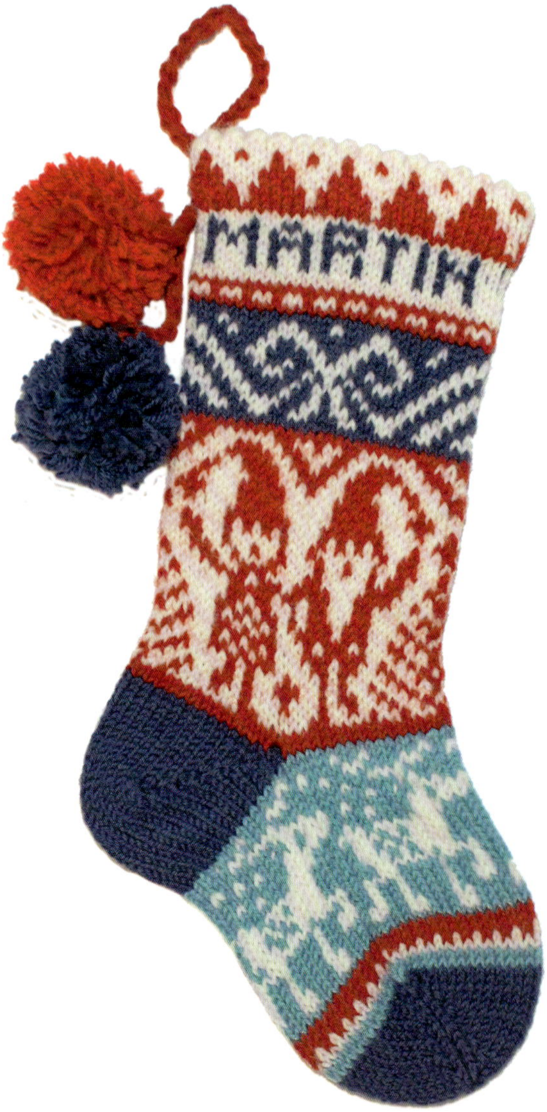

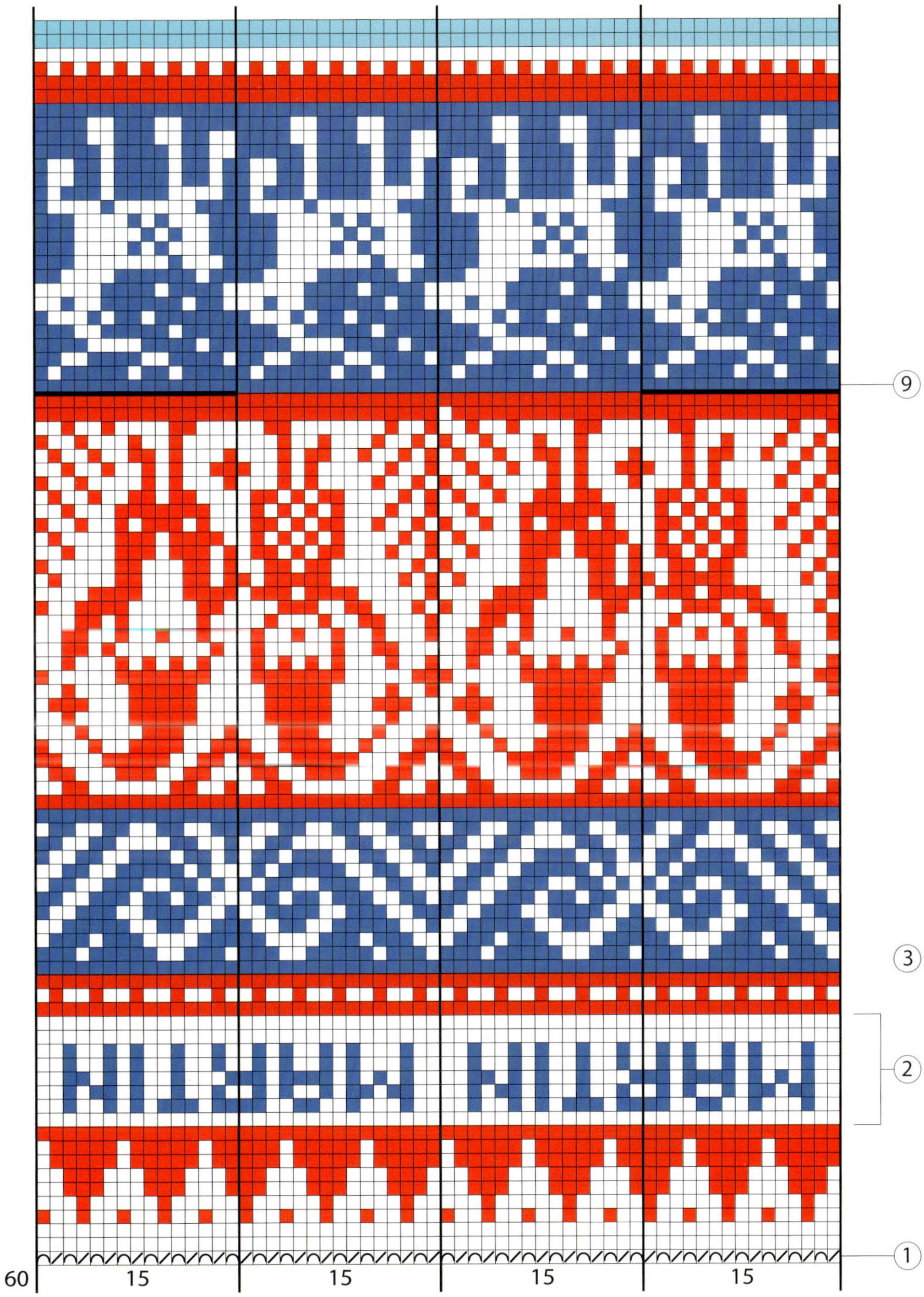

Weihnachtsstrumpf »Martin«

vordere Mitte

hintere Mitte

WEIHNACHTSSTRUMPF »PONY«

Viele würden sich bestimmt wünschen, dass ein waschechtes Pony an Heiligabend unter dem Weihnachtsbaum steht. Dieser Wunsch wird sicher nicht allen erfüllt, aber ein Weihnachtsstrumpf mit Ponymotiv ist kein allzu schlechter Ersatz.

Der Ponystrumpf wird in Weiß als Grundfarbe gestrickt und in Rosa, Gelb und Hellblau als Musterfarben. Die Ferse und die Spitze werden in Hellblau gestrickt. Statt eines Namens wird eine Jahreszahl eingestrickt.

GRUNDFARBE: Weiß.

MUSTERFARBEN: Rosa, Gelb und Hellblau. Die Ferse und die Spitze werden in Hellblau gestrickt.

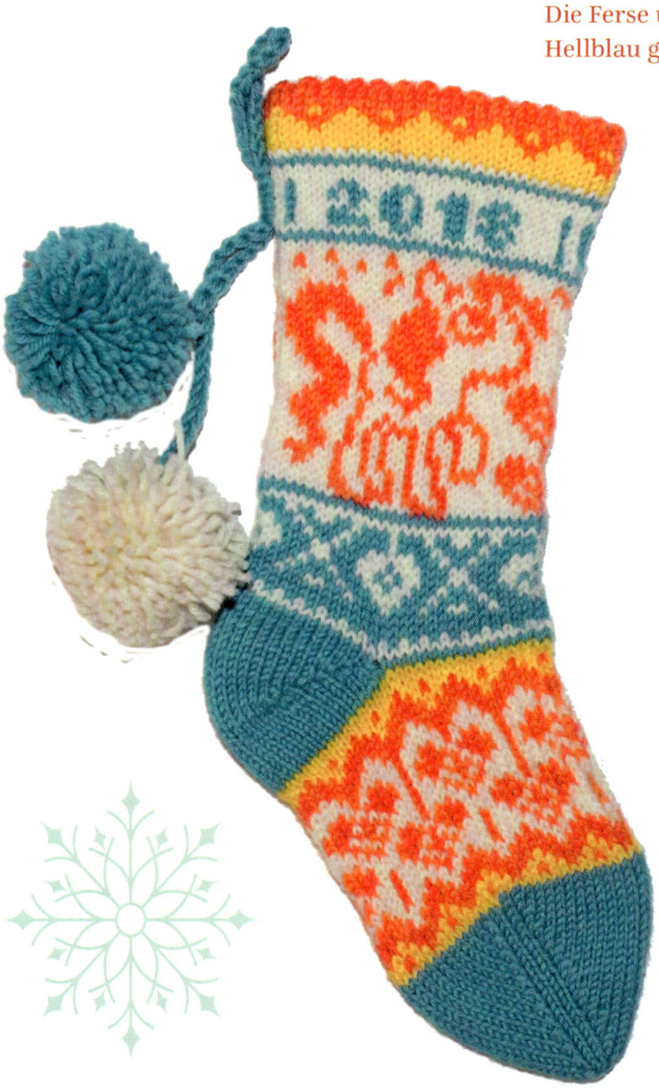

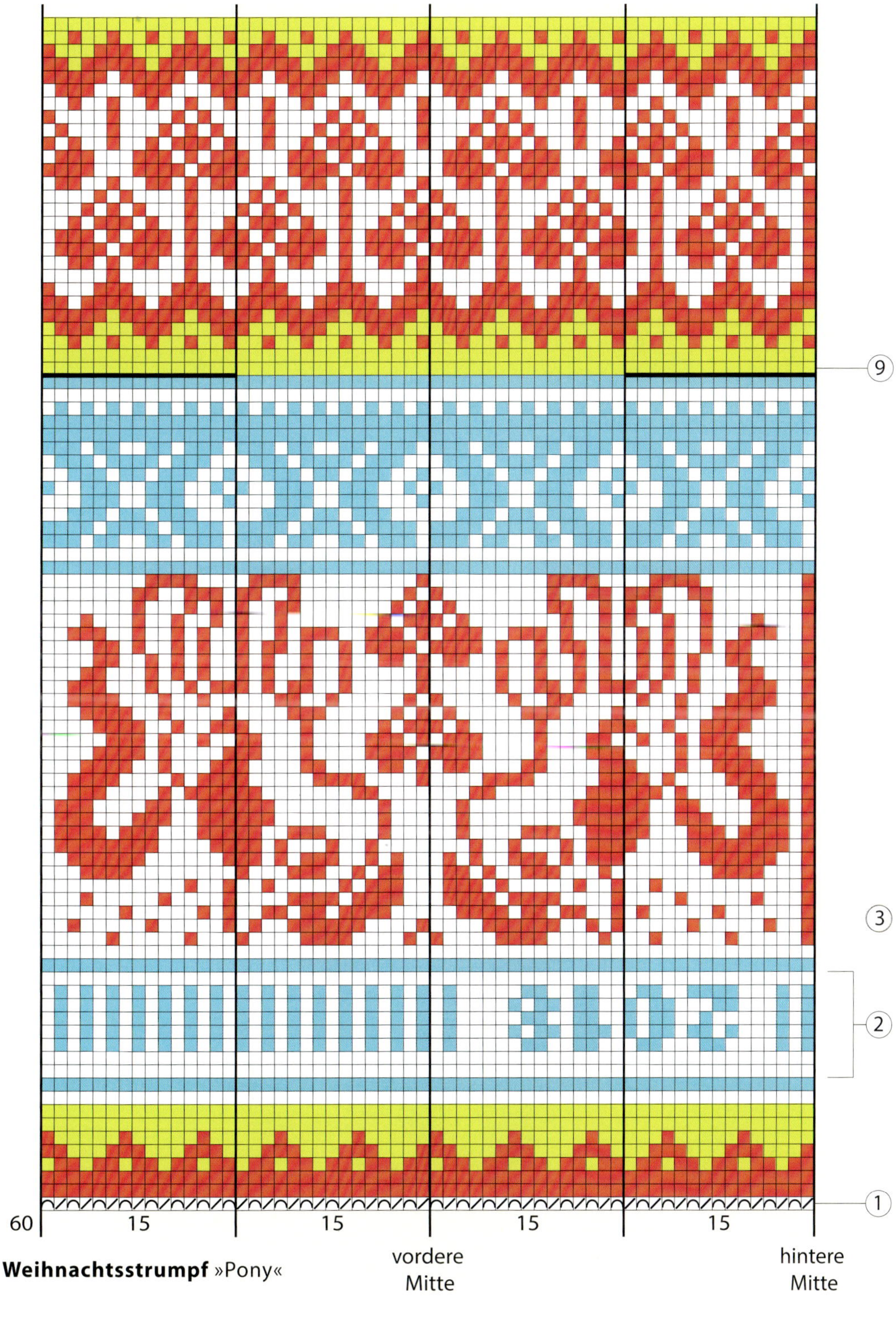

Weihnachtsstrumpf »Pony«

WEIHNACHTSSTRUMPF »BÄR AUF SKIERN«

Wer Glück hat, findet ein Paar Ski unter dem Weihnachtsbaum. Der Bär auf dem Weihnachtsstrumpf hatte sicher Glück und ist jetzt draußen, um die neuen Skier zum ersten Mal auszuprobieren.

GRUNDFARBE: Weiß.
MUSTERFARBEN: Hell- und Dunkelblau und Rosa. Die Ferse und die Spitze werden in Rosa gestrickt. Der Schal des Bären wird in der Grundfarbe gestrickt und später in Rosa im Maschenstich bestickt.

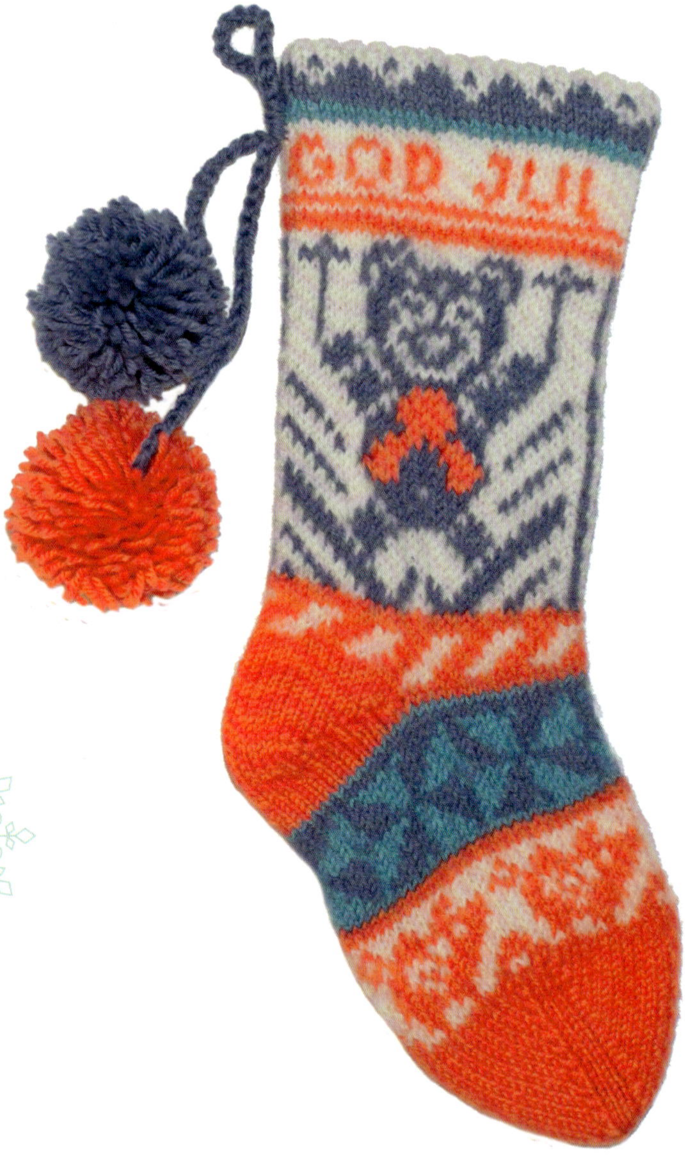

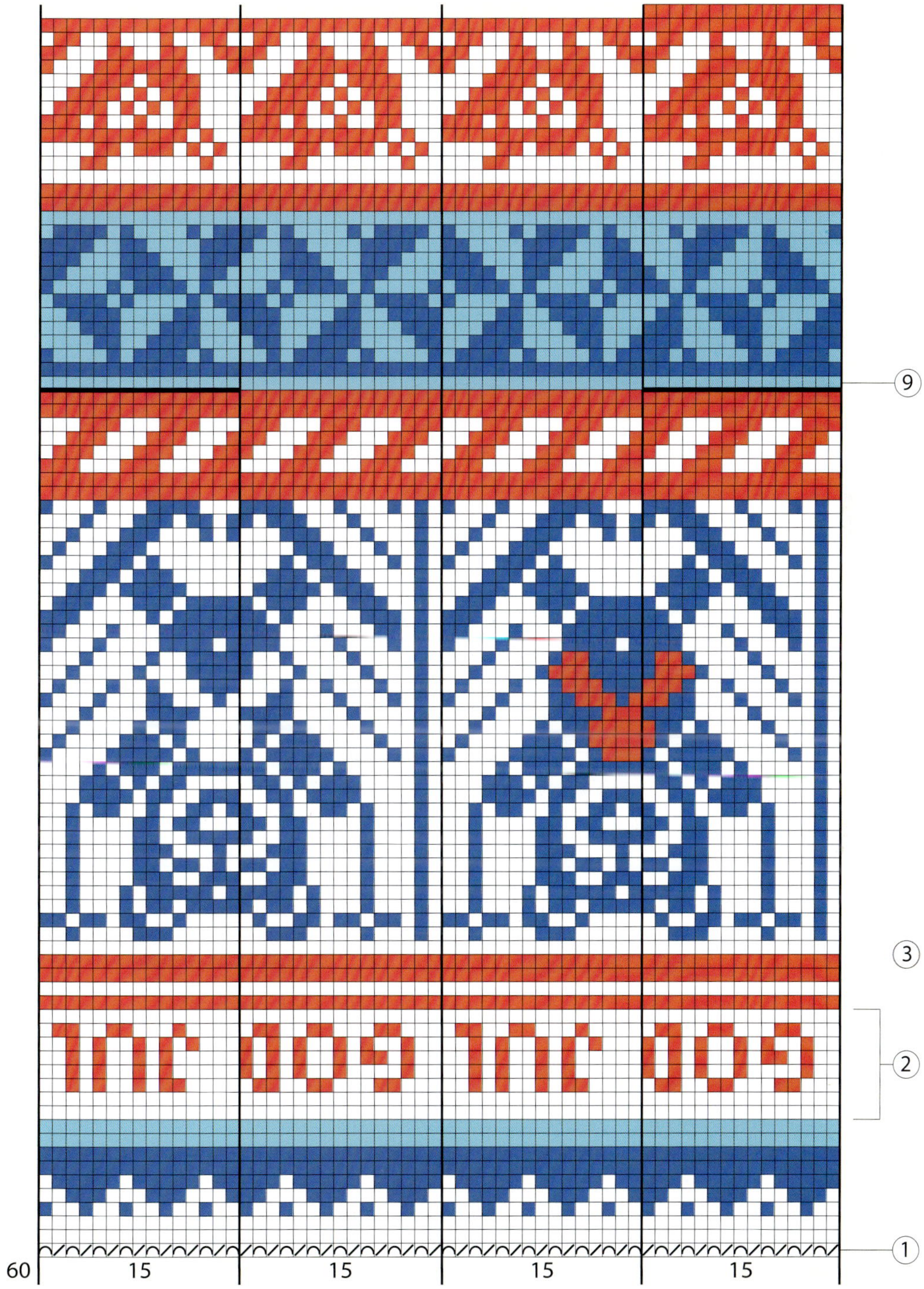

Weihnachtsstrumpf »Bär auf Skiern«

vordere Mitte

hintere Mitte

WEIHNACHTSSTRUMPF »BIRGITTE«

Die kleinen Dompfaffen findest du im Buch an vielen Stellen. Hier kommen sie zum ersten Mal auf Weihnachtsstrümpfen vor. Die roten Vögel leuchten in der kalten Winterlandschaft und schaffen eine schöne Weihnachtsstimmung.

GRUNDFARBE: Weiß.
MUSTERFARBEN: Hell- und Dunkelblau und Dunkelrot. Die Ferse und die Spitze werden in Hellrot gestrickt. Die Dompfaffen werden in Rot gestrickt. Wenn der Strumpf fertig ist, werden die Vögel in Schwarz und Grau im Maschenstich bestickt.

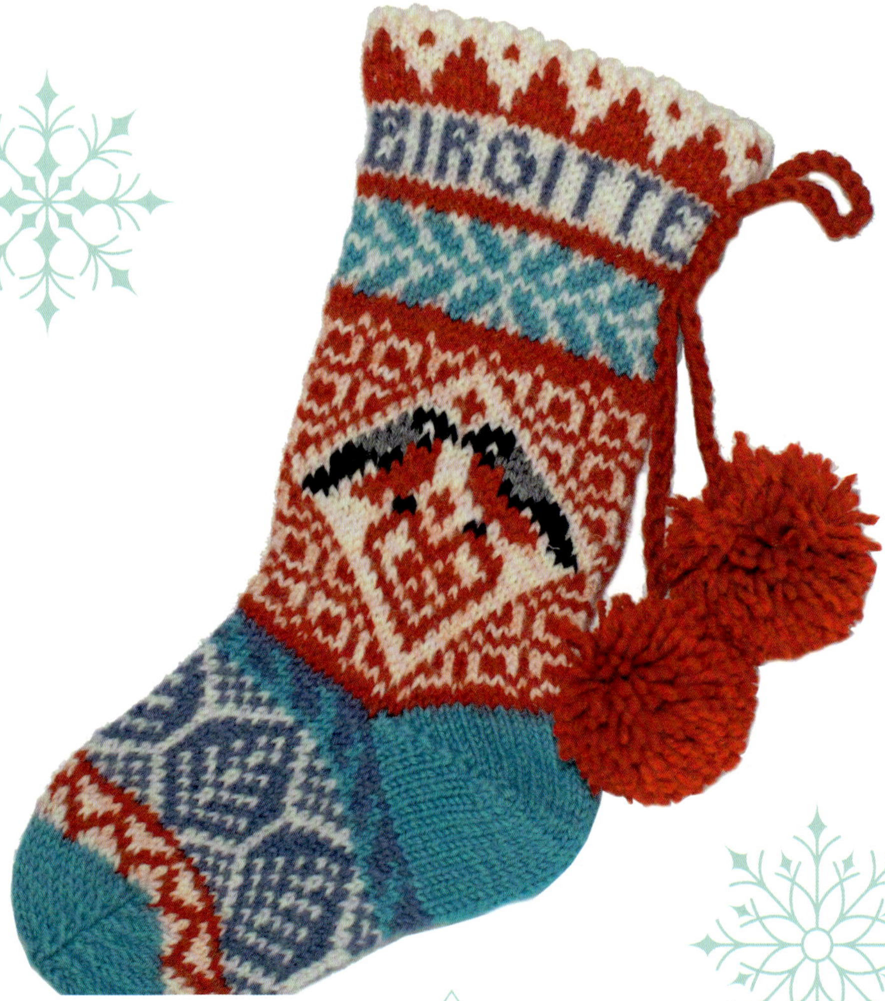

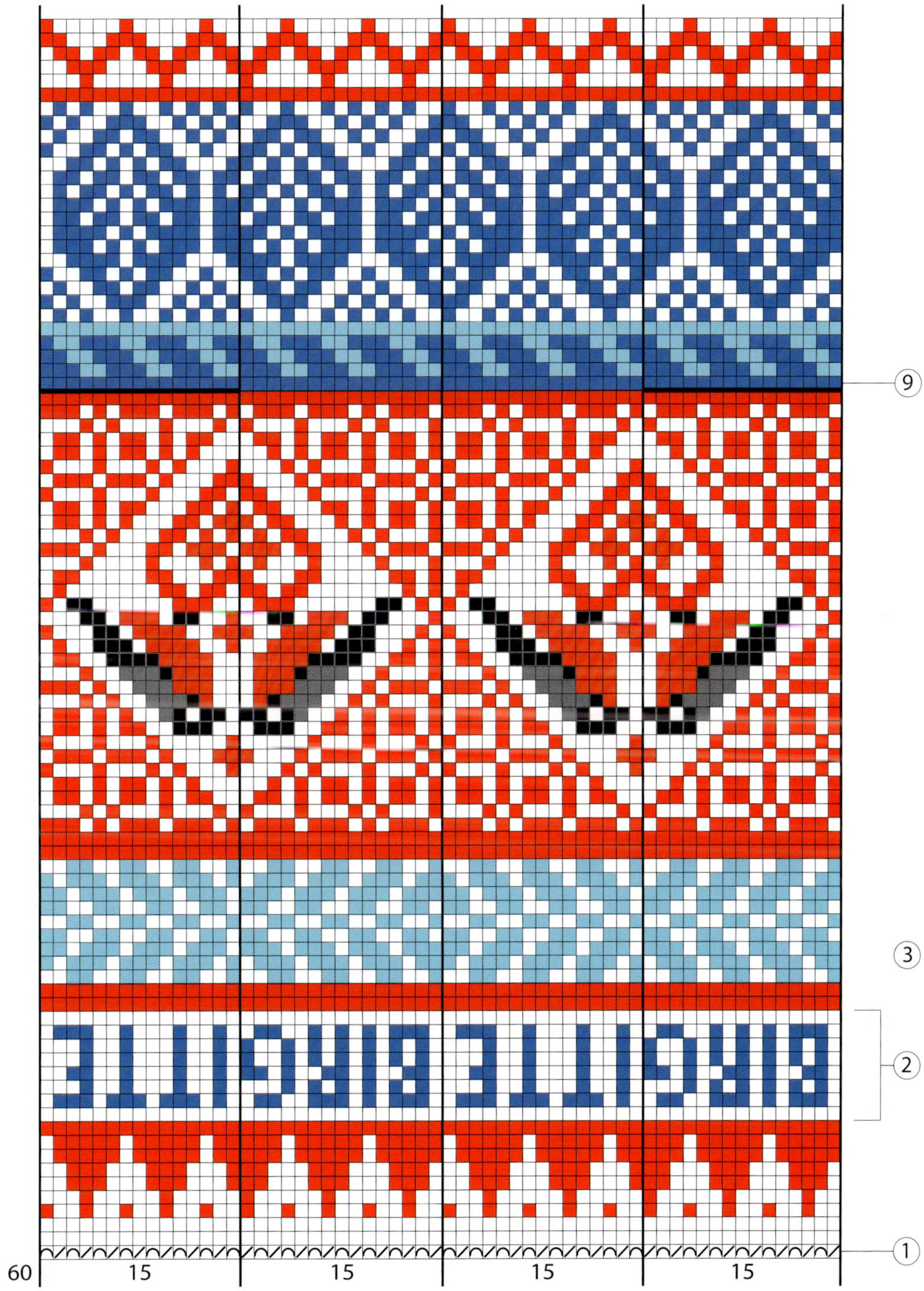

Weihnachtsstrumpf »Birgitte«

NAMENSBORDÜRE

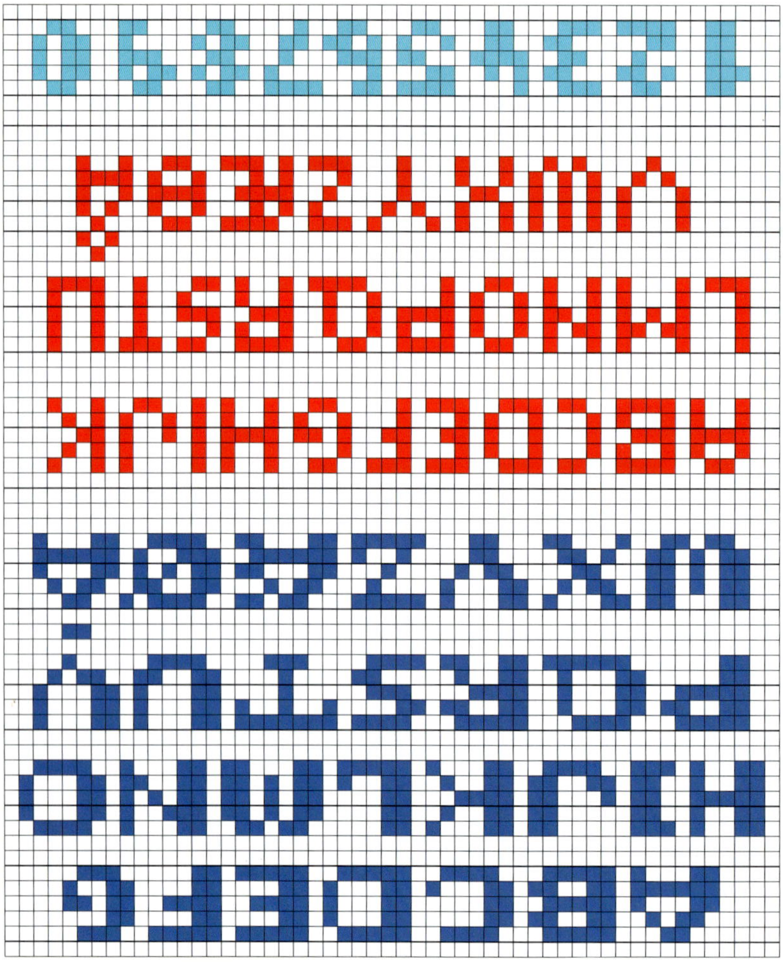

Buchstaben und Zahlen

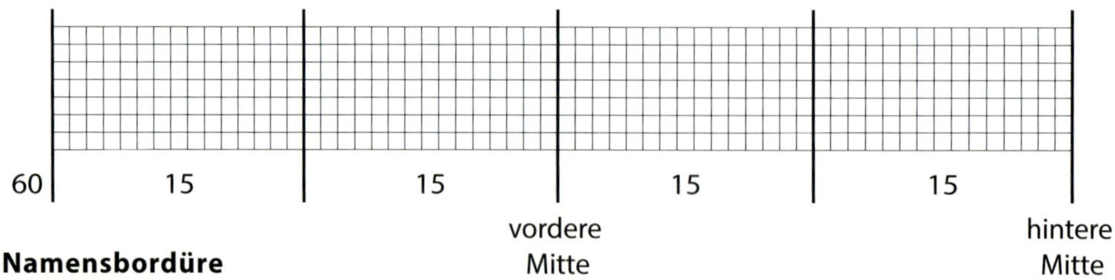

Namensbordüre

ENTWIRF DEINE EIGENEN WEIHNACHTSSTRÜMPFE

Vielleicht soll dein Weihnachtsstrumpf ein ganz spezielles Motiv haben? Hier gibt es eine leere Strickschrift, in die du dein eigenes Muster einzeichnen kannst.

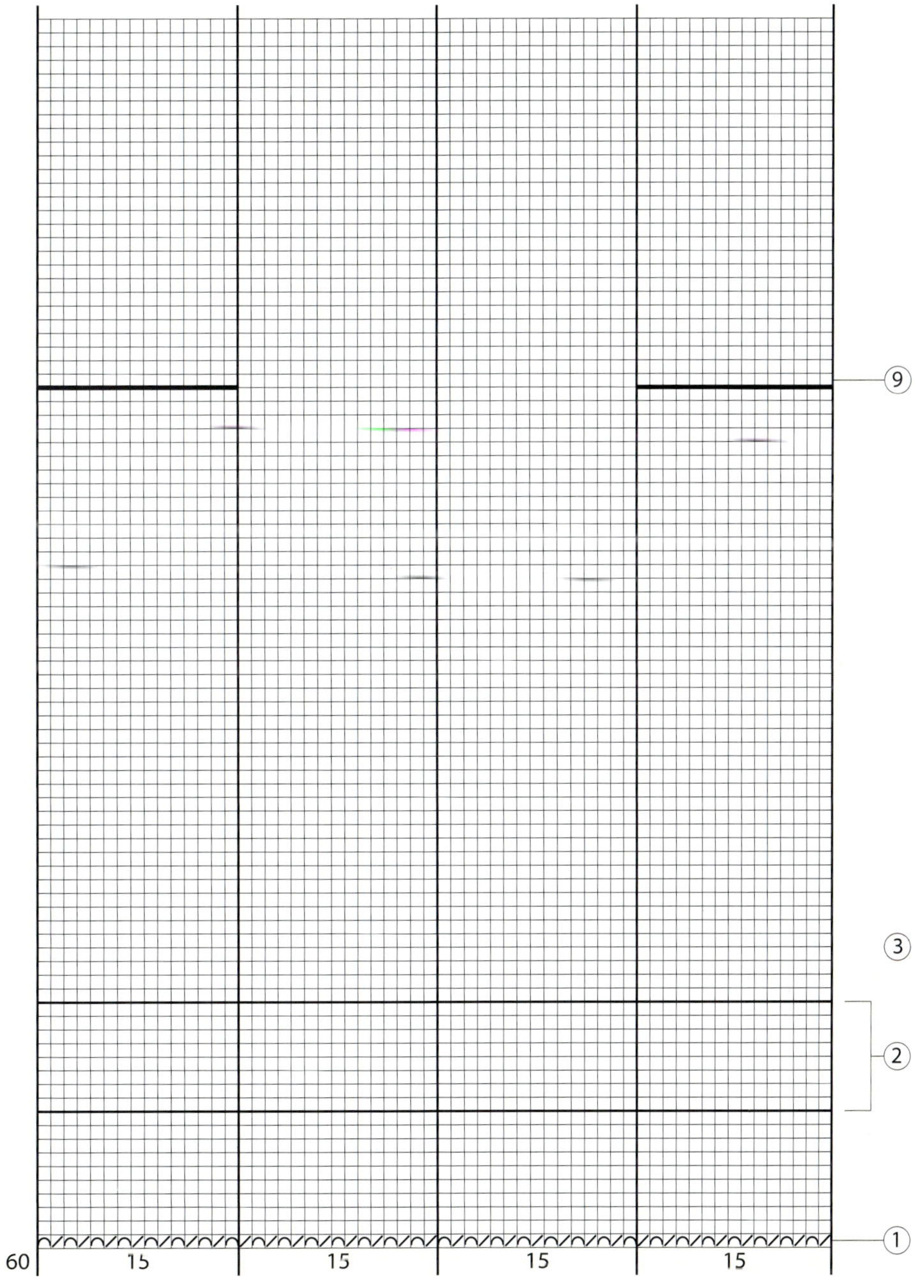

Weihnachtsstrumpf für eigenes Design

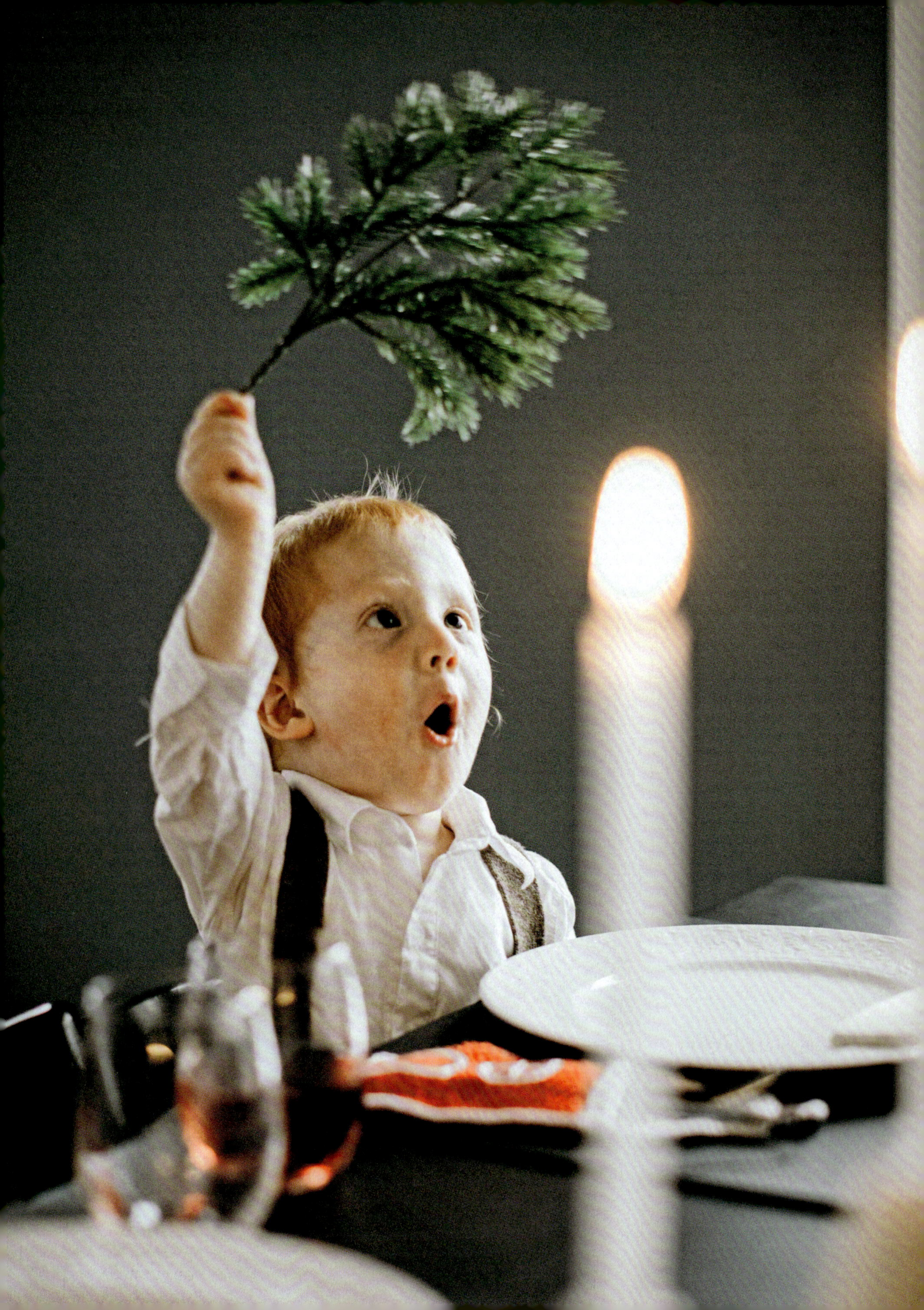

WEIHNACHTS-BÜFETT

An Heiligabend decken wir den Tisch besonders hübsch und servieren ein leckeres Weihnachtsessen. Es ist wichtig, dass man die Traditionen beibehält, aber jede Familie hat zusätzlich ihre ganz eigenen Ideen sowohl beim Essen als auch bei der Dekoration.

Egal, was es zu essen gibt, es macht Spaß, den Tisch mit etwas Besonderem zu schmücken – an Heiligabend und auch an den folgenden Weihnachtstagen. Richtig schön wird es mit Selbstgemachtem, denn damit erschaffst du genau deine ganz eigene Familientradition.

TOPFLAPPEN

Stell dir vor, du stehst in der Küche und bereitest das Weihnachtsessen zu. Kann es sein, dass du neue Topflappen brauchst, die nicht nur schön, sondern auch nützlich sind? Topflappen sind wunderbare Weihnachtsgeschenke, für die fast alle Verwendung haben und die ein wenig festlichen Glanz in jede Weihnachtsküche bringen.

Diese Topflappen werden rund und mit zwei Fäden gestrickt, damit sie besonders dick werden. Sie eignen sich genauso gut als Topfuntersetzer auf dem Tisch wie als Topflappen. Nach dem Gebrauch hängt man sie als wohnliche Weihnachtsdekoration in der Küche auf.

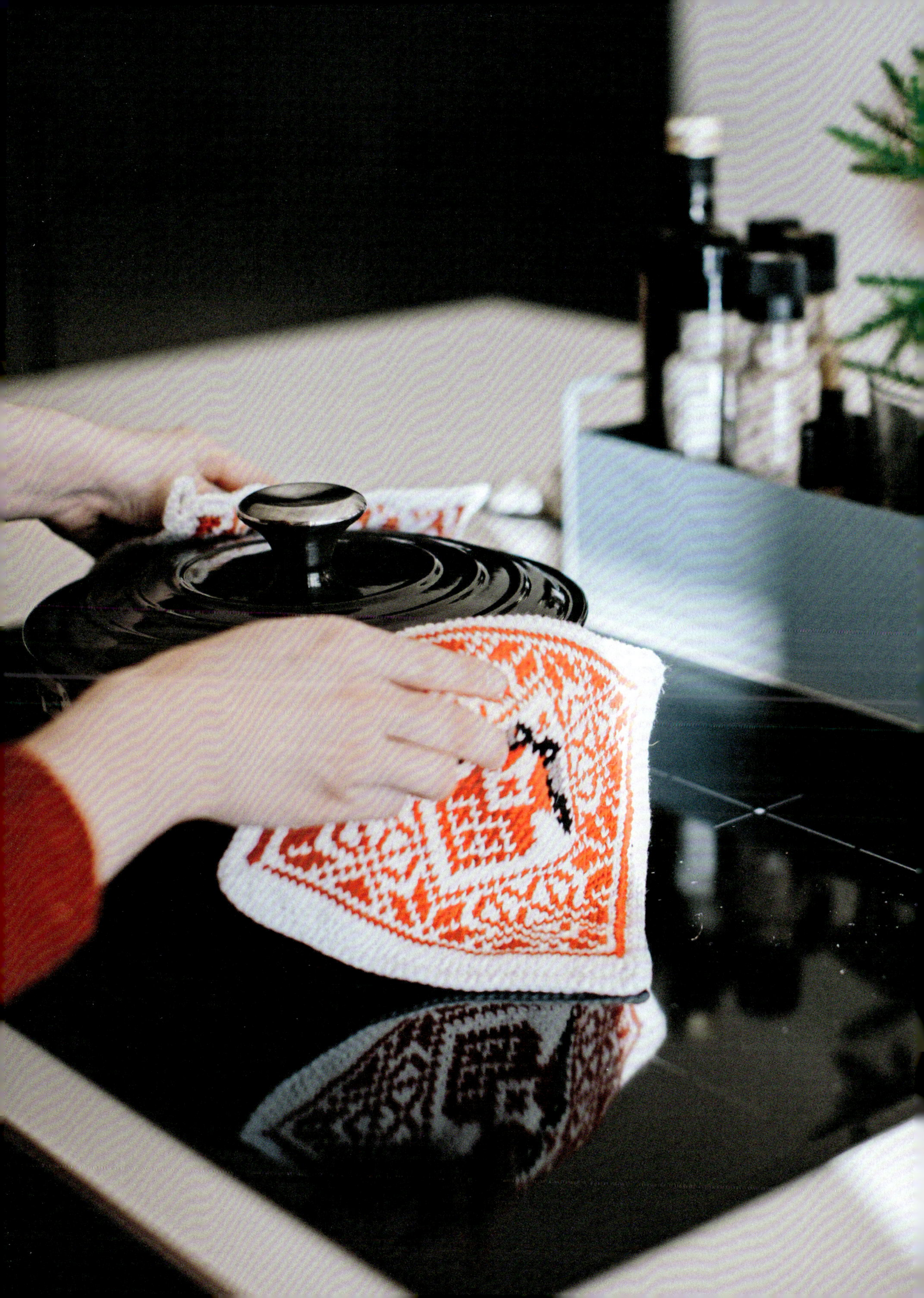

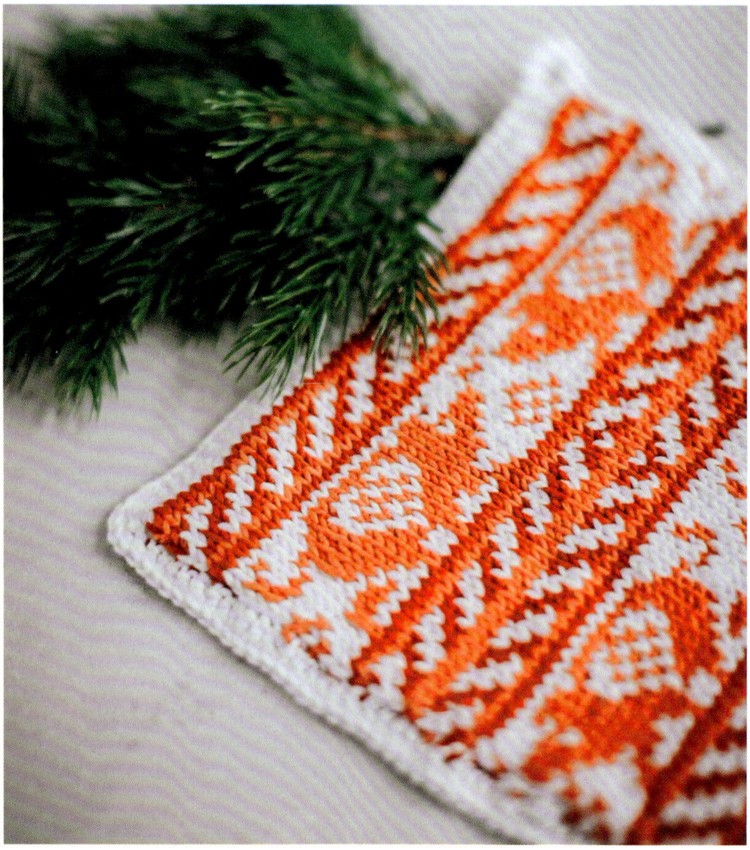

SCHWEINE AUF DER FLUCHT

Schweine sind ein typisches skandinavisches Motiv auf Weihnachtspapier und Weihnachtskarten und gelten bei uns als Glücksbringer. Warum also nicht Topflappen mit dem Motiv unserer rosa Freunde stricken? Hier sind ein paar Schweine, die es geschafft haben, dem Weihnachtsessen in letzter Sekunde zu entfliehen. Die Topflappen werden in Weiß, Rosa und Rot gestrickt und tragen zur echten Weihnachtsstimmung bei, vor allem am Herd.

GARN: PT Petunia von Rauma Garn (100 % Baumwolle, LL = 110 m/50 g).
GARNVERBRAUCH: *Für 1 Topflappen:* 60 g in Weiß, 20 g in Rosa und 15 g in Rot.
ALTERNATIVES GARN: Baumwollgarn, das mit Nadeln 3–4 eine Maschenprobe von 20–22 Maschen = 10 cm ergibt.
NADELN: Rundstricknadel 40 cm, Stärke 3. Häkelnadel Stärke 3.
GRÖSSE: Breite ca. 22 cm, Höhe ca. 21 cm.

Anleitung

Der Topflappen wird in Runden gestrickt und am Schluss zusammengehäkelt.

① 96 Maschen in Weiß anschlagen und zum Ring schließen. Nach der Strickschrift *Topflappen, Schweine auf der Flucht* stricken. Das Muster wiederholt sich 2-mal in einer Runde. Einen Maschenmarkierer nach je 24 Maschen einhängen (vgl. vertikale Linien in der Strickschrift), dann lässt sich das Muster einfacher stricken.

② Nach der Strickschrift weiterstricken und abketten. Die Fäden abschneiden und auf der linken Seite vernähen.

GEHÄKELTER RAND

In der Ecke beginnen, in der der Aufhänger sein soll. Feste Maschen um den gesamten Rand häkeln. Dafür den Faden durch die äußeren Maschenbogen auf beiden Seiten ziehen und sie so zusammenhäkeln. An den Seiten wird durch den äußeren Maschenrand gehäkelt. *1. Runde:* 5 feste Maschen häkeln, dann 2 feste Maschen zusammen abmaschen, dies fortlaufend wiederholen. In den Ecken werden 3 feste Maschen in die Eckmaschen gehäkelt. *2. Runde:* Wenden und 1 feste Masche in jede feste Masche häkeln, 2 feste Maschen in die Eckmaschen.

AUFHÄNGER

Einen Ring aus 7 Luftmaschen direkt in der Ecke anhäkeln und 12 feste Maschen in diesen Luftmaschenring häkeln.

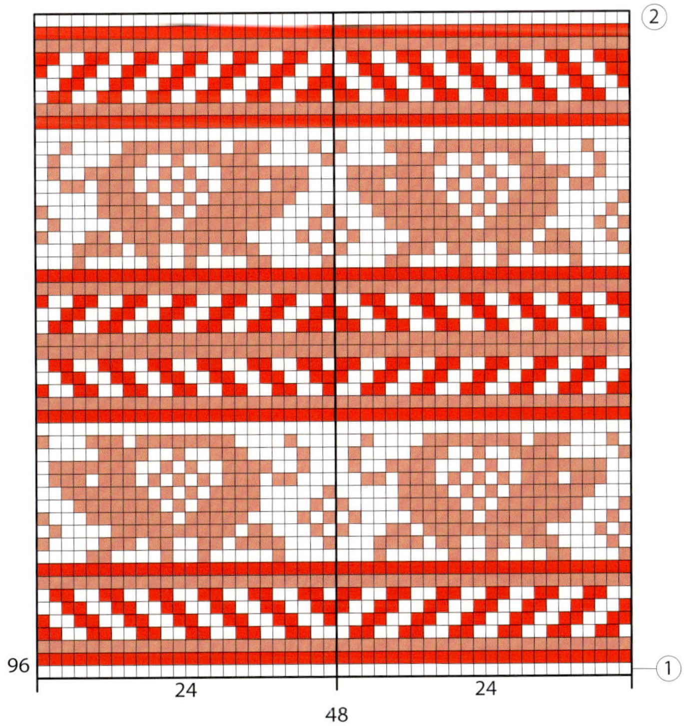

Topflappen
Schweine auf der Flucht

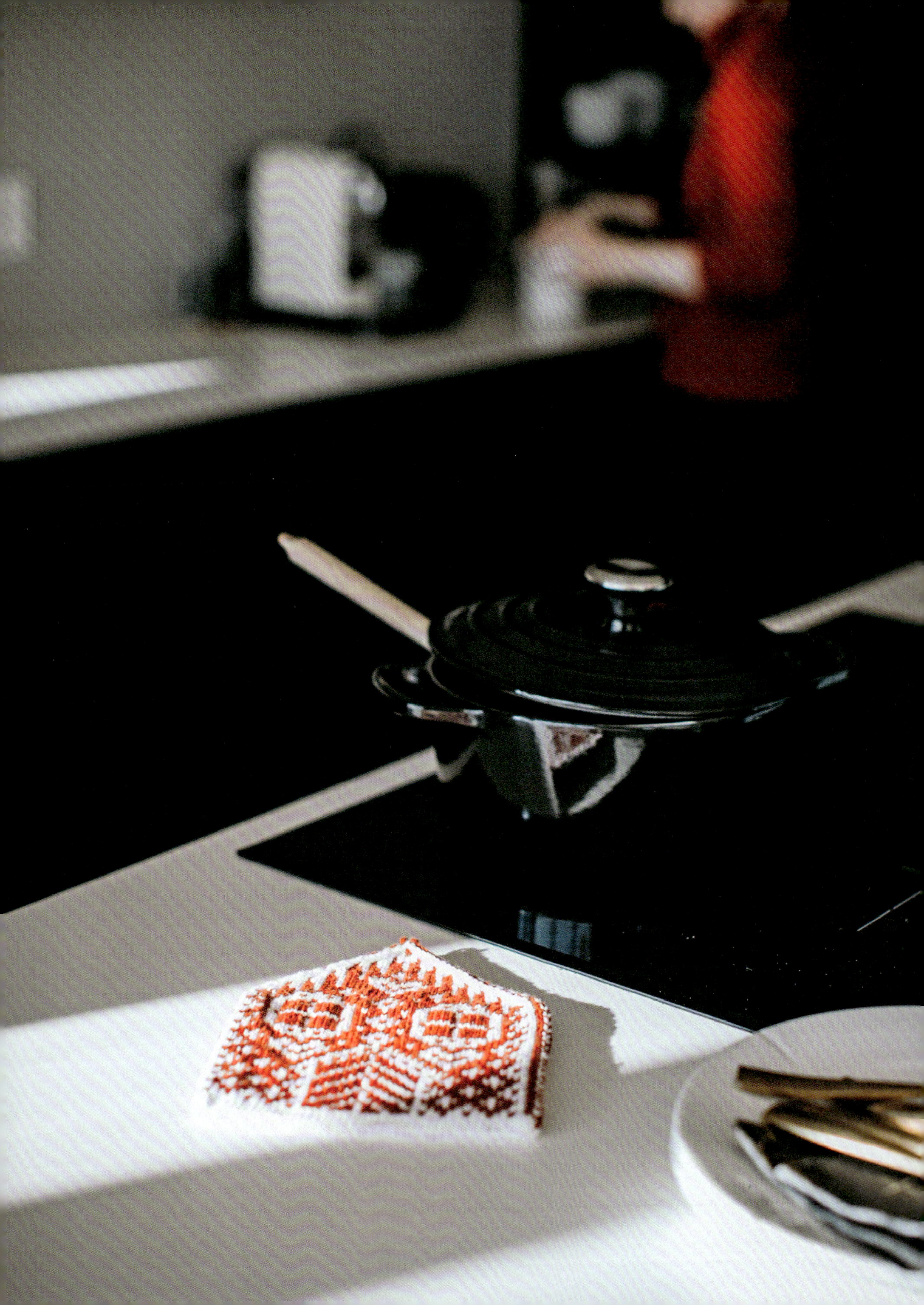

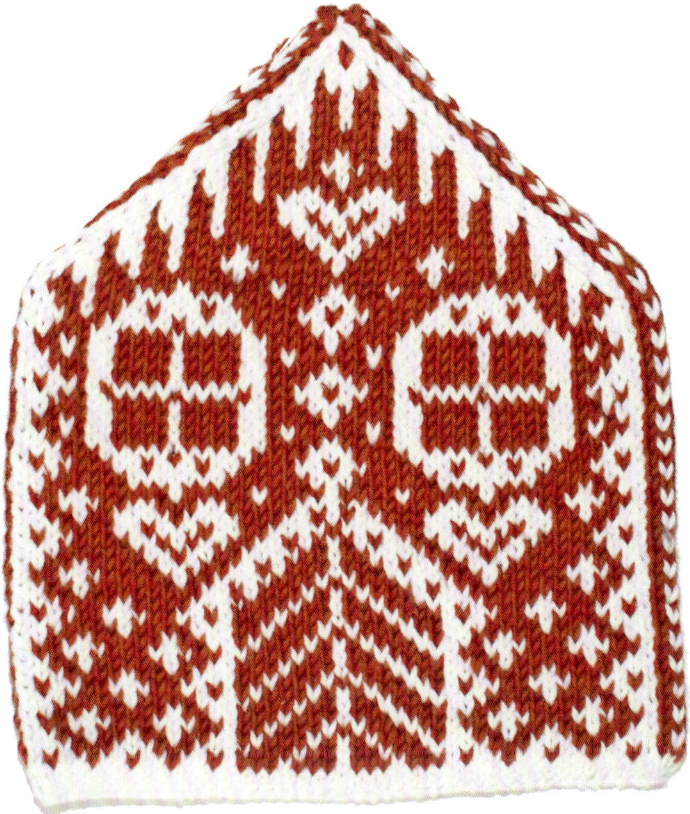

PFEFFERKUCHENHAUS

Mit diesen süßen Topflappen in Form eines Pfefferkuchenhauses wird die Küche in der Vorweihnachtszeit besonders gemütlich.

Was passt besser zur Weihnachtsbäckerei als solche Topflappen? Sie eignen sich auch gut als Untersetzer für den heißen Topf mit Glühwein. Die hübschen Pfefferkuchenhäuser sind übrigens auch für sich allein eine Weihnachtsdekoration, wenn sie in der Weihnachtszeit an einem Haken hängen.

GARN: PT Petunia von Rauma Garn (100 % Baumwolle, LL = 110 m/50 g).
GARNVERBRAUCH: *Für 1 Topflappen:* 25 g in Rotbraun und 15 g in Weiß.
ALTERNATIVES GARN: Baumwollgarn, das mit Nadeln 3–4 eine Maschenprobe von 20–22 Maschen = 10 cm ergibt.
NADELN: Rundstricknadel 40 cm, Stärke 3 und Nadelspiel mit 5 Nadeln, Stärke 3 für das Dach.
GRÖSSE: Breite ca. 19 cm, Höhe ca. 20 cm.

Anleitung

Der Topflappen wird in Runden gestrickt.

① 96 Maschen in Weiß anschlagen und zum Ring schließen. Nach der Strickschrift *Topflappen, Pfefferkuchenhaus* stricken. Das Muster wiederholt sich 2-mal in einer Runde. Einen Maschenmarkierer nach je 24 Maschen einhängen (vgl. vertikale Linien in der Strickschrift), dann lässt sich das Muster einfacher stricken.

② An beiden Seiten nach der Strickschrift abnehmen. Wenn die Rundstricknadel zu lang ist, zum Nadelspiel wechseln.

③ Am Ende die restlichen 3 Maschen zu einer Masche zusammenstricken. Die Fäden abschneiden und auf der Rückseite vernähen. Das Haus am unteren Rand zusammennähen.

AUFHÄNGER
Einen Ring aus 7 Luftmaschen direkt oben am Hausdach anhäkeln und 12 feste Maschen in diesen Luftmaschenring häkeln.

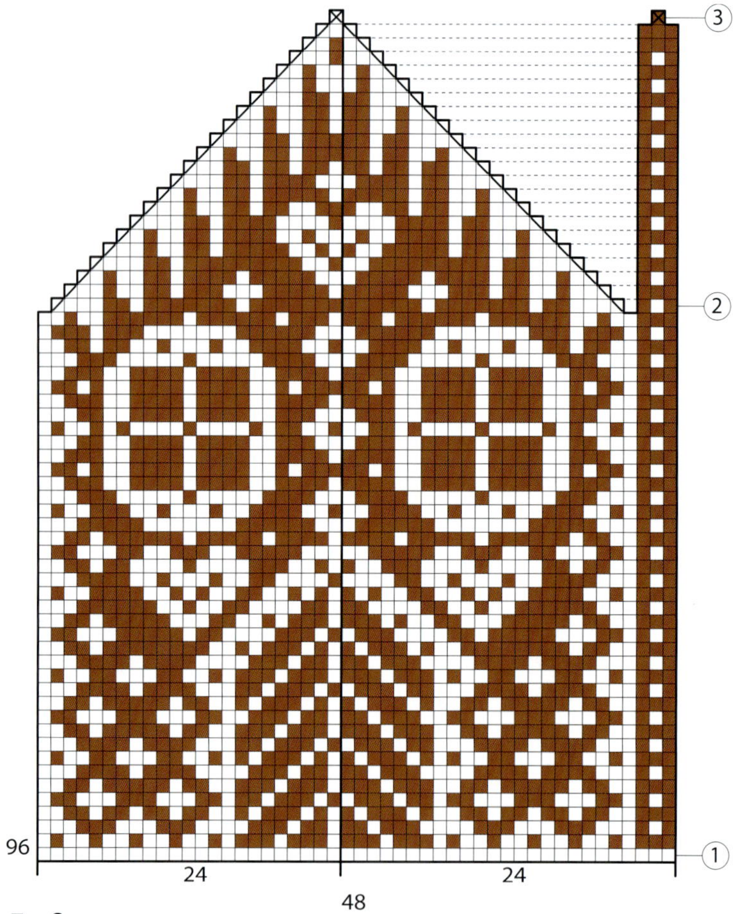

Topflappen
Pfefferkuchenhaus

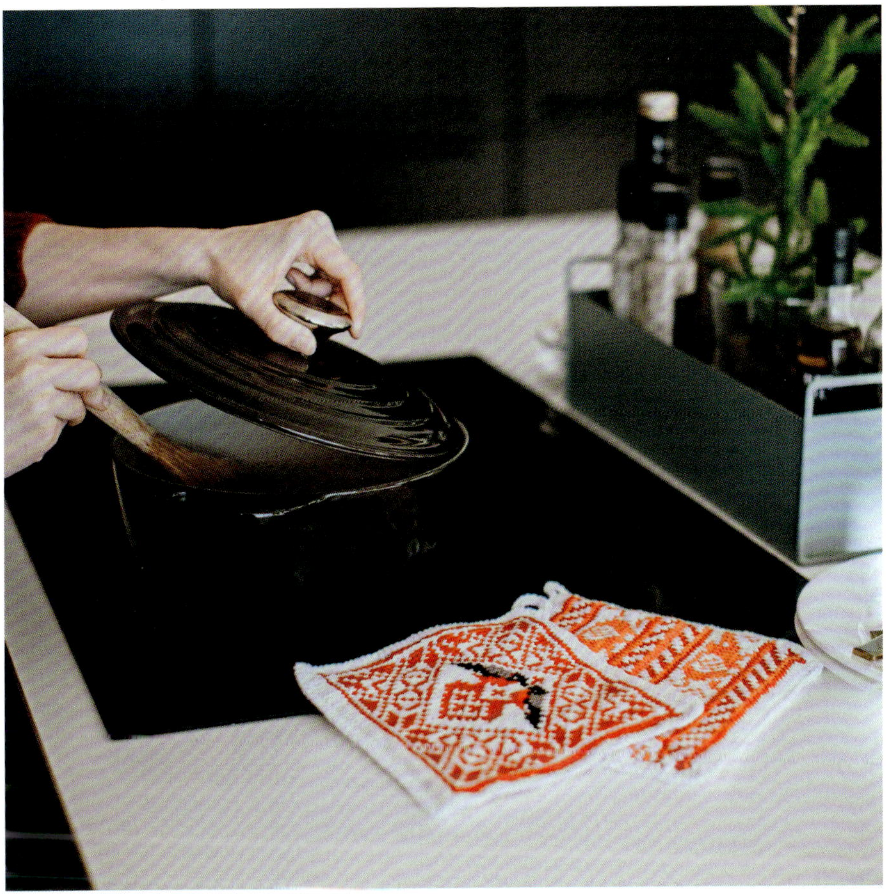

WINTERVÖGEL

Die zwei kleinen Dompfaffen sind gerade auf einem Paar Topflappen gelandet.

GARN: PT Petunia von Rauma Garn (100 % Baumwolle, LL = 110 m/50 g). Je ein Rest in Grau und Schwarz zum Sticken der Dompfaffen. Dafür kann sehr gut ein Stickgarn aus Baumwolle verwendet werden.

GARNVERBRAUCH: *Für 1 Topflappen:* 20 g in Rot und 24 g in Weiß.

ALTERNATIVES GARN: Baumwollgarn, das mit Nadeln 3–4 eine Maschenprobe von 20–22 Maschen = 10 cm ergibt.

NADELN: Rundstricknadel 40 cm, Stärke 3. Häkelnadel Stärke 3.

GRÖSSE: Breite ca. 20 cm, Höhe ca. 18 cm.

Anleitung

Der Topflappen wird in Runden gestrickt und am Schluss am Rand zusammengehäkelt. Die Dompfaffen werden in Rot gestrickt, die grauen und schwarzen Maschen werden im Maschenstich aufgestickt, bevor der Rand zusammengehäkelt wird.

① 88 Maschen in Weiß anschlagen und zum Ring schließen. Nach der Strickschrift *Topflappen, Wintervögel* stricken, ein Muster auf der Vorderseite und das zweite Muster auf der Rückseite des Topflappens. Einen Maschenmarkierer nach je 22 Maschen einhängen (vgl. vertikale Linien im Strickschrift), dann lässt sich das Muster einfacher stricken.

② Nach der Strickschrift weiterstricken und abketten. Die Fäden abschneiden und auf der linken Seite vernähen. Die Dompfaffen in Schwarz und Grau im Maschenstich besticken.

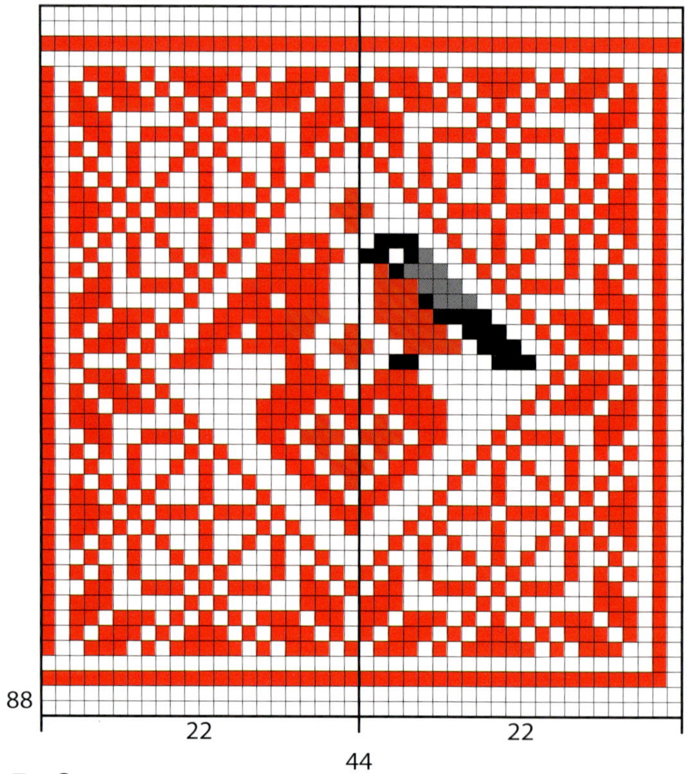

Topflappen
Wintervögel, Vorderseite

GEHÄKELTER RAND

In der Ecke beginnen, in der der Aufhänger sein soll. Feste Maschen um den gesamten Rand häkeln. Dafür den Faden durch die äußeren Maschenbögen auf beiden Seiten ziehen und sie dadurch zusammen häkeln. An den Seiten wird durch den äußeren Maschenrand gehäkelt. *1. Runde:* 5 feste Maschen häkeln, dann 2 feste Maschen zusammen abmaschen, dies fortlaufend wiederholen. In den Ecken werden 3 feste Maschen in die Eckmaschen gehäkelt. *2. Runde:* Wenden und 1 feste Masche in jede feste Masche häkeln, 2 feste Maschen in die Eckmaschen.

Da die Topflappen nicht sehr groß sind, kann man auch mehrere Runden häkeln.

AUFHÄNGER

Einen Ring aus 7 Luftmaschen direkt in der Ecke anhäkeln und 12 feste Maschen in diesen Luftmaschenring häkeln.

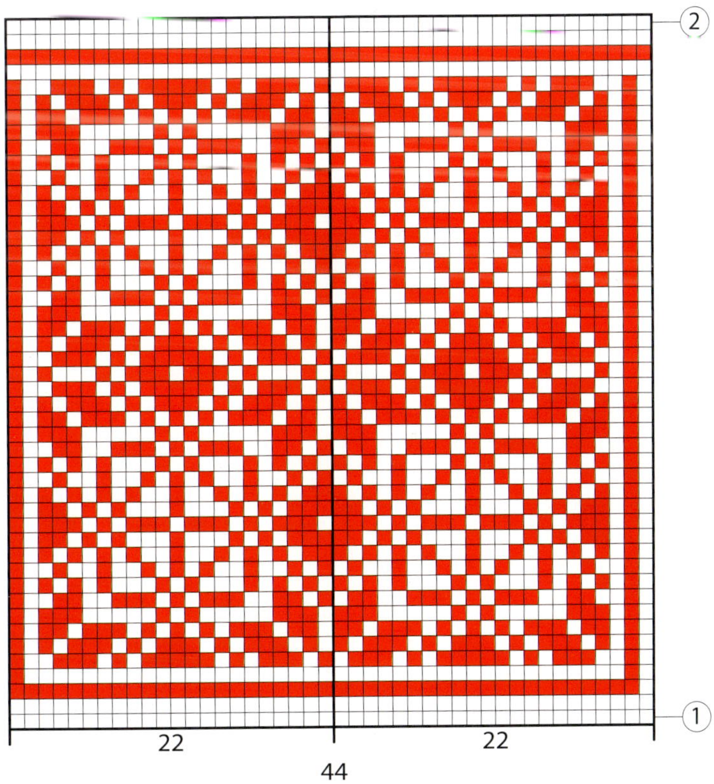

Topflappen
Wintervögel, Rückseite

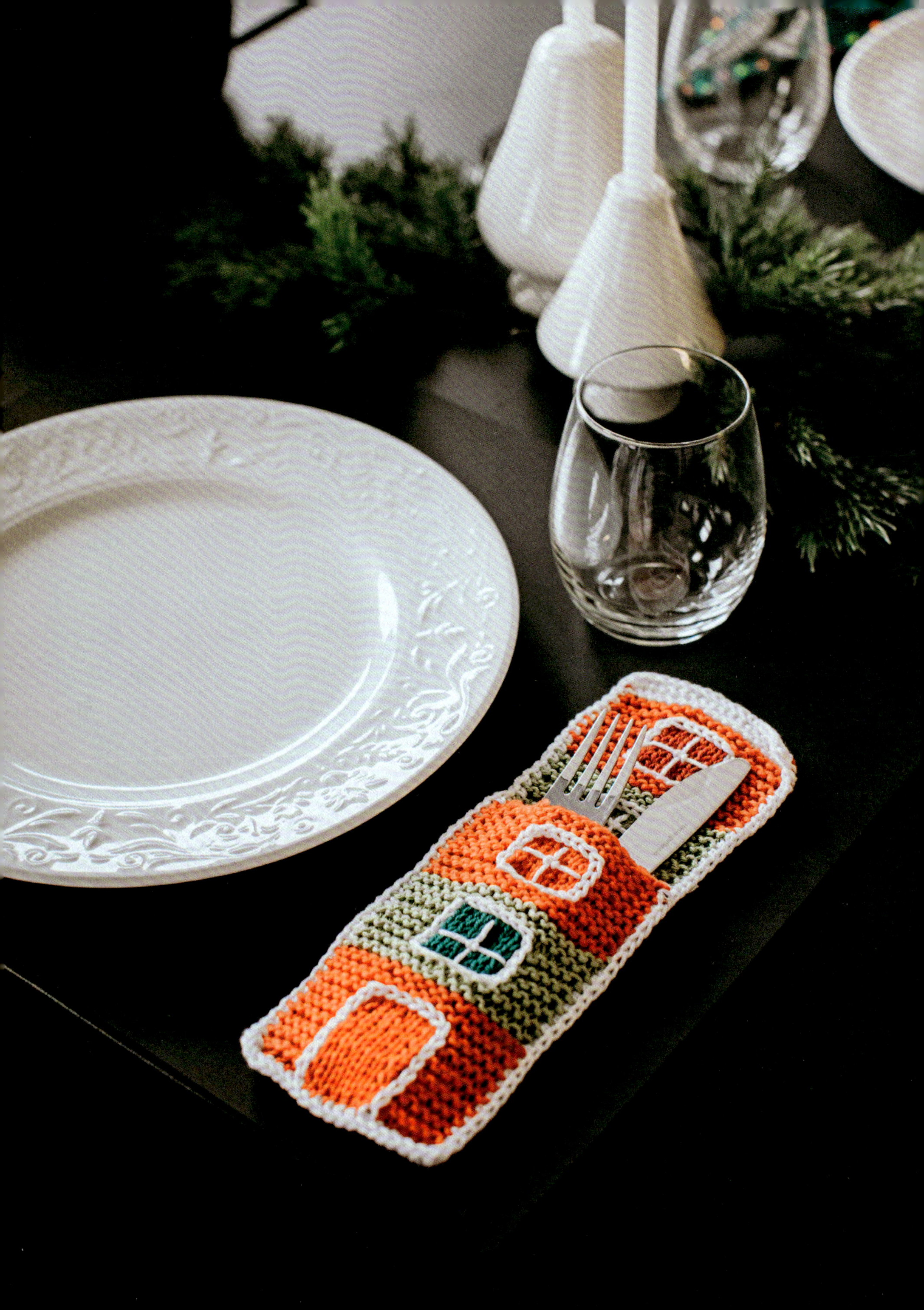

BESTECK-HÜLLE

Dieses Jahr schmücken wir den Weihnachtstisch mit diesen lustigen und verspielten kleinen Häusern, die Hüllen für Besteck und Serviette sind. Tannenzweige auf dem Tisch tragen ebenso zur weihnachtlichen Stimmung bei.

Du kannst entweder ein Haus oder einen Zweig neben jeden Teller legen oder du legst die Besteckhüllen wie eine Häuserreihe auf dem Büfett aus. So kann jeder Gast sein eigenes Haus aussuchen.

Es ist gar nicht so einfach, rechtwinkelige Häuser zu stricken und man hat schnell runde Ecken oder schiefe Kanten bei den Türen oder Fenstern. Aber das macht ja gerade einen Teil des Charmes aus. Vielleicht hast du auch noch lustige Verzierungen zuhause, die man aufnähen kann? Hier sind der Fantasie keine Grenzen gesetzt.

Die Häuser eignen sich nicht nur als Besteckhüllen, sie sind auch ein schöner Wandschmuck.

Alle Häuser werden hin und zurück gestrickt. Die Fenster und die Türen werden glatt rechts gestrickt, also mit linken Maschen auf der linken Seite der Arbeit. Die Farben in den Fenstern sind später mit Garn in einer anderen Farbe auf die Maschen aufgestickt.

Die Tür- und Fensterrahmen sind aus weißem Garn »aufgehäkelt«. Dafür mit der Häkelnadel durch die Arbeit stechen und eine Schlaufe bilden. Die Nadel durch die nächste Masche stechen und eine Schlaufe durch die erste Schlaufe ziehen. So rundherum um die Kanten weiterarbeiten. Man kann die Rahmen aber auch mit einer Sticknadel im Schlingenstich aufsticken.

Fenstersprossen: Mit weißem Garn und langen Geradstichen ein Kreuz im Fenster sticken. Mit kleinen Stichen quer über die Fäden wird das Kreuz in der Mitte befestigt.

Äußerer Rand: Die Hausteile werden mit festen Maschen zusammengehäkelt. Dabei wird auch das Dach, das nur einteilig ist, umhäkelt. Die Teile zuerst mit Heftgarn zusammennähen, damit sie beim Häkeln nicht verrutschen. Dann eine Runde um jedes Haus häkeln.

GARN: Gjestal Baumwolle Sport von Sparkjøp.

GARNVERBRAUCH: Ein Knäuel jeder Farbe reicht für viele Häuser.

ALTERNATIVES GARN: Baumwollgarn, das mit Nadeln 3 eine Maschenprobe von 23 Maschen = 10 cm ergibt.

NADELN: Stricknadel und Häkelnadel, beide Stärke 3.

ZUBEHÖR: Als Verzierung für die Häuser werden kleine Plastikperlen, Metallglocken (für die Kirchenglocke) und ein herzförmiger Knopf als Türgriff verwendet.

HOLZHAUS MIT ABGERUNDETEM DACH

Anleitung

Die Vorder- und Rückseite und das Dach werden jeweils einzeln gestrickt. Das Dach wird quer gestrickt und später oben an der Rückseite angenäht.
Die Vorder- und Rückseite werden in Violett gestrickt, das Dach in Dunkelrot. Alle Ränder sind in Weiß.

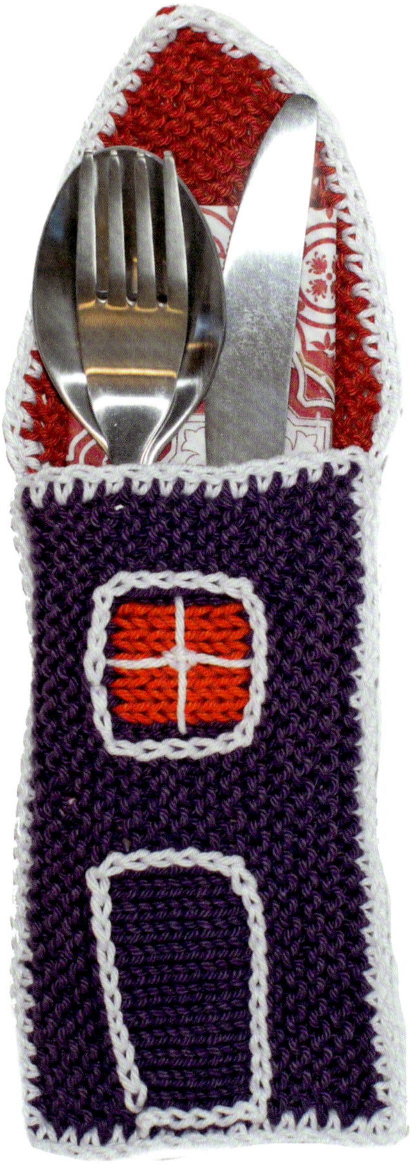

① 30 Maschen anschlagen und nach der Strickschrift *Holzhaus mit abgerundetem Dach, Vorderseite* stricken.

② Nach 5 Krausrippen werden linke Maschen für die Tür und das Fenster gestrickt. Linke Maschen auf der linken Seite der Arbeit stricken nach Strickschrift. Weiterstricken, bis 10 Krausrippen fertig sind.

③ Weitere 5 Krausrippen stricken, Maschen abketten.

④ Dach: 20 Maschen anschlagen. Das Dach hin und zurück nach der Strickschrift *Holzhaus mit abgerundetem Dach, Dach* stricken. 3 Krausrippen stricken.

⑤ An den Seiten abnehmen, vgl. Strickschrift. Zwischen jeder Abnahme 3 Krausrippen stricken.

⑥ An den Seiten jeder Krausrippe abnehmen.

⑦ Faden abschneiden und durch die letzten 2 Maschen ziehen.

RÜCKWAND

Sie wird wie die Vorderseite gestrickt, aber ohne Fenster. 30 Maschen anschlagen, 15 Krausrippen stricken, abketten.

Die Fenster des Vorderteils mit einer anderen Farbe besticken.

Rahmen um die Tür und das Fenster häkeln und Sprossen in das Fenster.

ZUSAMMENNÄHEN

Das Dach an das Rückteil annähen.

Die Ränder um das Haus werden mit festen Maschen umhäkelt. Zuerst eine Reihe feste Maschen am oberen Rand der Vorderseite häkeln. Vorder- und Rückseite mit Stecknadeln zusammenstecken oder mit Heftgarn zusammennähen. Darauf achten, dass sie genau aufeinanderliegen. Dann eine Runde feste Maschen um das Haus häkeln.

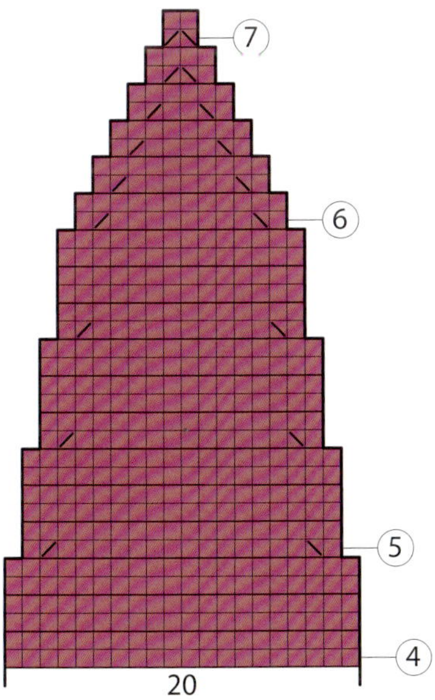

Holzhaus mit abgerundetem Dach, Dach

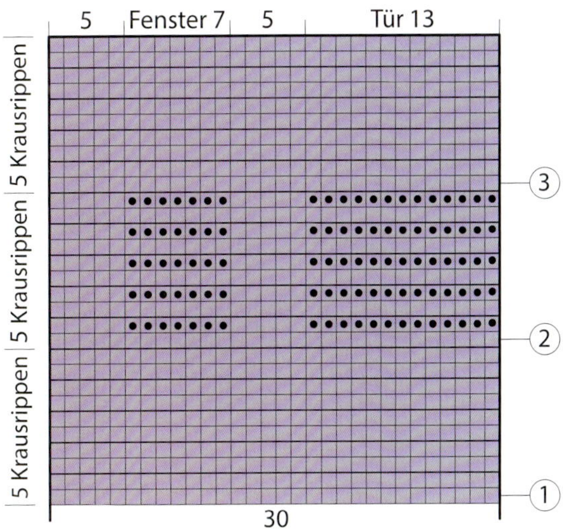

Holzhaus mit abgerundetem Dach, Vorderseite

PFEFFERKUCHENHAUS

Anleitung

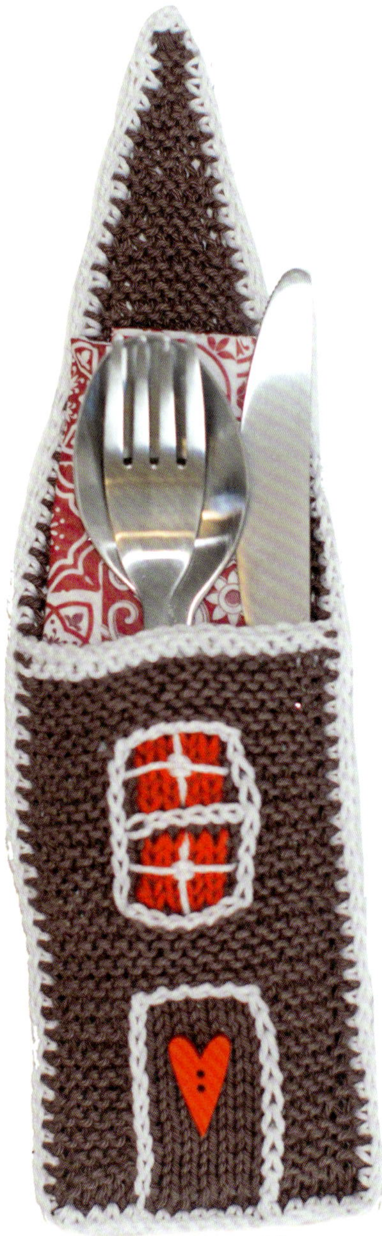

Das Haus wird in zwei Teilen gestrickt, die dann zusammengehäkelt werden. Für das Pfefferkuchenhaus wird braunes Garn verwendet, außerdem wird weiß für die Ränder und ein Rest rot für die Fenster benötigt.
Mit der Vorderseite beginnen, die von unten nach oben gestrickt wird.

① 18 Maschen anschlagen und nach der Strickschrift *Pfefferkuchenhaus, Vorderseite* stricken. Krausrippen stricken, aber linke Maschen auf der linken Seite für die Tür und das Fenster. 20 Reihen (10 Krausrippen) mit Tür stricken.

② 8 Reihen (4 Krausrippen) mit Wand stricken.

③ 14 Reihen (7 Krausrippen) mit Fenster stricken.

④ 8 Reihen (4 Krausrippen) über dem Fenster stricken. Den braunen Faden abschneiden.

⑤ 2 Reihen (1 Krausrippe) mit weißem Garn stricken.

⑥ Nach der Strickschrift *Pfefferkuchenhaus, Rückwand und Dach* stricken. 18 Maschen anschlagen und insgesamt 60 Reihen (30 Krausrippen) stricken.

⑦ An jeder Seite 1 Masche abnehmen, vgl. Strickschrift. Weiter in jeder 3. Krausrippe abnehmen. Den Faden abschneiden und durch die restlichen 2 Maschen ziehen.

ZUSAMMENNÄHEN

Mit rotem Garn die Maschen im Fenster besticken. Ränder um die Tür und das Fenster häkeln. Sprossen in das Fenster sticken. Vorder- und Rückseite zusammennähen und eine Runde feste Maschen um das Haus herum häkeln.

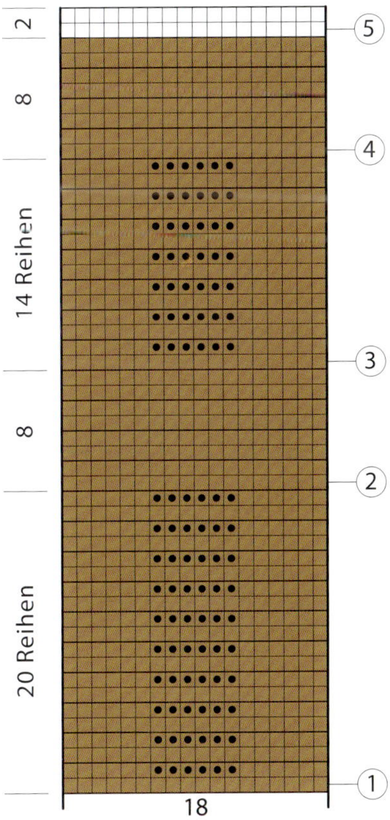

Pfefferkuchenhaus, Vorderseite

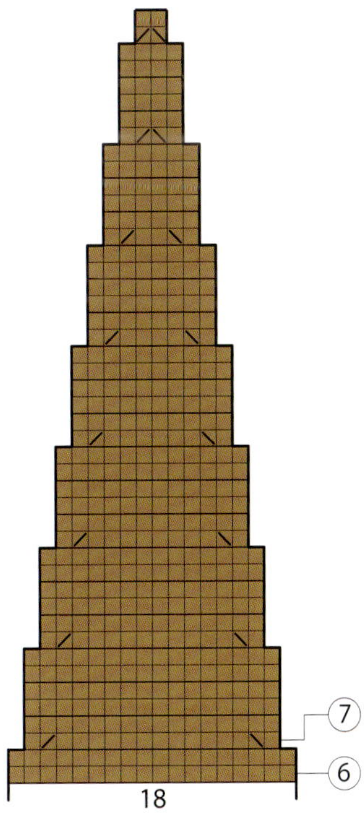

Pfefferkuchenhaus, Rückwand und Dach

KIRCHE

Anleitung

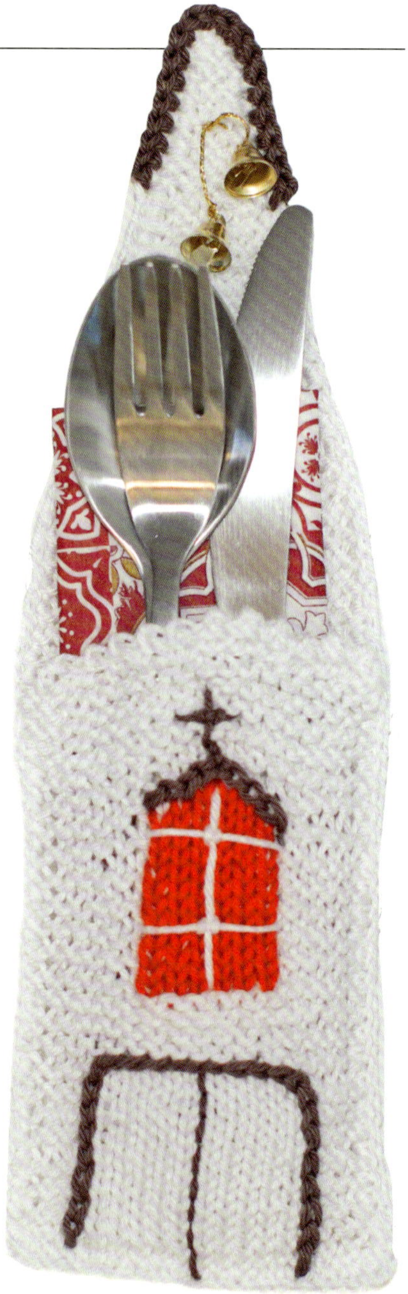

Die Kirche wird in zwei Teilen gestrickt und dann zusammengehäkelt. Sie wird in Weiß gestrickt und es wird je ein Rest in Braun für die Rahmen und in Rot für die Fenster benötigt.
Mit der Vorderseite beginnen, die von unten nach oben gestrickt wird.

① 18 Maschen anschlagen und nach der Strickschrift *Kirche, Vorderseite* stricken. Krausrippen stricken, aber linke Maschen auf der linken Seite über die mittleren 10 Maschen für die Tür. 18 Reihen (9 Krausrippen) mit Tür stricken.

② 8 Reihen (4 Krausrippen) mit Wand stricken.

③ 14 Reihen (7 Krausrippen) mit Fenster stricken. Darauf achten, dass das Fenster nach oben schmaler wird.

④ 12 Reihen (6 Krausrippen) über dem Fenster stricken. Abketten.

⑤ Nach der Strickschrift *Kirche, Rückwand und Dach* stricken. 18 Maschen anschlagen und insgesamt 60 Reihen (30 Krausrippen) stricken.

⑥ An jeder Seite 1 Masche abnehmen, vgl. Strickschrift. Weiter in jeder 3. Krausrippe abnehmen. Den Faden abschneiden und durch die restlichen 2 Maschen ziehen.

ZUSAMMENNÄHEN

Mit rotem Garn die Maschen im Fenster besticken. Mit Braun die Ränder um die Tür häkeln. Die Tür in der Mitte mit einer braunen Linie besticken. Einen braunen Rand an der Oberkante des Fensters häkeln und ein Kreuz oben auf dem Fenster. Sprossen in das Fenster sticken. Vorder- und Rückseite zusammennähen und rundherum eine Runde feste Maschen häkeln. An jeder Seite der Dachspitze in Braun 10 feste Maschen häkeln.

Die Kirche ist mit zwei winzig kleinen Glocken verziert, die oben im Turm angenäht werden.

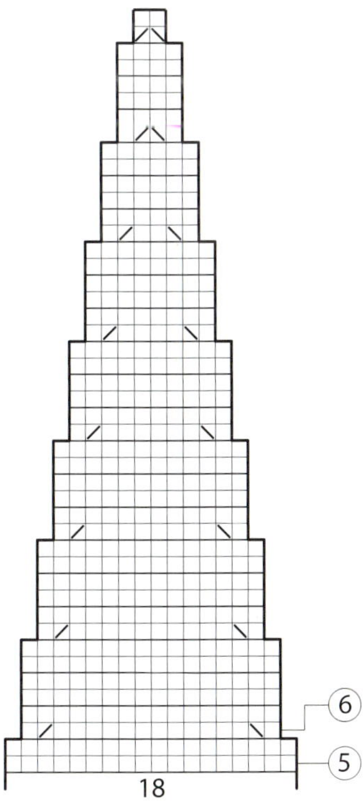

Kirche,
Rückwand und Dach

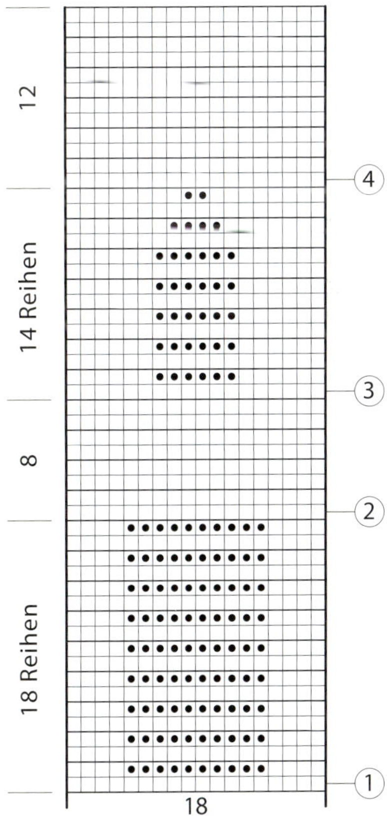

Kirche,
Vorderseite

HOCHHAUS

Anleitung

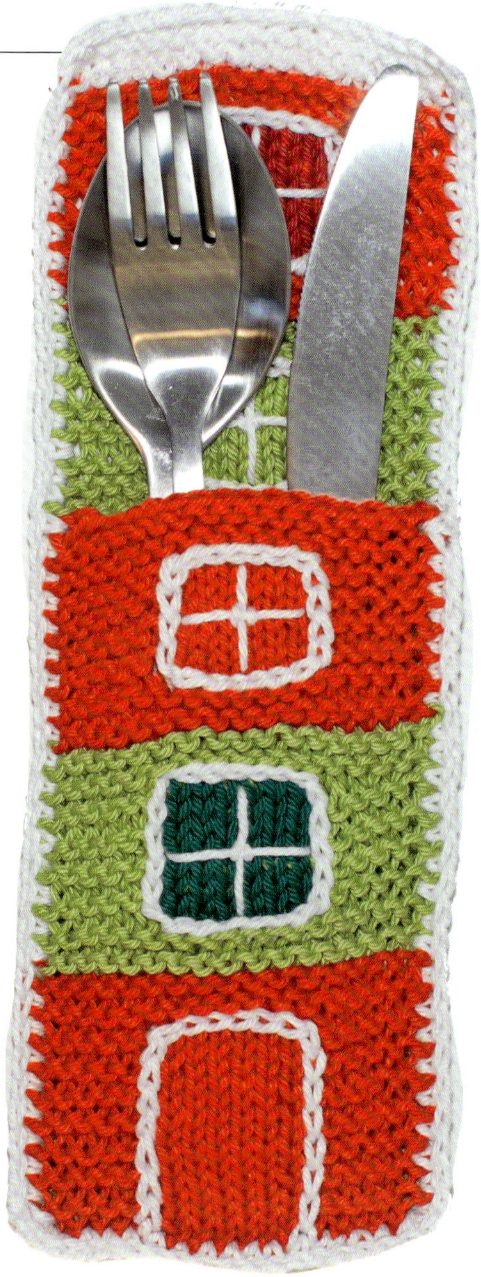

Das Hochhaus wird in zwei Teilen gestrickt und dann zusammengehäkelt. Das Hochhaus wird in Rot und Grün gestrickt, etwas Dunkelgrün und Dunkelrot für die Fenster und Weiß für die Ränder wird ebenfalls benötigt.
Mit der Vorderseite beginnen, die von unten nach oben gestrickt wird.

① 18 Maschen in Rot anschlagen und nach der Strickschrift *Hochhaus*, *Vorderseite* stricken. Krausrippen stricken, aber linke Maschen auf der linken Seite über die mittleren 6 Maschen für die Tür. 14 Reihen (7 Krausrippen) mit Tür stricken.

② 4 Reihen (2 Krausrippen) mit Wand stricken.

③ Den roten Faden abschneiden und in Grün weiterstricken. 2 Krausrippen stricken.

④ Ein Fenster über die mittleren 6 Maschen stricken. Nach Strickschrift weiterstricken und abketten.

⑤ Nach der Strickschrift *Hochhaus*, *Rückwand*. 18 Maschen in Grün anschlagen und insgesamt 56 Reihen (28 Krausrippen) stricken.

⑥ Nach der Strickschrift zu Ende stricken und Maschen abketten.

ZUSAMMENNÄHEN
Mit einem Garn in anderer Farbe die Maschen im Fenster besticken. In Weiß die Ränder um die Tür und die Fenster häkeln. Sprossen in Weiß in die Fenster sticken. Vorder- und Rückseite zusammennähen und rundherum eine Runde feste Maschen häkeln.

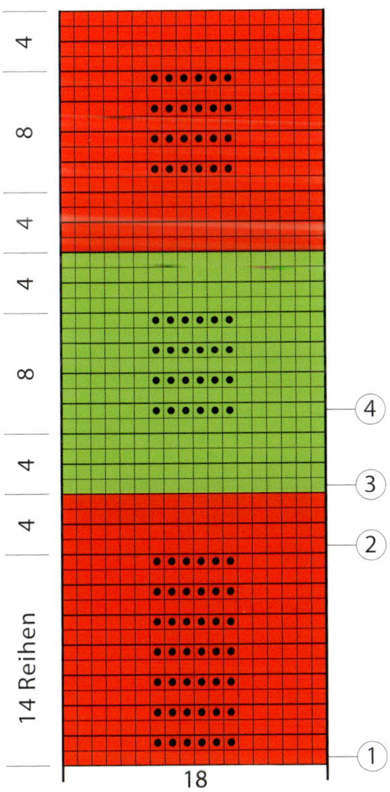

Hochhaus, Vorderseite

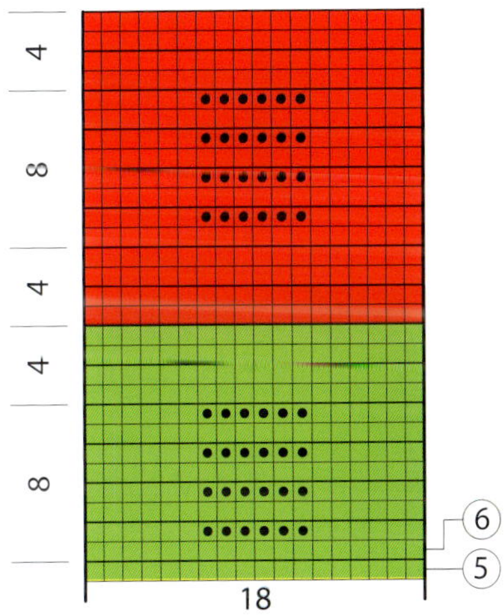

Hochhaus, Rückwand

HAUS MIT PERLMUSTER

Anleitung

Das Haus wird in zwei Teilen gestrickt und dann zusammengehäkelt. Es wird in Rot und Weiß gestrickt, ein Rest Braun für den Schornstein und etwas Dunkelrot für das Fenster wird benötigt. Mit der Vorderseite beginnen, die von unten nach oben gestrickt wird.

① 18 Maschen in Rot anschlagen und nach der Strickschrift *Haus mit Perlmuster, Vorderseite* stricken. Im Perlmuster stricken (immer abwechselnd 1 rechte und eine linke Masche, in der nächsten Reihe rechte Maschen über der linken Masche, linke Maschen über der rechten Masche), aber linke Maschen auf der linken Seite über die mittleren 6 Maschen für die Tür stricken. 20 Reihen mit Tür stricken.

② 6 Reihen mit Wand stricken.

③ Ein Fenster über die mittleren 6 Maschen stricken, 8 Reihen stricken.

④ 10 Reihen Perlmuster stricken. Den roten Faden abschneiden.

⑤ 4 Reihen (2 Krausrippen) in Weiß stricken. Maschen abketten.

⑥ Die Rückwand stricken. 18 Maschen in Weiß anschlagen und nach der Strickschrift *Haus mit Perlmuster, Rückwand und Dach* arbeiten. 56 Reihen (28 Krausrippen) stricken.

⑦ Nach der Strickschrift eine Masche an jeder Seite abnehmen und weiter in jeder 3. Krausrippe. Fertig stricken und Maschen abketten.

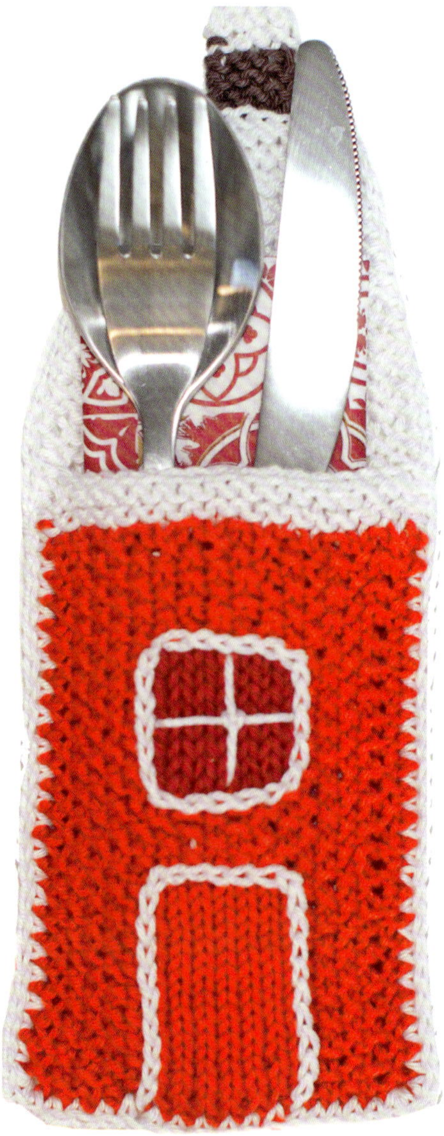

ZUSAMMENNÄHEN

Mit einem Garn in anderer Farbe die Maschen im Fenster besticken. In Weiß die Ränder um die Tür und die Fenster häkeln. Sprossen in Weiß in die Fenster sticken. Vorder- und Rückseite zusammennähen und rundherum eine Runde feste Maschen häkeln.

SCHORNSTEIN

4 Maschen genau in der Dachmitte aufnehmen und 4 Krausrippen in Braun stricken. Dann 2 Krausrippen in Weiß stricken und abketten.

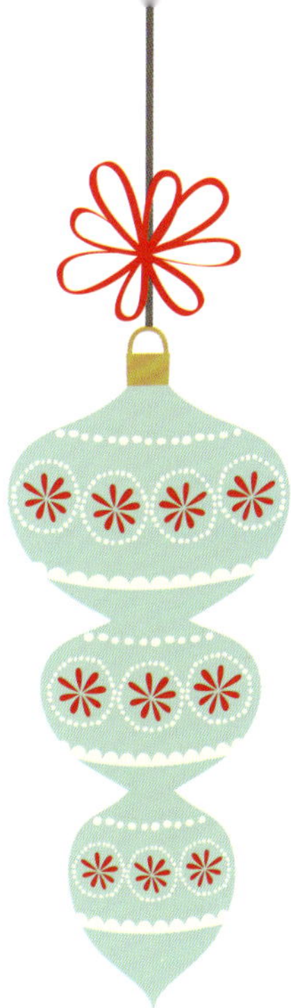

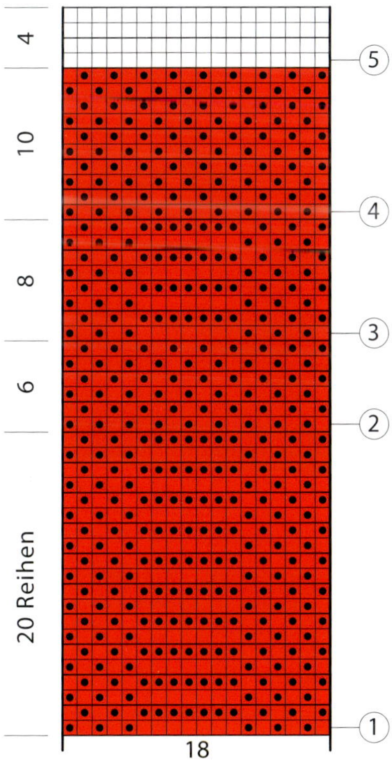

Haus mit Perlmuster,
Vorderseite

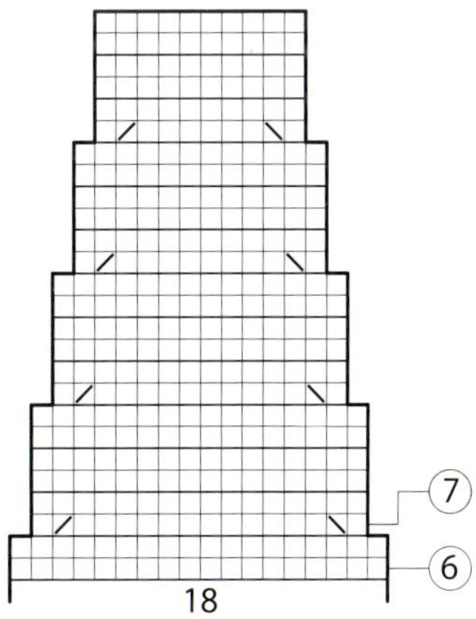

Haus mit Perlmuster,
Rückwand und Dach

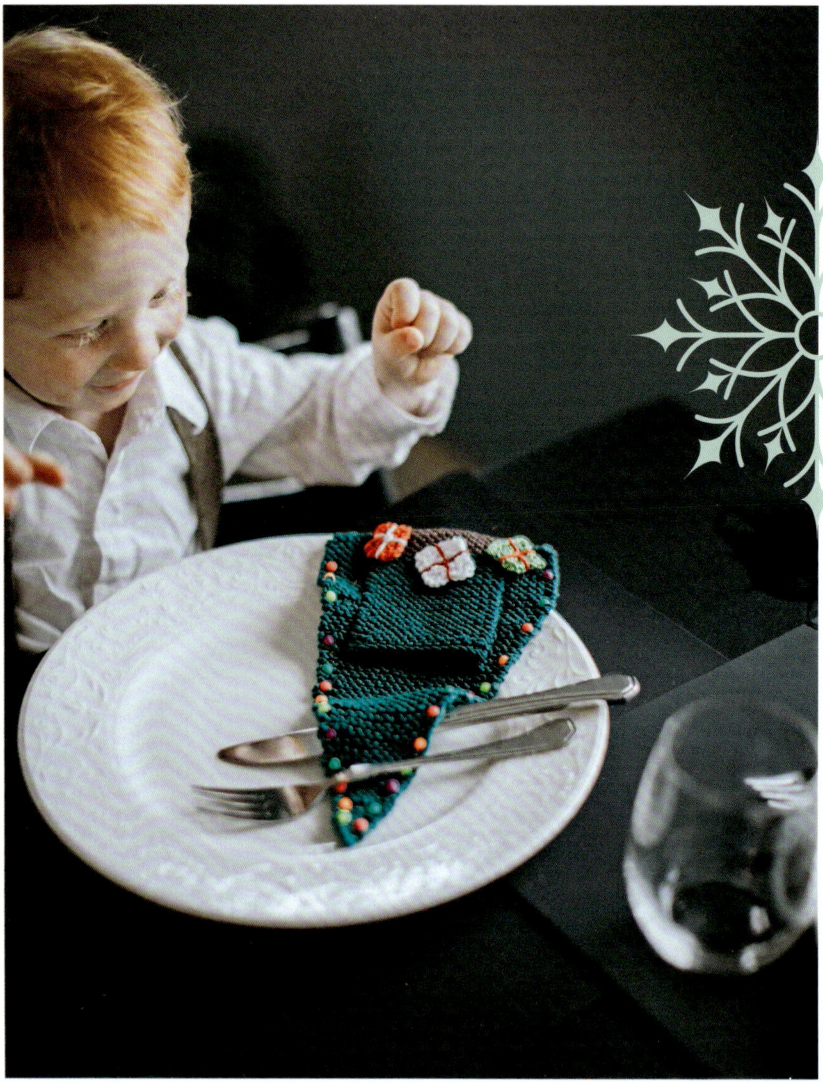

WEIHNACHTSBAUM

Der Weihnachtsbaum passt sehr gut zu den Häusern. Für den Baumschmuck habe ich einige neonfarbene Plastikperlen als Verzierung gefunden. Die süßen kleinen Geschenke unter dem Baum sind in verschiedenen Techniken gestrickt. Der Baum wird nur mit rechten Maschen und in Reihen hin und zurück gestrickt, von der Spitze nach unten.

Der Baum ist in Dunkelgrün und Braun gestrickt. Die Geschenke sind in Rot, Weiß und Hellgrün gestrickt.

Anleitung

① 3 Maschen in Dunkelgrün anschlagen. Nach der Strickschrift *Weihnachtsbaum* stricken. Nach 6 Reihen (3 Krausrippen) wird an jeder Seite 1 Masche zugenommen, indem nach der ersten und vor der letzten Masche ein Umschlag gemacht wird. Die Strickschrift zu Ende stricken und weiter in jeder 3. Krausrippe 2 Maschen zunehmen.

Bei insgesamt 19 Maschen werden 4 Krausrippen vor der nächsten Zunahme auf 21 Maschen gestrickt.

5 Krausrippen vor der nächsten Zunahme auf 23 Maschen stricken.

6 Krausrippen vor der nächsten Zunahme auf 25 Maschen stricken.

7 Krausrippen bis zum Schluss stricken und abketten.

Die »Tasche« für das Besteck wird nur mit rechten Maschen hin und zurück gestrickt. 16 Maschen in Braun anschlagen und den »Stamm« stricken, 4 Krausrippen. In Grün weiterstricken, 16 Krausrippen, und abketten.

Den Stamm und den Baum unten und an den Seiten zusammennähen.

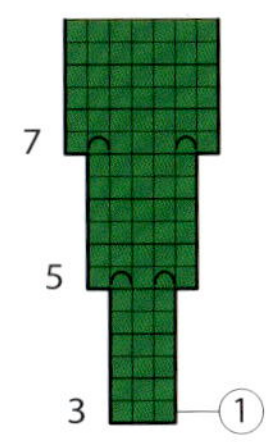

Weihnachtsbaum

GESCHENKE

Hellgrünes Geschenk: 6 Maschen anschlagen, 6 Reihen glatt rechts stricken, rechts auf der rechten und links auf der linken Seite. Abketten.

Weißes Geschenk: 6 Maschen anschlagen, Perlmuster hin und zurück stricken.
1. Reihe: 1 Masche rechts, 1 Masche links.
In der nächste Reihe 1 rechte Masche über einer linken und eine linke über einer rechten der Vorreihe stricken. 6 Reihen stricken, abketten.

Rotes Geschenk: 7 Maschen anschlagen, hin und zurück rechte Maschen stricken, 4 Krausrippen. Abketten.

Geschenkband: Einen Faden verkreuzt um das Geschenk legen und die Mitte befestigen wie bei den Häusern für Besteck. Die Geschenke mit dem restlichen Faden am Baum festnähen.

Baumschmuck: In jedes Loch der Umschläge an den Baumseiten eine Perle aufnähen.

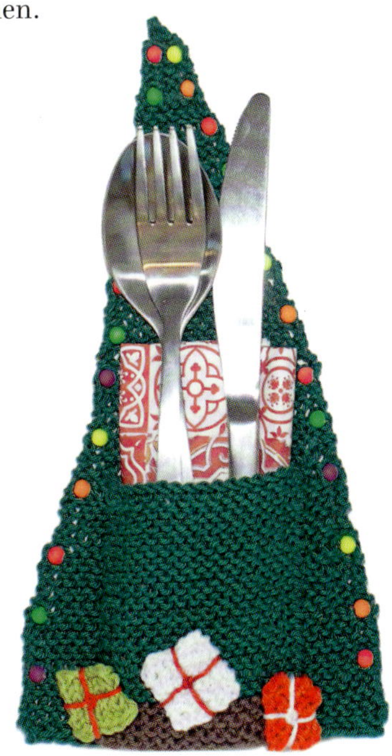

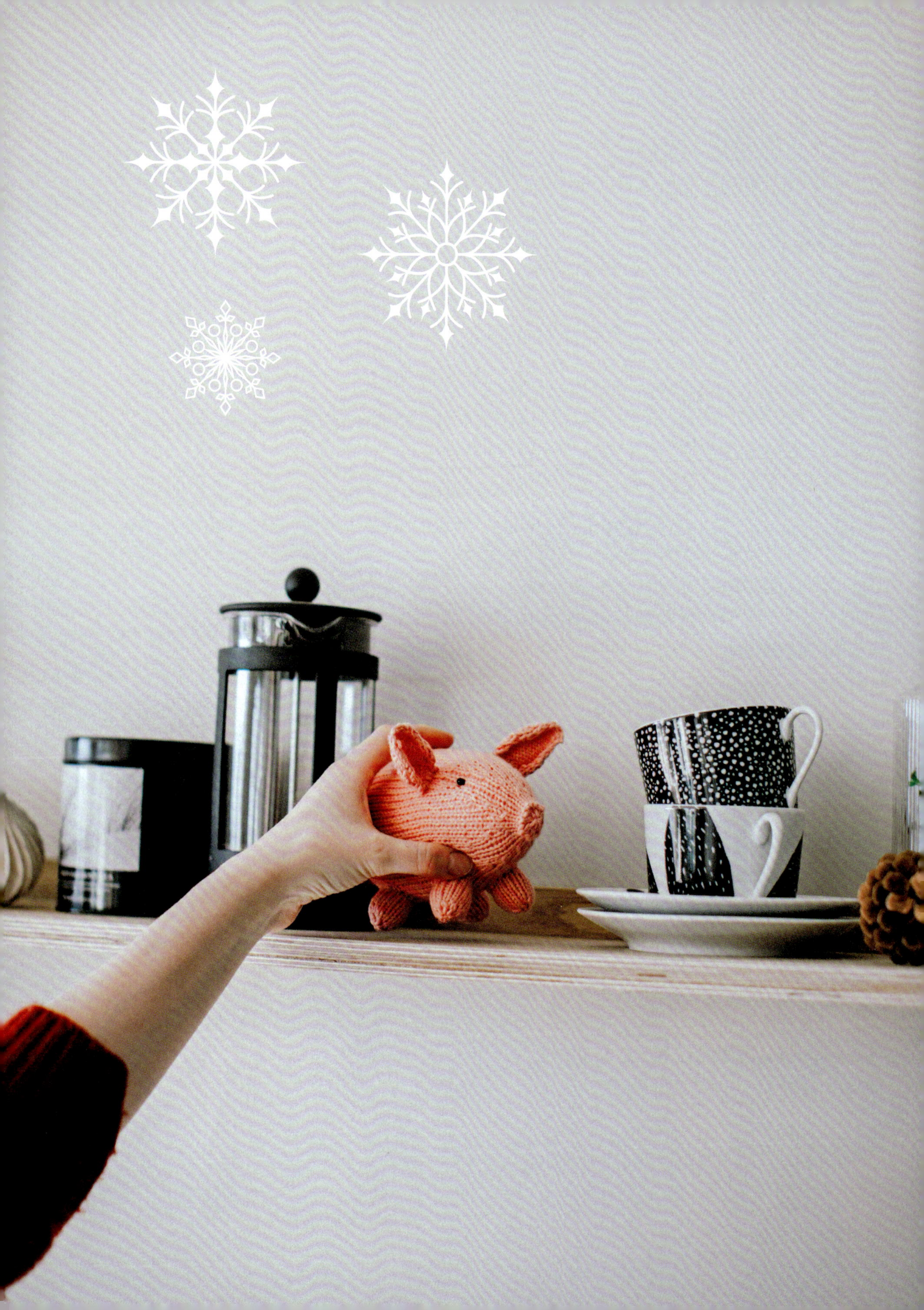

SCHWEIN

Früher hat man gern ein kleines gebratenes Spanferkel mit einem Apfel im Mund mitten auf den Weihnachtstisch gestellt. Heute ist es bestimmt gemütlicher, wenn man den Tisch mit kleinen selbstgemachten Schweinen schmückt? Die süßen Schweine sind mit Baumwollgarn gestrickt und eignen sich nicht nur als Schmuck für den Tisch, sondern auch für den Weihnachtsbaum. Kinder möchten bestimmt sofort mit ihnen spielen, also ist es eine gute Idee, wenn man viele Schweine strickt und jeder eins bekommen kann.

GARN: Anna og Clara Baumwollgarn von Søstrene Grene (100 % Baumwolle, LL = 160 m/50 g).

GARNVERBRAUCH: Ein Knäuel in Rosa oder Pastellrosa reicht für mindestens 2 Schweine.

NADELN: Nadelspiel mit 5 Nadeln Stärke 2,5, Häkelnadel Stärke 3,5 für den Schwanz.

STRICKPROBE: Das Schwein muss fest gestrickt werden, damit die Füllung nicht durch die Maschen austritt. Wenn du sehr locker strickst, verwendest du besser eine Nadel eine halbe Nummer dünner.

ZUBEHÖR: Füllwatte und kleine schwarze Glasperlen für die Augen.

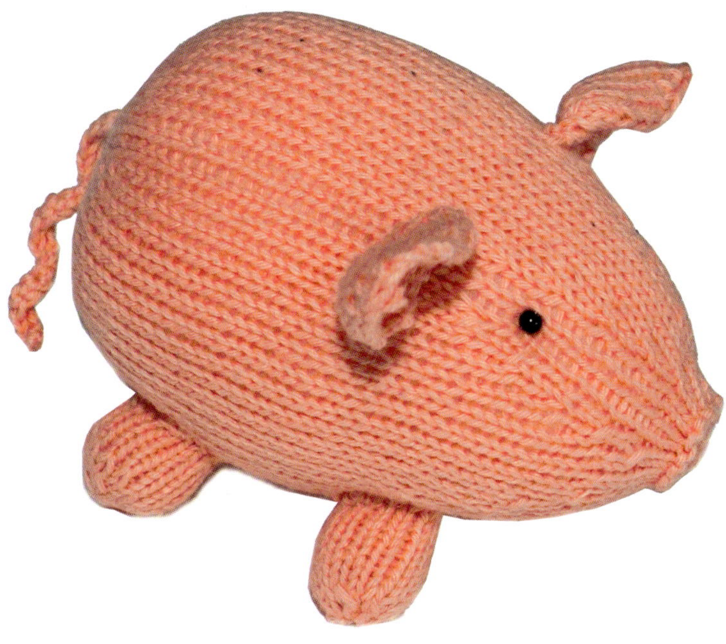

Anleitung

Das Schwein wird von hinten nach vorne und in Runden gestrickt.

KÖRPER

① 16 Maschen anschlagen, 4 Maschen auf jeder Nadel und zum Ring schließen. Nach der Strickschrift *Körper stricken.* Die Strickschrift zeigt die Maschen auf einer Nadel und muss 4-mal in der Runde gestrickt werden.

② 2 Maschen auf jeder Nadel zunehmen nach Strickschrift. Weiter wird in jeder 2. Reihe zugenommen, bis 14 Maschen auf jeder Nadel sind, insgesamt 56 Maschen.

③ 24 Runden ohne Zu- oder Abnahmen stricken.

④ 2 Maschen auf jeder Nadel abnehmen, vgl. Strickschrift.

⑤ Weiter in jeder 4. Runde abnehmen auf 4 Maschen auf jeder Nadel und 16 Maschen insgesamt.

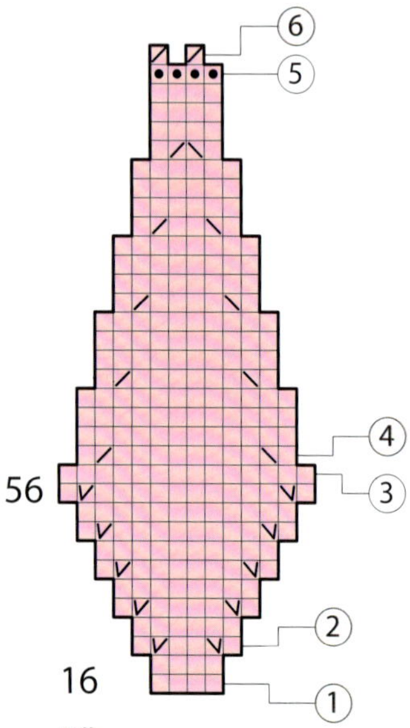

Körper

⑥ Rand der Schnauze: 1 Runde linke Maschen stricken.

⑦ Immer 2 Maschen zusammenstricken. Faden abschneiden und durch die letzten Maschen ziehen. Schwein wenden und Faden auf der Innenseite der Schnauze vernähen.

OHREN

Die Ohren werden hin und zurück gestrickt und beide gleich.

① 4 Maschen anschlagen. Nach der Strickschrift *Ohren stricken.* Sie werden glatt rechts gestrickt (rechte Maschen auf der rechten und linke Maschen auf der linken Seite).

② 2 Maschen in jeder zweiten Reihe (rechts) zunehmen, vgl. Strickschrift, auf 14 Maschen insgesamt. 5 Reihen ohne Zu- oder Abnahmen stricken.

③ Immer 2 Maschen zusammenstricken, bis noch 7 Maschen auf der Nadel sind. 1 Runde linke Maschen stricken und in der rechten Reihe Maschen abketten.

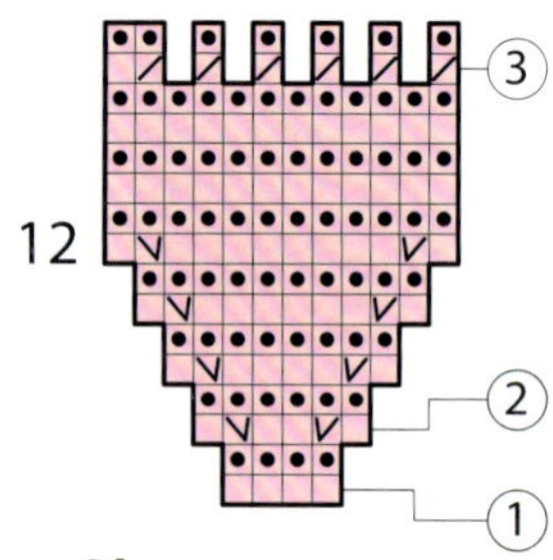

Ohren

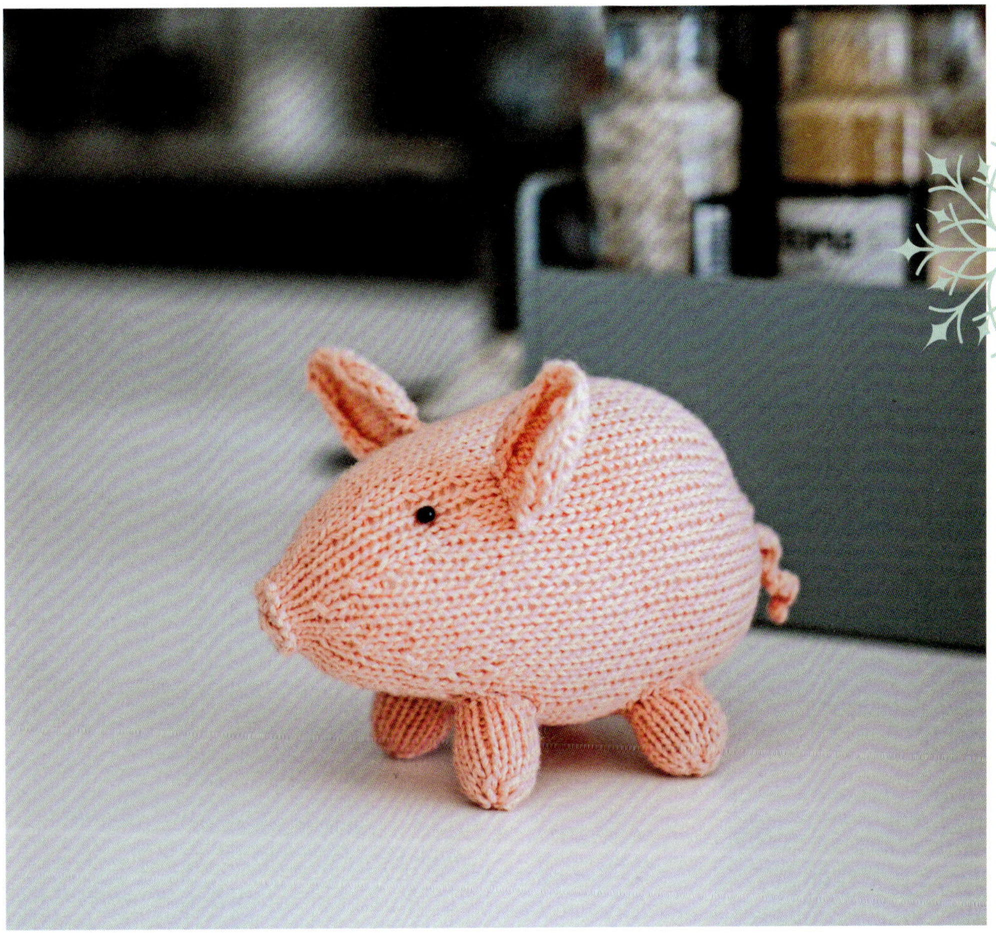

FÜSSE
Alle 4 Füße werden gleich gestrickt.
14 Maschen anschlagen, auf 4 Nadeln verteilen und zum Ring schließen. 8 Runden rechte Maschen stricken. Dann immer 2 Maschen rechts zusammenstricken, mit einer Runde rechte Maschen aufhören. Den Faden abschneiden und durch die letzten Maschen ziehen.

SCHWANZ
Eine lange Luftmaschenkette häkeln.
Dann in jede Luftmasche eine feste Masche häkeln.

ZUSAMMENNÄHEN
Das Schwein durch die Öffnung sehr fest mit Füllwatte ausstopfen. Einen Faden durch die Maschen der Öffnung ziehen, dann gut zusammenziehen und den Faden vernähen. Die Ohren annähen. Die Füße mit Füllwatte ausstopfen und anschließend am Körper annähen. Die Perlen mit Nähgarn als Augen aufnähen.

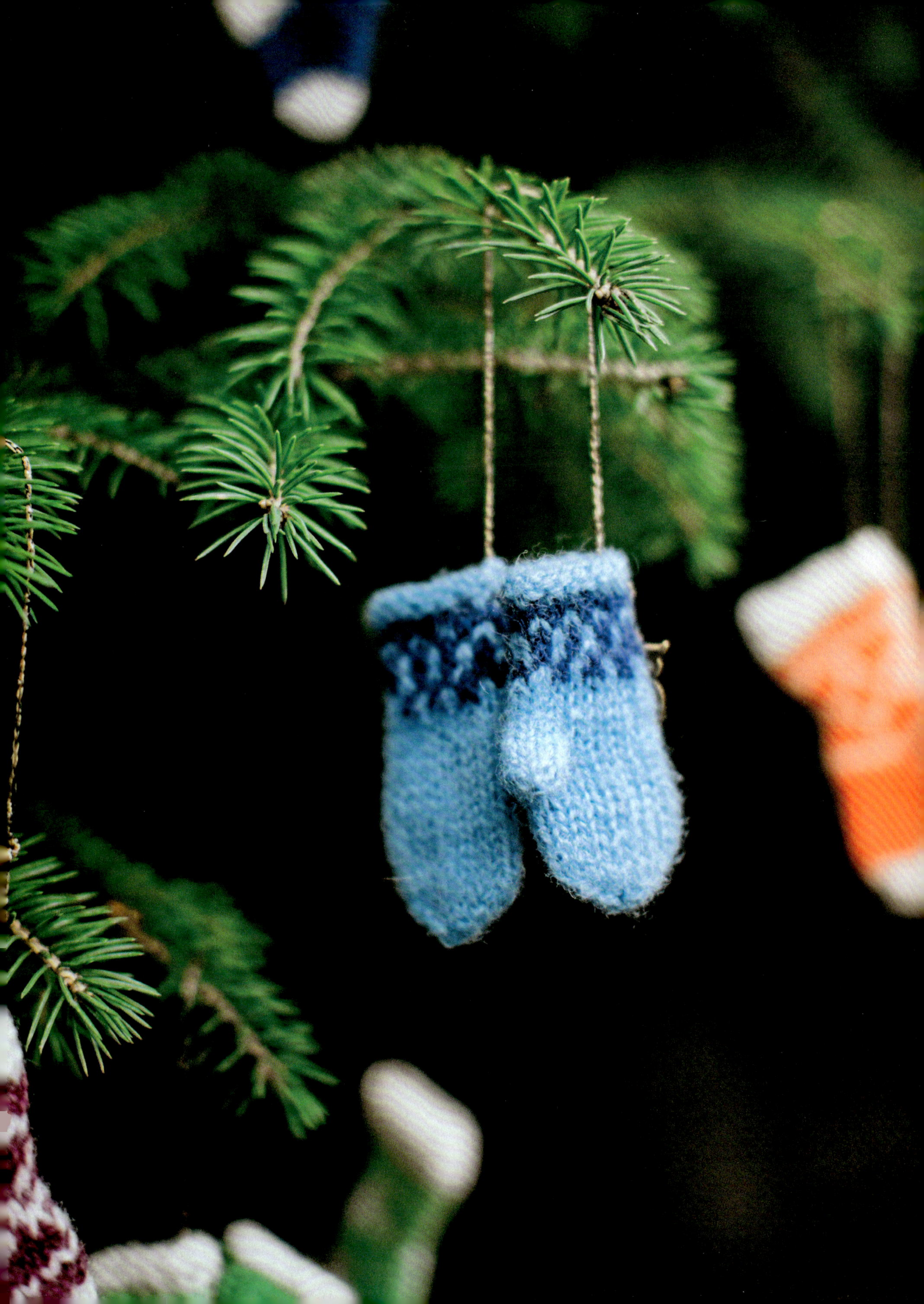

WEIHNACHTS-SCHMUCK UND HÜBSCHE GABEN

Ganz egal, welchen Stil du zuhause bevorzugst, in der Weihnachtszeit ist es üblich, dass alles besonders üppig sein muss. Jetzt kannst du wirklich aus dem Vollen schöpfen. Auf Tischen und Bänken lässt sich alles dekorieren, was die Weihnachtszeit zu bieten hat und dabei stehen teure Designstücke neben fantasievollen selbstgemachten Dingen.

Der Weihnachtsbaum kann total vollgehängt werden. Dieses Jahr kannst du noch ein paar kleine niedliche Strickdinge dazu hängen. Und weil es manchmal etwas eng wird mit dem Platz für all diese schönen Dinge zuhause, sind es besondere Weihnachtsgeschenke, sowohl zum Verschenken als auch zum geschenkt Bekommen.

SCHNEE-MÄNNER

Schneemänner mit ihrem runden Bauch, der Mütze und der Karottennase rufen immer Begeisterung hervor. Ist der Weihnachtsschnee vielleicht noch nicht da? Nicht verzweifeln, das Meiste lässt sich mit etwas Garn und flotten Nadeln erledigen. Schneemänner verbreiten Winterstimmung, sobald sie als Spielzeug oder Weihnachtsbaumschmuck erscheinen oder von einem Regal den Raum verschönern.

Das schneeweiße Baumwollgarn erzeugt ein zusätzliches Wintergefühl und die Schneemänner sehen wirklich echt damit aus.

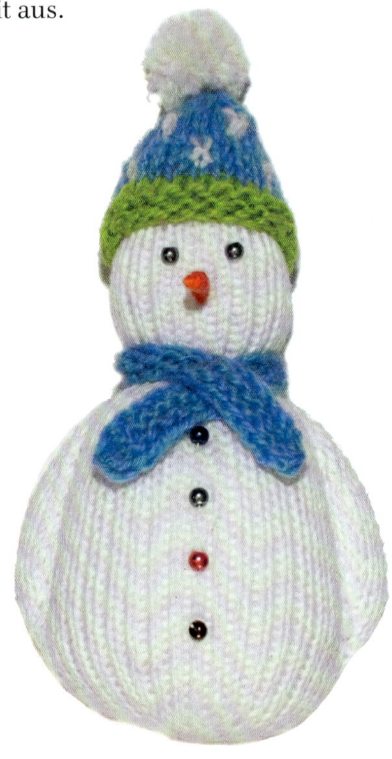

GARN: Anna og Clara Baumwollgarn von Søstrene Grene (100 % Baumwolle, LL = 160 m/50 g).

GARNVERBRAUCH: Ein Knäuel reicht für mehrere Schneemänner. Ein kleiner Rest oranges Garn wird für die Nase benötigt.

ALTERNATIVES GARN: Garn, das mit Nadeln 2,5 eine Maschenprobe von 28–30 Maschen = 10 cm ergibt.

NADELN: Nadelspiel mit 5 Nadeln Stärke 2,5.

STRICKPROBE: Die Schneemänner müssen fest gestrickt werden, damit die Füllung nicht durch die Maschen austritt. Wenn du sehr locker strickst, verwendest du besser eine Nadel eine halbe Nummer dünner.

GRÖSSE: Höhe Schneemann ca. 12 cm, Durchmesser ca. 22 cm.

ZUBEHÖR: Perlen für die Augen und Knöpfe, Füllwatte.

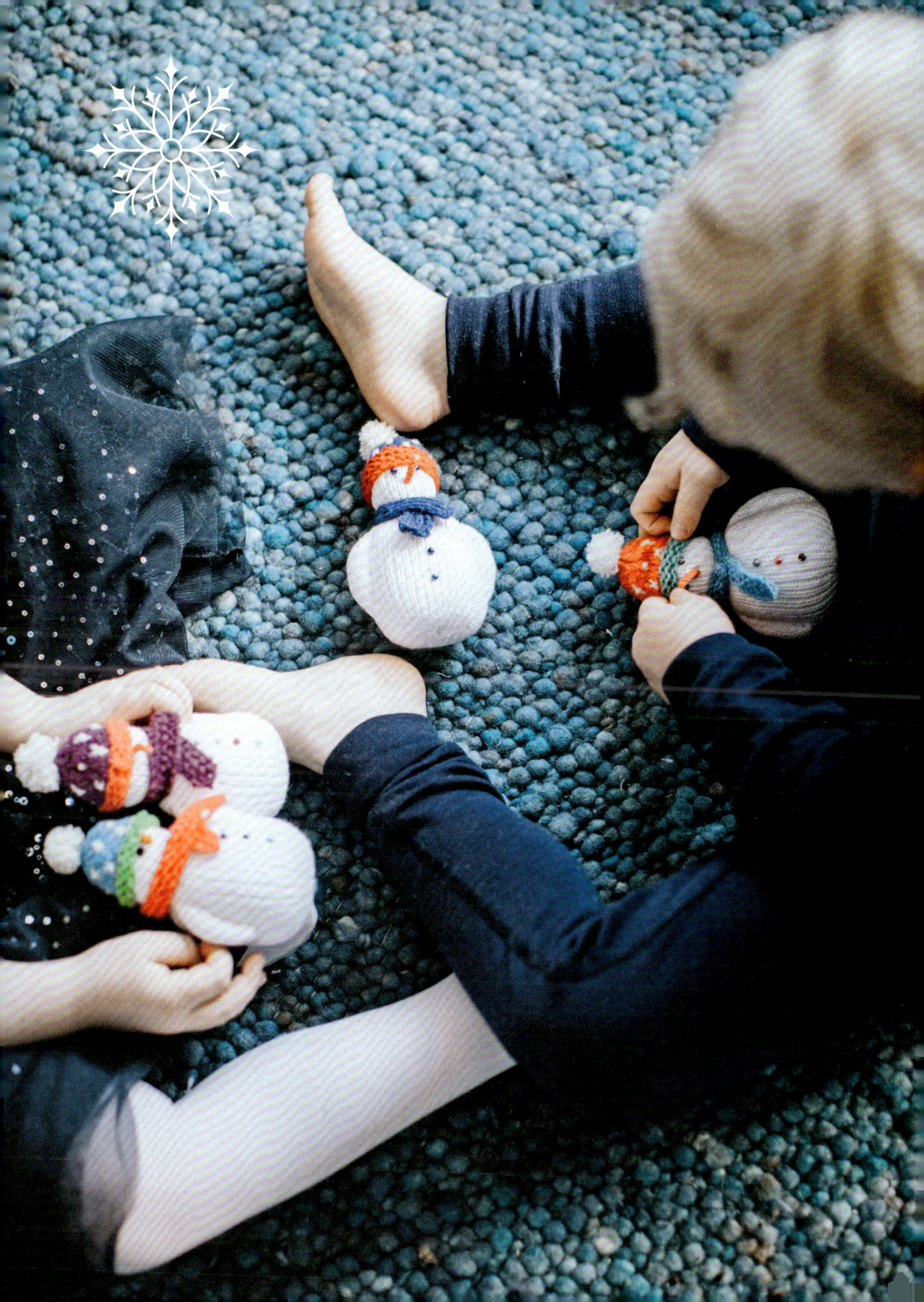

Anleitung

① 16 Maschen anschlagen, 4 Maschen auf jeder Nadel und zum Ring schließen. Nach der Strickschrift *Schneemann, Körper und Kopf* stricken. Zwei Runden stricken.

② In jeder 2. Runde 2 Maschen auf jeder Nadel zunehmen nach Strickschrift.
③ Diese Runde 10-mal wiederholen.

④ Zunehmen für die Arme: In jeder 2. Runde 2 Maschen auf der 1. und der 3. Nadel zunehmen nach Strickschrift.

⑤ 8 Runden wiederholen.

⑥ Weiter in jeder zweiten Runde 2 Maschen auf der 1. und der 3. Nadel zunehmen nach Strickschrift.

⑦ Kopf: 20 Runden wiederholen.

⑧ Weiter an der Oberseite abnehmen nach Strickschrift. Faden abschneiden und durch die letzten Maschen ziehen. Den Schneemann wenden und Faden auf der Innenseite vernähen.

ZUSAMMENNÄHEN
Den Schneemann durch die Öffnung von unten fest mit Füllwatte ausstopfen. Dabei nacheinander kleine Mengen gut feststopfen, damit sich keine Klumpen bilden.

Einen Faden durch die Maschen der Öffnung ziehen und gut zusammenziehen.

Den Hals mit einigen Schnürstichen so zusammenziehen, dass es einen deutlichen Hals gibt.

Längs des Körpers die Arme mit einigen dichten Stichen herausarbeiten. Die Kanten der Zu- und Abnahmen vernähen und den Faden im Nacken unter dem Schal vernähen.

NASE
Die Nase wird in Orange und einer dünnen Häkelnadel gehäkelt. 5 Luftmaschen häkeln, dann eine Kettmasche in jede Luftmasche. Die Nase mittig im Gesicht festnähen und die Fäden im Nacken unter dem Schal vernähen.

Passende Glasperlen oder Knöpfe eignen sich als Augen.

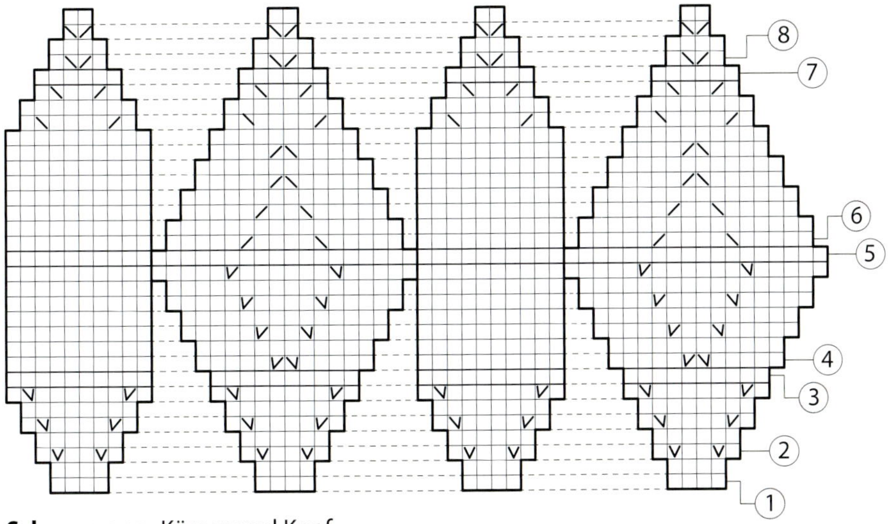

Schneemann, Körper und Kopf

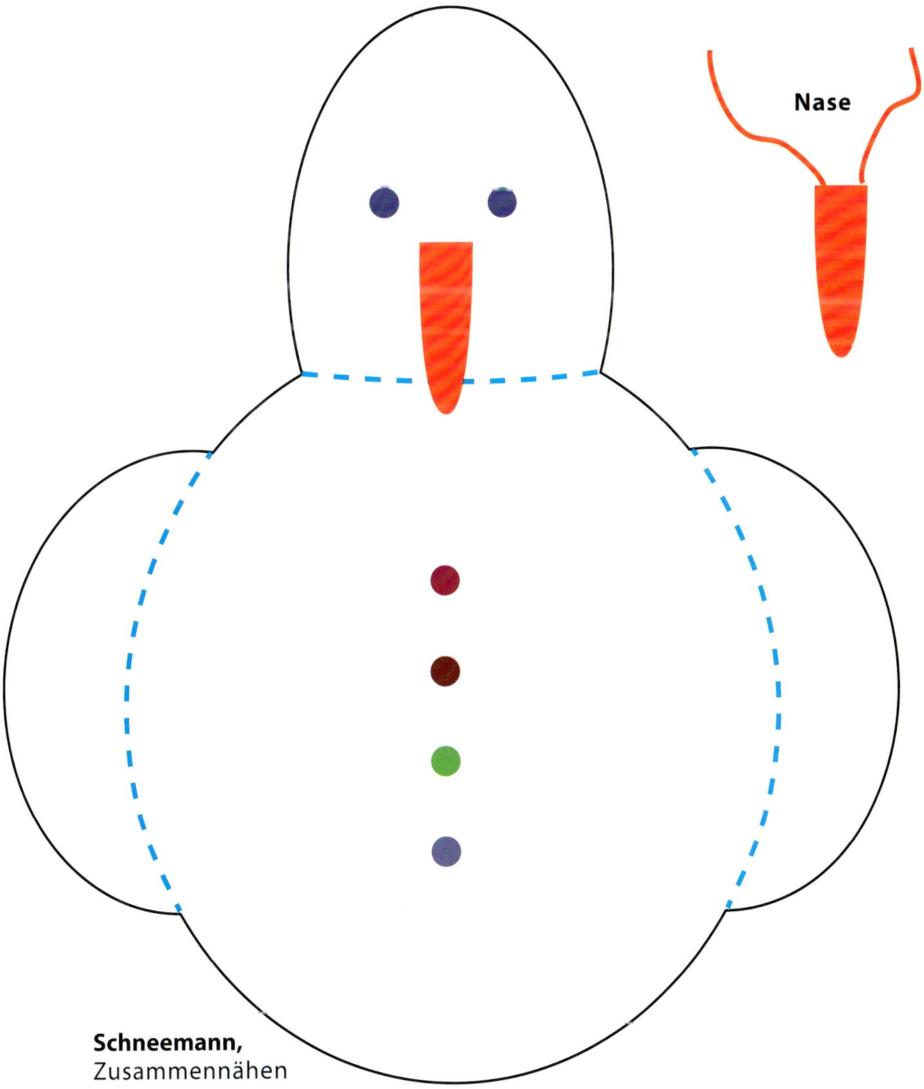

Schneemann,
Zusammennähen

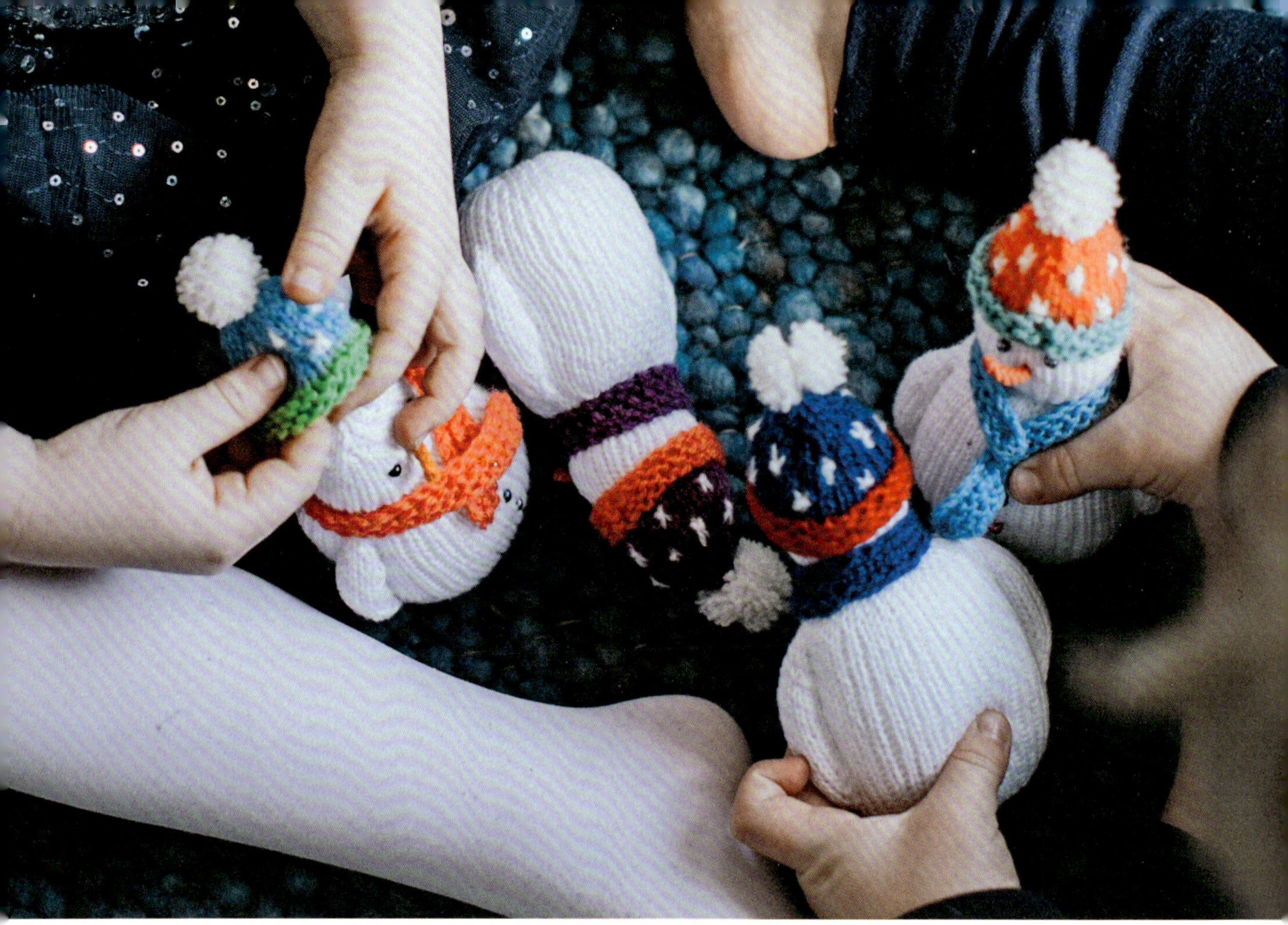

MÜTZE UND SCHAL FÜR DEN SCHNEEMANN

Ein Schneemann hat fast immer eine Mütze auf und einen Schal umgebunden. Oft wünscht man ihm sogar Kleidung, denn es sieht kalt aus, wenn er draußen im Schnee steht.

Die Mütze und der Schal werden mit Wollgarn gestrickt, das einen schönen Kontrast zum Baumwollgarn ergibt, mit dem der Schneemann gestrickt wurde.

GARN: Dünnes Wollgarn von Rauma Garn (100 % Wolle, LL = 175 m/50). Weiß für das Schneeflockenmuster und den Bommel. Für Mütze und Schal zwei Farben, die zusammenpassen. Man braucht nur eine ganz kleine Menge Garn.

ALTERNATIVES GARN: Garn, das eine Maschenprobe von 26–28 Maschen = 10 cm ergibt.

NADELN: Nadelspiel mit 5 Nadeln Stärke 2,5.

STRICKPROBE: Damit die Mützen passen, muss das Garn für sie in etwa die gleiche Maschenprobe wie das Garn für die Schneemänner haben.

MÜTZE

① 24 Maschen anschlagen mit Farbe 1. Nach der Strickschrift *Schneemann, Mütze* stricken. Hin und zurück stricken, 6 Reihen (3 Krausrippen).

② Zu Farbe 2 wechseln, die Maschen auf 4 Nadeln verteilen und zum Ring schließen. In Runden weiterstricken.

③ *Schneeflocken:* Weiße Maschen nach Strickschrift stricken. In der 2. Runde wird eine linke Masche in weiß über die weiße gestrickt, damit die Schneeflocke etwas plastischer wird.

④ Mit dem Abnehmen beginnen, vgl. Strickschrift.

⑤ Faden abschneiden und durch die letzten Maschen ziehen. Die Mütze zusammennähen und gleichzeitig die Fäden vernähen.

Einen kleinen Bommel in Weiß herstellen und oben an der Mütze annähen. Das Garnbündel für den Bommel über 3 Finger wickeln.

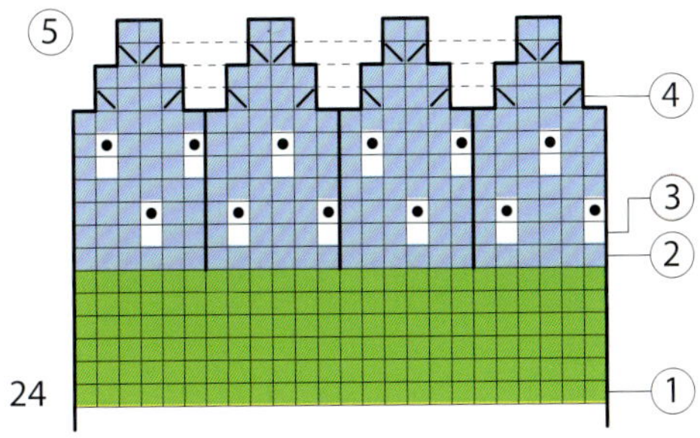

Schneemann, Mütze

SCHAL

Der Schal kann entweder längs oder quer gestrickt werden.

Schal quer gestrickt: 5 Maschen anschlagen, hin und zurück stricken, bis der Schal die passende Länge hat.

Schal längs gestrickt: 60 Maschen anschlagen. 10 Reihen (5 Krausrippen) stricken und abketten.

Die Fäden vernähen. Den Schal um den Hals und auf der Brust über Kreuz legen. Mit Nähgarn und einigen kleinen Stichen festnähen.

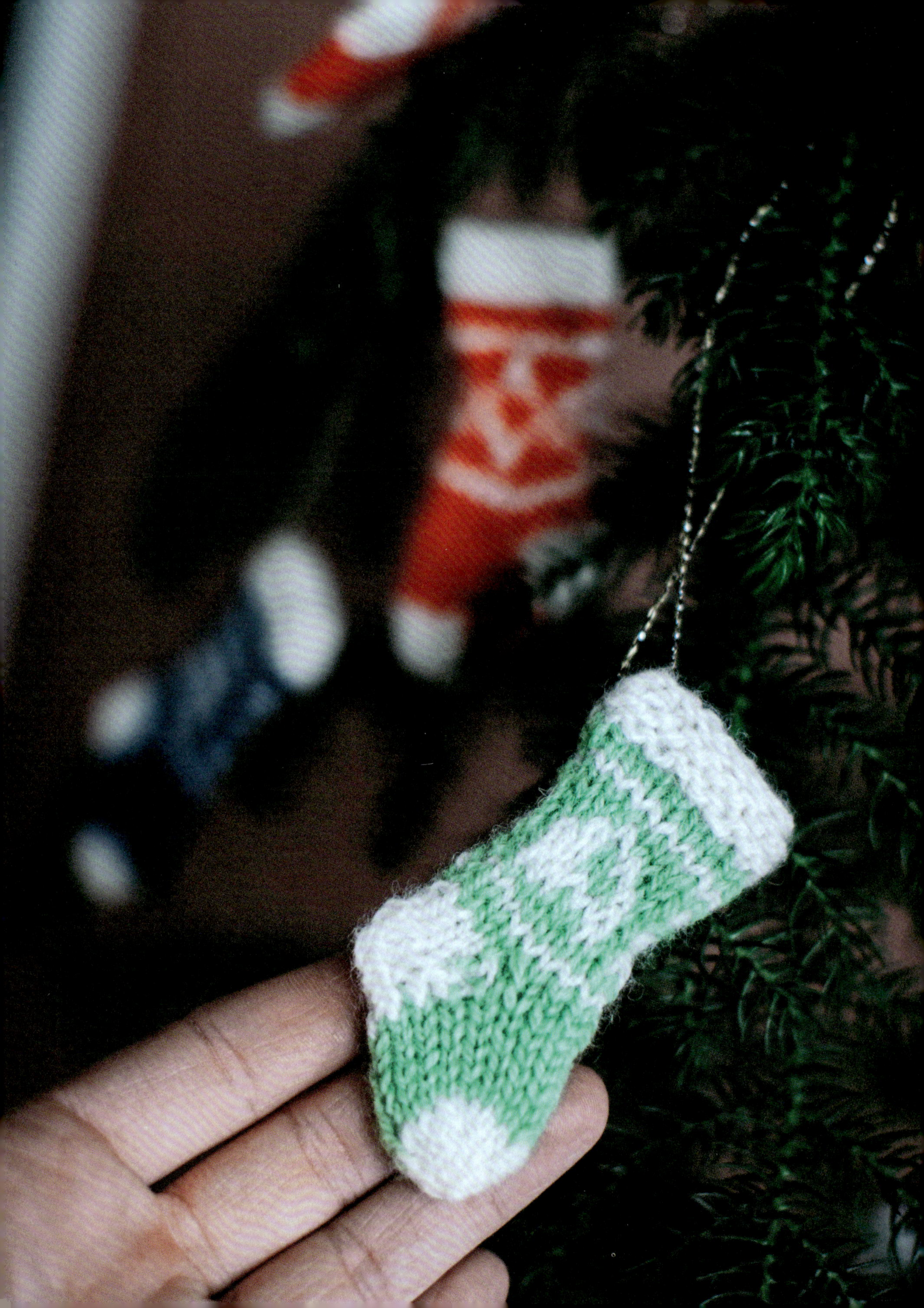

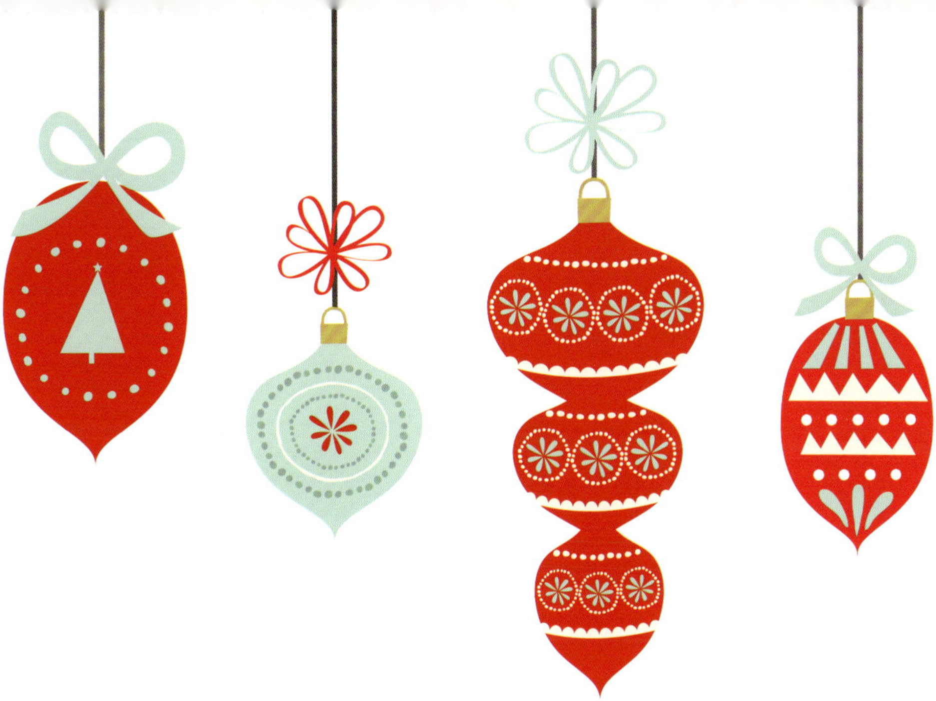

MINI-MÜTZEN, FAUST-HANDSCHUHE UND SOCKEN

Diese niedlichen kleinen Kleidungsstücke sind unglaublich leicht zu stricken und ein hübscher Schmuck für den Weihnachtsbaum oder einen Zweig in einer Vase oder vielleicht im Fenster? Sie eignen sich auch gut zum Verzieren von Weihnachtsgeschenken.

Es ist so gemütlich, sich an einem dunklen Vorweihnachtsabend mit einer kleinen und »schnell gemachten« Handarbeit zu entspannen. Meine Erfahrung ist, dass man schnell »süchtig« danach wird, diese hübschen Kleinigkeiten zu stricken. Und sie sind so schnell wieder weg, denn alle möchten eine oder mehrere davon haben! Und je nach Geschmack kann man immer neue und spannende Farbkombis kreieren.

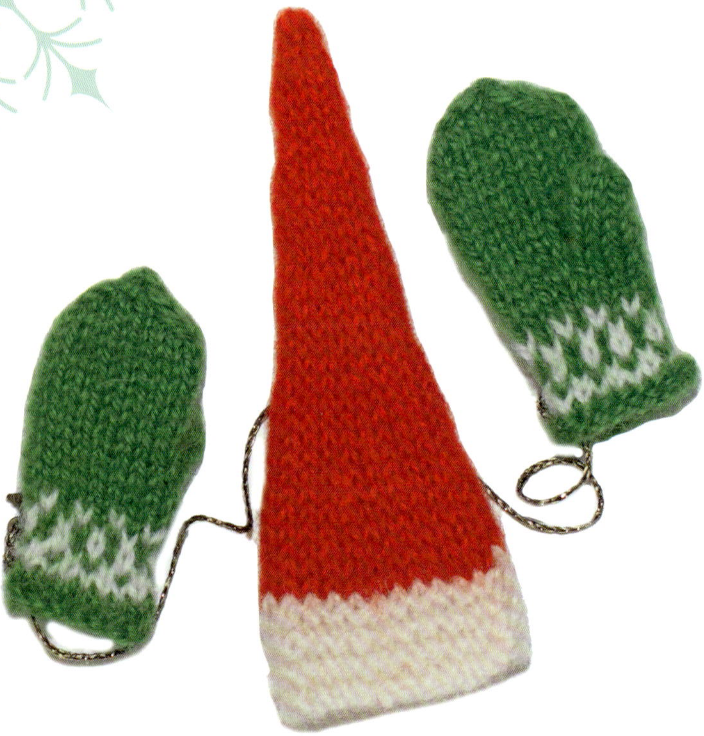

MINI-ZWERGENMÜTZE

Diese putzigen Mützen machen sich gut als Weihnachtsschmuck, entweder am Weihnachtsbaum oder als Dekoration einer Flaschentüte.

GARN: Dünnes Wollgarn, das sich filzen lässt. Ich habe Finullgarn von Rauma Garn (100 % Wolle, LL = 175 m/50 g) und Tove von Sandnes Garn (100 % Norwegische Wolle, LL = 160 m/50 g) verwendet.
NADELN: Nadelspiel mit 5 Nadeln Stärke 2,5 oder 3.

Anleitung

Der weiße Rand wird hin und zurück gestrickt, der rote Teil in Runden glatt rechts.

① 24 Maschen in Weiß anschlagen. Nach der Strickschrift *Zwergenmütze* stricken. 6 Reihen hin und zurück stricken (3 Krausrippen).

② Zur Farbe 2 wechseln, die Maschen auf 4 Nadeln verteilen und rund weiterstricken.

③ Mit dem Abnehmen beginnen, vgl. Strickschrift.

④ Faden abschneiden und durch die letzten Maschen ziehen. Die Mütze am Rand zusammennähen und gleichzeitig den Faden vernähen.

Die Mütze filzen, siehe Seite 18. In Form ziehen und liegend trocknen lassen.

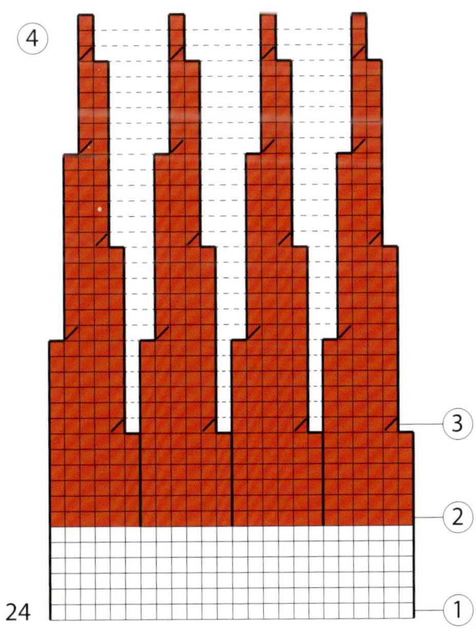

Zwergenmütze

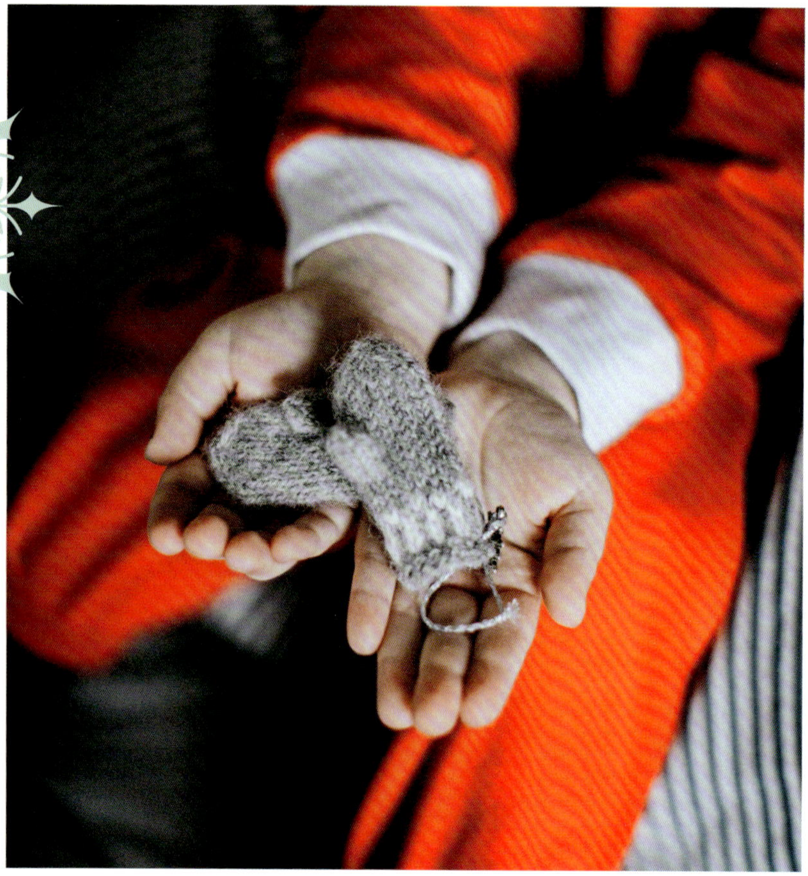

MINI-FAUSTHANDSCHUHE

Diese winzig kleinen Fausthandschuhe passen nur den allerkleinsten Zwergenkindern. Aber trotzdem müssen sie frieren, denn die Fausthandschuhe sind verschwunden! Die Zwergenmutter braucht sie nämlich als Weihnachtsschmuck. Entweder hängen sie am Weihnachtsbaum oder an einem Kranz, den sie aus kleinen Zweigen geflochten hat. Ab und zu hängen sie auch am Autorückspiegel oder am Schlüsselbund. Und schließlich kann man sie dafür verwenden, ein langweiliges Weihnachtspäckchen aufzupeppen.

GARN: Dünnes Wollgarn, das sich filzen lässt. Ich habe Finullgarn von Rauma Garn (100 % Wolle, LL = 175 m/50 g) und Tove von Sandnes Garn (100 % Norwegische Wolle, LL = 160 m/50 g) verwendet.
NADELN: Nadelspiel mit 5 Nadeln Stärke 2,5.
ZUBEHÖR: Die Fausthandschuhe sind mit Gold- oder Silberband verziert. Zusätzlich sind alle Fausthandschuhe mit kleinen Charms oder Schmuckteilen verziert.

Anleitung

① 16 Maschen mit der Grundfarbe anschlagen. Nach der Strickschrift *Mini-Fausthandschuhe* stricken. Die ersten 2 Reihen hin und zurück rechts stricken, damit es 1 Krausrippe ergibt.

② Die Maschen auf 4 Nadeln verteilen und zum Ring schließen. Nach Anleitung weiterstricken.

③ *Daumen:* Einen extra Faden bei den 3 markierten Maschen (rechter Fausthandschuh rote Markierung, linker Fausthandschuh blaue Markierung) mitlaufen lassen. Weitere 10 Runden stricken, bis die Abnahme beginnt.

④ An den Seiten abnehmen, vgl. Strickschrift.

⑤ Faden abschneiden und durch die letzten 4 Maschen ziehen.

⑥ *Daumen:* Er wird auf 2 Nadeln rund gestrickt. Den losen Faden herausziehen, die 3 Maschen davor auf eine Nadel aufnehmen und 3 Maschen auf der Rückseite des Daumens anschlagen. Nach der Strickschrift *Mini-Fausthandschuhe, Daumen* stricken.
1.Runde: 1 Masche auf der Vorderseite, an der Seite des Fausthandschuhs anschlagen. 5 Runden stricken.

⑦ Abnehmen, vgl. Strickschrift. Faden abschneiden, durch die letzten 3 Maschen ziehen und in den Daumen stecken.

Alle Fäden vernähen. Die Fausthandschuhe filzen, siehe Seite 18. In Form ziehen und liegend trocknen lassen.

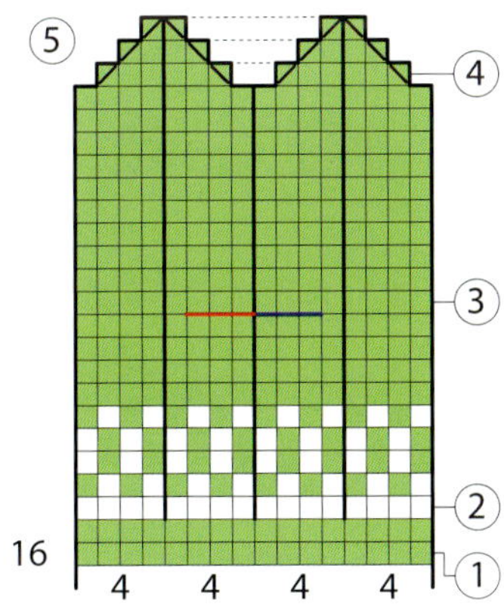

Mini-Fausthandschuh

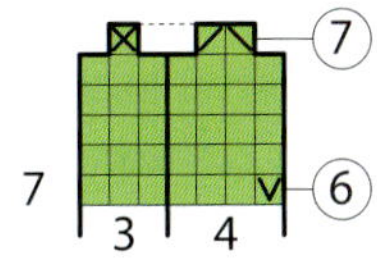

Mini-Fausthandschuh, Daumen

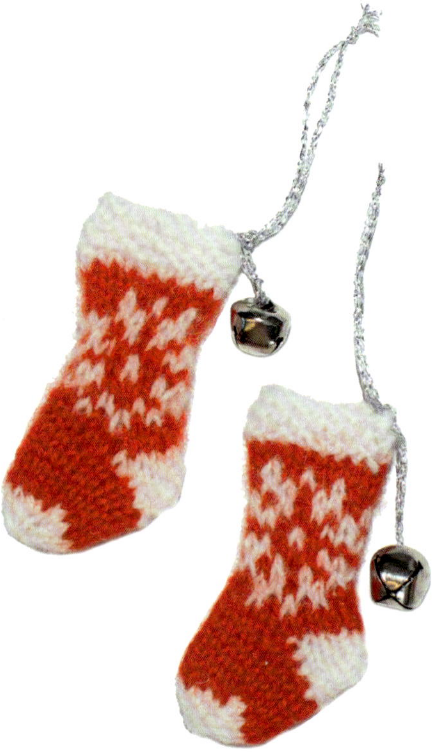

MINI-SOCKEN MIT BLÜTE

Wenn man erstmal mit etwas angefangen hat, kann es passieren, dass man gar nicht mehr damit aufhören kann. Genau das ist mir passiert, als ich die Anleitungen für die kleinen Socken geschrieben habe. Es wurden immer mehr: gestrickte Socken mit Streifen und Muster, Flaggensocken oder Socken mit Initialen. Viele der kleinen Sockenpaare habe ich gleich, nachdem sie fertig waren, als kleine Geschenke oder Dekoration verschenkt.

GARN: Dünnes Wollgarn, das sich filzen lässt. Ich habe Finullgarn von Rauma Garn (100 % Wolle, LL = 175 m/50 g) und Tove von Sandnes Garn (100 % Norwegische Wolle, LL = 160 m/50 g) verwendet.

NADELN: Nadelspiel mit 5 Nadeln Stärke 2,5 oder 3.

ZUBEHÖR: Die Socken sind mit Gold- oder Silberband als Bindeband verziert. Zusätzlich sind alle Socken mit kleinen Charms oder Schmuckteilen verziert.

Anleitung

① 16 Maschen mit einer Nadel anschlagen. Nach der Strickschrift *Mini-Socken, Blüte* stricken. 6 Reihen hin und zurück rechts stricken (3 Krausrippen). Die Reihe beginnt hinten in der Mitte.

② Die Maschen auf 4 Nadeln verteilen und rund weiterstricken. Den Sockenschaft nach Anleitung bis zur Ferse stricken.

③ Die Ferse wird hin und zurück gestrickt, rechte Maschen auf der rechten Seite und linke Maschen auf der linken Seite. Zuerst 4 Maschen stricken.

④ Die Arbeit wenden und linke Maschen über die nächsten 8 Maschen zurück stricken. Die vorderen Maschen werden stillgelegt, bis die Ferse fertig ist. 5 Reihen über 8 Maschen stricken.

⑤ 6. Reihe: 4 rechte Maschen stricken, dann 2 rechts verschränkt zusammenstricken. Die Arbeit wenden.

⑥ *Folgendermaßen weiterstricken:* Linke Seite: 1 Masche links (locker abheben), dann 2 Maschen links zusammenstricken. Rechte Seite: 1 Masche rechts (locker abheben), dann 2 Maschen rechts verschränkt stricken. Weiterstricken, bis noch 2 Maschen da sind.

⑦ Weiter rund stricken, bis der Fuß fertig ist. Die Runde beginnt in der Mitte unter dem Fuß. 1. Runde: 1. Masche der Ferse stricken, 3 Maschen entlang der Seitenkante der Ferse aufnehmen, über die 8 stillgelegten Maschen stricken, 3 Maschen entlang der anderen Seitenkante aufnehmen, die letzte Masche der Ferse stricken. Den Fuß nach Strickschrift stricken.

⑧ An den Seiten in jeder Reihe abnehmen, vgl. Strickschrift.

Fäden abschneiden und durch die letzten 4 Maschen ziehen. Die Fäden auf der linken Seite vernähen. Die hinteren Maschen zusammennähen.

Die Socken filzen, siehe Seite 18. In Form ziehen und liegend trocknen lassen.

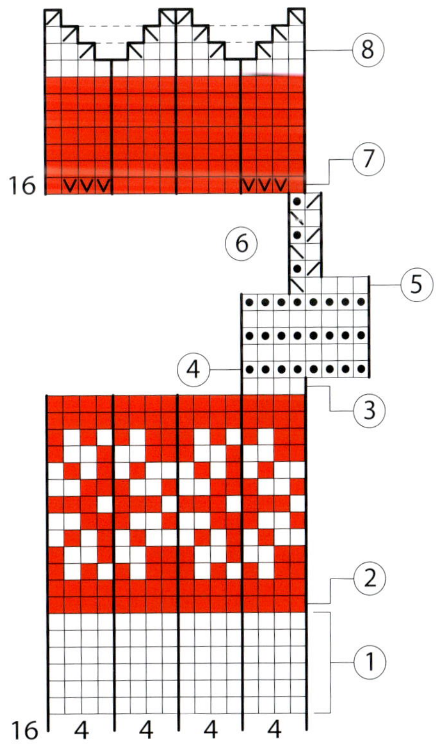

Mini-Socke, Blüte

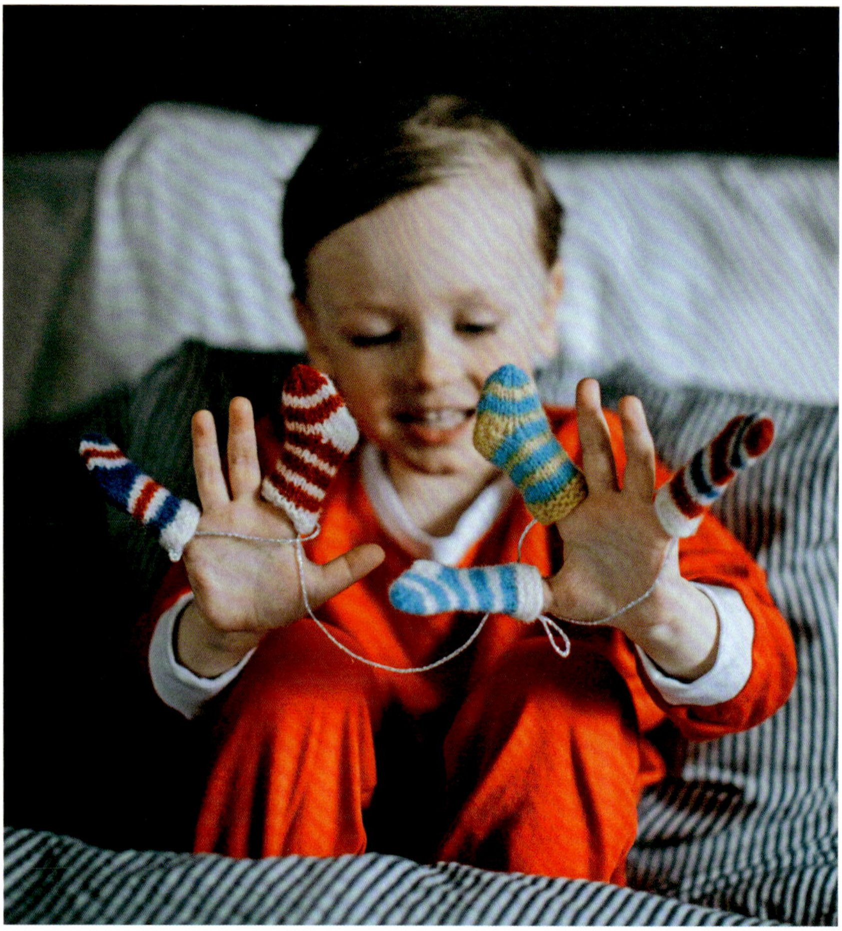

MINI-SOCKEN MIT FLAGGEN

Stricke eine ganze »Flaggenkette« aus Socken. Hier haben die Socken die Flaggenfarben der fünf nordischen Länder. Alle Socken werden dann an einer Schnur aufgehängt.

GARN: Dünnes Wollgarn, das sich filzen lässt. Ich habe Finullgarn von Rauma Garn (100 % Wolle, LL = 175 m/50 g) und Tove von Sandnes Garn (100 % Norwegische Wolle, LL = 160 m/50 g) verwendet. Für die Flaggensocken ist es wichtig, dass man Farben findet, die den Flaggenfarben so genau wie möglich entsprechen.

NADELN: Nadelspiel mit 5 Nadeln Stärke 2,5 oder 3.

ZUBEHÖR: Schnur zum Aufhängen.

Anleitung

① 16 Maschen mit einer Nadel anschlagen. Nach der Strickschrift *Mini-Socken* und das gewünschte Muster stricken. 4 Reihen hin und zurück stricken (2 Krausrippen). Die Reihe beginnt hinten in der Mitte.

② Die Maschen auf 4 Nadeln verteilen und rund weiterstricken. Den Sockenschaft nach Anleitung bis zur Ferse stricken.

③ Die Ferse wird hin und zurück gestrickt, rechte Maschen auf der rechten Seite und linke Maschen auf der linken Seite. Zuerst 4 Maschen stricken.

④ Die Arbeit wenden und linke Maschen über die nächsten 8 Maschen zurück stricken. Die vorderen Maschen werden stillgelegt, bis die Ferse fertig ist. 5 Reihen über 8 Maschen stricken.

⑤ 6. Reihe: 4 rechte Maschen stricken, dann 2 rechts verschränkt zusammenstricken. Die Arbeit wenden.

⑥ *Folgendermaßen weiterstricken:* Linke Seite: 1 Masche links (locker abheben), dann 2 Maschen links zusammenstricken. Rechte Seite: 1 Masche rechts (locker abheben), dann 2 Maschen rechts verschränkt stricken. Weiterstricken, bis noch 2 Maschen da sind.

⑦ Weiter rund stricken, bis der Fuß fertig ist. Die Runde beginnt in der Mitte unter dem Fuß. 1. Runde: 1. Masche der Ferse stricken, 3 Maschen entlang der Seitenkante der Ferse aufnehmen, über die 8 stillgelegten Maschen stricken, 3 Maschen entlang der anderen Seitenkante aufnehmen, die letzte Masche der Ferse stricken. Den Fuß nach Strickschrift stricken.

⑧ An den Seiten in jeder Reihe abnehmen, vgl. Strickschrift.

Fäden abschneiden und durch die letzten 4 Maschen ziehen. Die Fäden auf der linken Seite vernähen. Die hinteren Maschen zusammennähen.

Die Socken filzen, siehe Seite 18. In Form ziehen und liegend trocknen lassen.

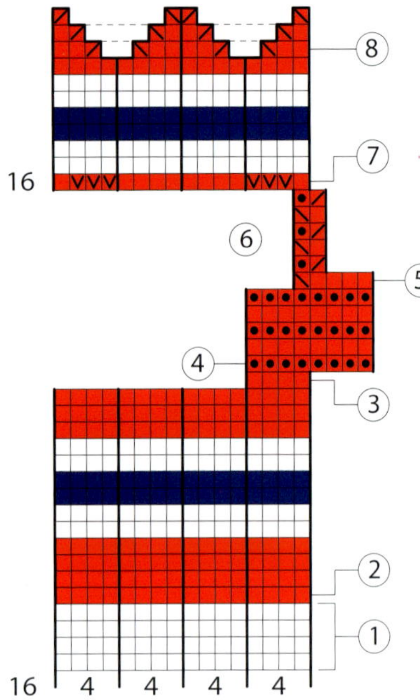

Mini-Socke, Norwegen

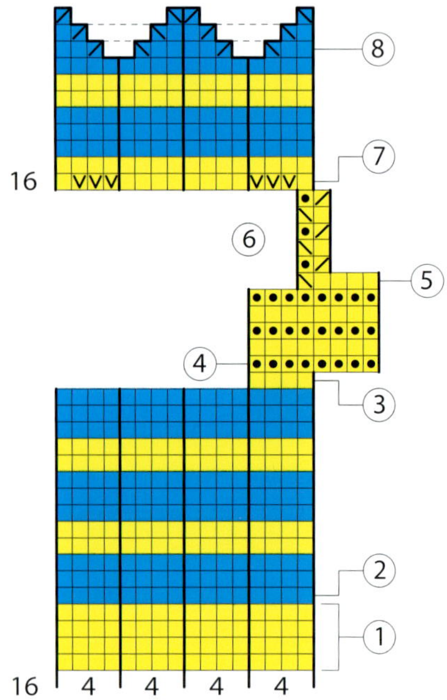

Mini-Socke, Schweden

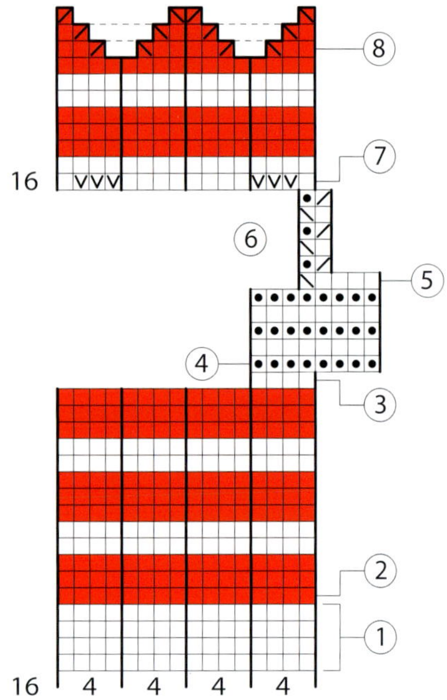

Mini-Socke, Dänemark

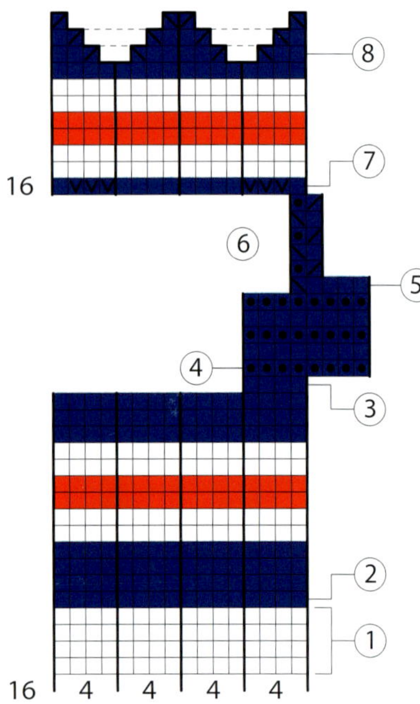

Mini-Socke, Island

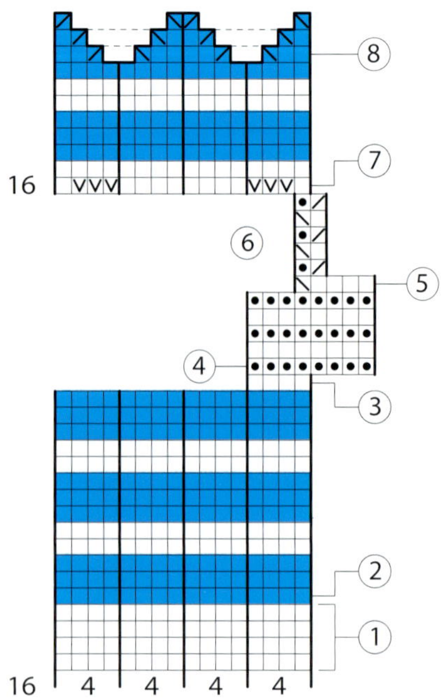

Mini-Socke, Finnland

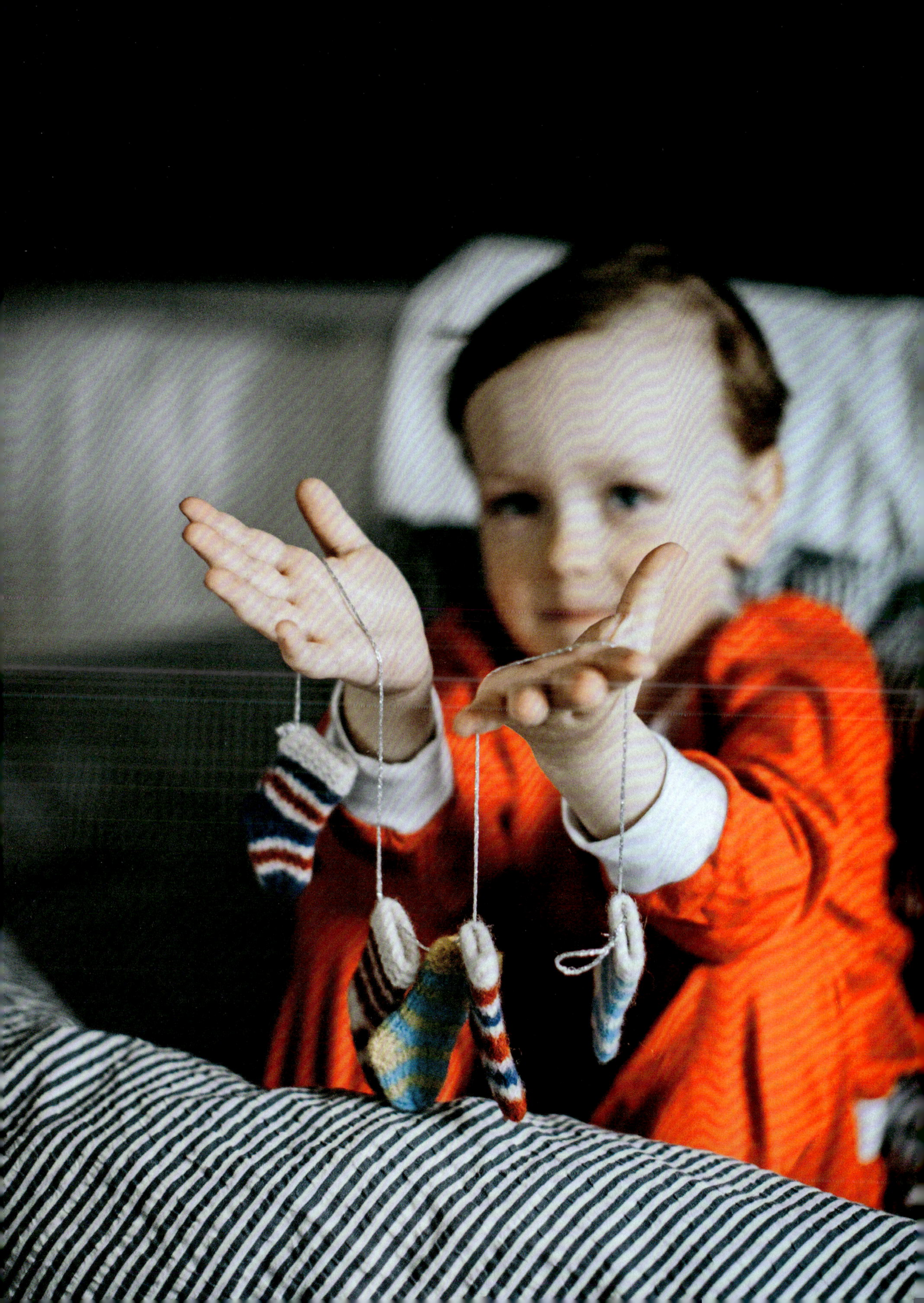

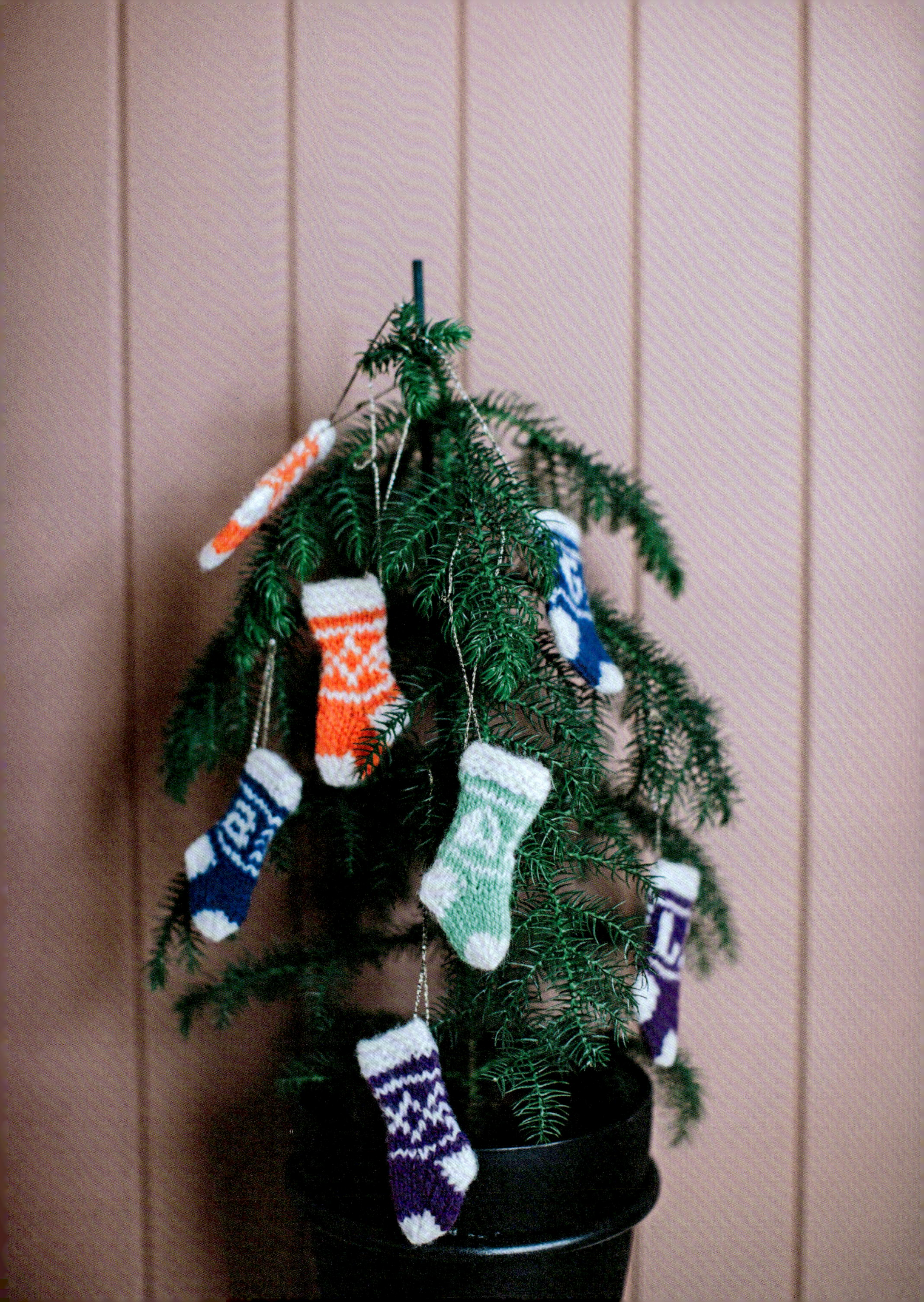

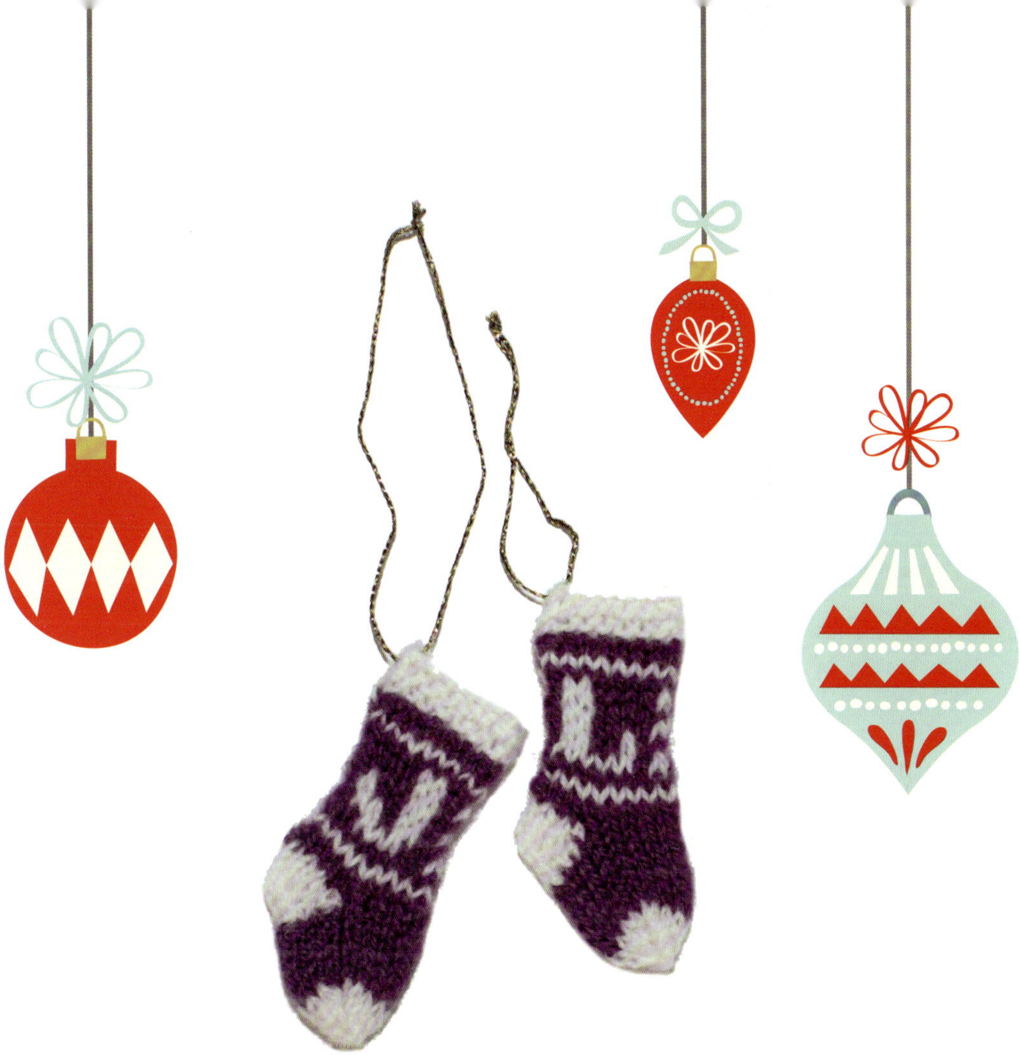

MINI-SOCKEN MIT INITIALEN

Überrasche eine/n Freund/in mit einem Paar Mini-Socken mit den Anfangsbuchstaben seines/ihres Namens darauf. An meinem Weihnachtsbaum hängen Socken mit den Initialen aller Familienmitglieder.

GARN: Dünnes Wollgarn, das sich filzen lässt. Ich habe Finullgarn von Rauma Garn (100 % Wolle, LL = 175 m/50 g) und Tove von Sandnes Garn (100 % Norwegische Wolle, LL = 160 m/50 g) verwendet. Alle Socken haben Weiß als Grundfarbe und Farbe für Rand, Ferse und Spitze.

NADELN: Nadelspiel mit 5 Nadeln Stärke 2,5 oder 3.

ZUBEHÖR: Schnur zum Aufhängen.

Anleitung

① 16 Maschen in Weiß mit einer Nadel anschlagen. Nach der Strickschrift *Mini-Socken, A* stricken. 4 Reihen hin und zurück stricken (2 Krausrippen). Die Reihe beginnt hinten in der Mitte. Die Maschen auf 4 Nadeln verteilen, zur Grundfarbe wechseln und rund weiterstricken. 2 Runden stricken.

② Nach Anleitung für den Buchstaben, den du möchtest, stricken. Dann 2 Runden in der Grundfarbe.

③ Die Ferse wird hin und zurück gestrickt, rechte Maschen auf der rechten Seite und linke Maschen auf der linken Seite. Zuerst 4 Maschen stricken.

④ Die Arbeit wenden und linke Maschen über die nächsten 8 Maschen zurück stricken. Die vorderen Maschen werden stillgelegt, bis die Ferse fertig ist. 5 Reihen über 8 Maschen stricken.

⑤ 6. Reihe: 4 rechte Maschen stricken, dann 2 rechts verschränkt zusammenstricken. Die Arbeit wenden.

⑥ *Folgendermaßen weiterstricken:* Linke Seite: 1 Masche links (locker abheben), dann 2 Maschen links zusammenstricken. Rechte Seite: 1 Masche rechts (locker abheben), dann 2 Maschen rechts verschränkt stricken. Weiterstricken, bis noch 2 Maschen da sind.

⑦ Weiter rund stricken, bis der Fuß fertig ist. Die Runde beginnt in der Mitte unter dem Fuß. 1. Runde: 1. Masche der Ferse stricken, 3 Maschen entlang der Seitenkante der Ferse aufnehmen, über die 8 stillgelegten Maschen stricken, 3 Maschen entlang der anderen Seitenkante aufnehmen, die letzte Masche der Ferse stricken. Den Fuß nach Strickschrift stricken.

⑧ An den Seiten in jeder Reihe abnehmen, vgl. Strickschrift.

Fäden abschneiden und durch die letzten 4 Maschen ziehen. Die Fäden auf der linken Seite vernähen. Die hinteren Maschen zusammennähen.

Die Socken filzen, siehe Seite 18. In Form ziehen und liegend trocknen lassen.

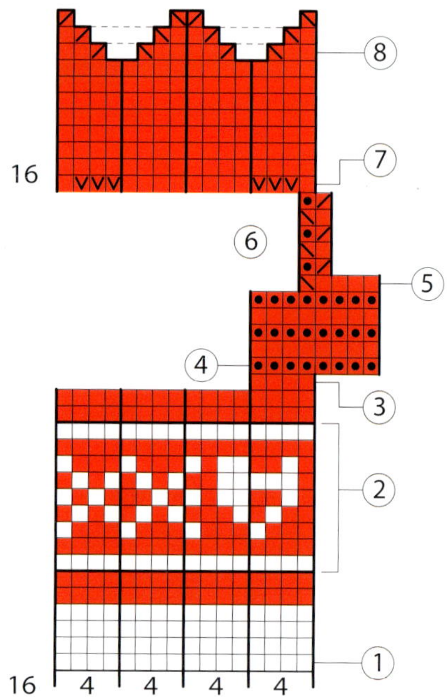

Minisocke, A

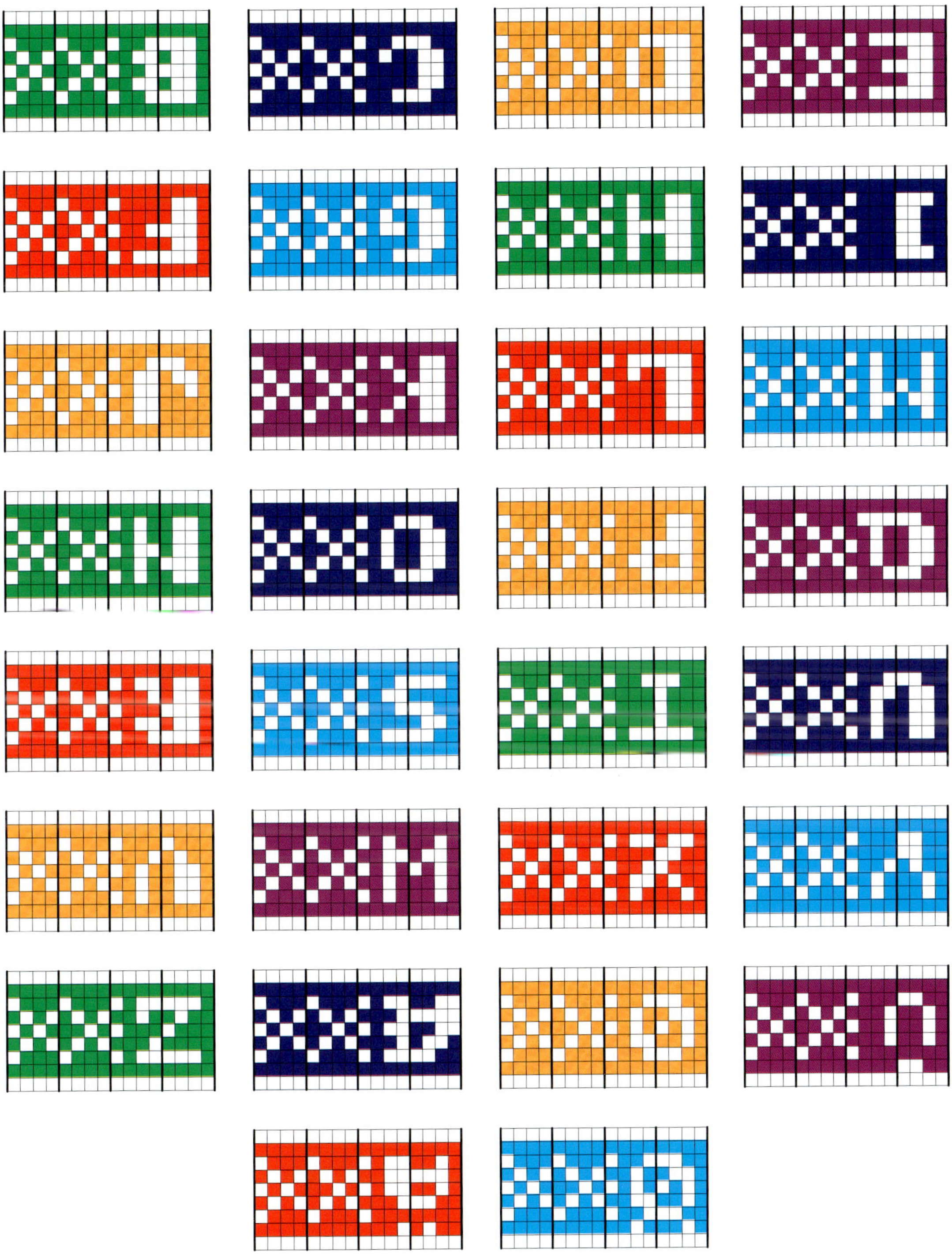

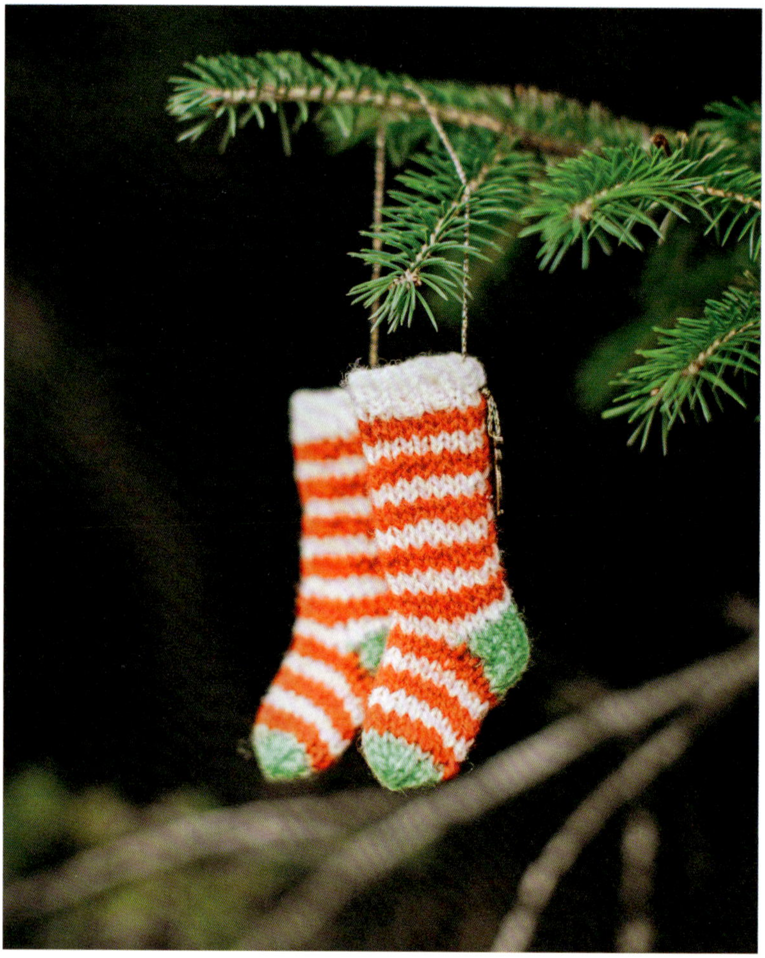

MINI-STRÜMPFE MIT STREIFEN

Solche langen Strümpfe trägt die Zwergenmutter im Winter.

GARN: Dünnes Wollgarn, das sich filzen lässt. Ich habe Finullgarn von Rauma Garn (100 % Wolle; LL = 175 m/50 g) in Weiß, Rot und Grün verwendet.
NADELN: Nadelspiel mit 5 Nadeln Stärke 2,5 oder 3.
ZUBEHÖR: Schnur zum Aufhängen.

Anleitung

① 16 Maschen in Weiß anschlagen. Die Maschen auf 4 Nadeln verteilen und zum Ring schließen. Nach der Strickschrift *Mini-Strümpfe mit Streifen* stricken. 3 Reihen Bündchen nach Strickschrift stricken, dann eine Runde rechte Maschen.

② Im Streifenmuster stricken.

③ Die Ferse wird hin und zurück gestrickt, rechte Maschen auf der rechten Seite und linke Maschen auf der linken Seite. Zuerst 4 Maschen in Grün stricken.

④ Die Arbeit wenden und linke Maschen über die nächsten 8 Maschen zurück stricken. Die vorderen Maschen werden stillgelegt, bis die Ferse fertig ist. 5 Reihen über 8 Maschen stricken.

⑤ 6. Reihe: 4 rechte Maschen stricken, dann 2 rechts verschränkt zusammenstricken. Die Arbeit wenden.

⑥ *Folgendermaßen weiterstricken:* Linke Seite: 1 Masche links (locker abheben), dann 2 Maschen links zusammenstricken. Rechte Seite: 1 Masche rechts (locker abheben), dann 2 Maschen rechts verschränkt stricken. Weiterstricken, bis noch 2 Maschen da sind.

⑦ Weiter rund stricken, bis der Fuß fertig ist. Die Runde beginnt in der Mitte unter dem Fuß. 1. Runde: 1. Masche der Ferse stricken, 3 Maschen entlang der Seitenkante der Ferse aufnehmen, über die 8 stillgelegten Maschen stricken, 3 Maschen entlang der anderen Seitenkante aufnehmen, die letzte Masche der Ferse stricken. Den Fuß nach Strickschrift stricken.

⑧ An den Seiten in jeder Reihe abnehmen, vgl. Strickschrift.

Fäden abschneiden und durch die letzten 4 Maschen ziehen. Die Fäden auf der linken Seite vernähen. Die hinteren Maschen zusammennähen.

Die Strümpfe filzen, siehe Seite 18. In Form ziehen und liegend trocknen lassen.

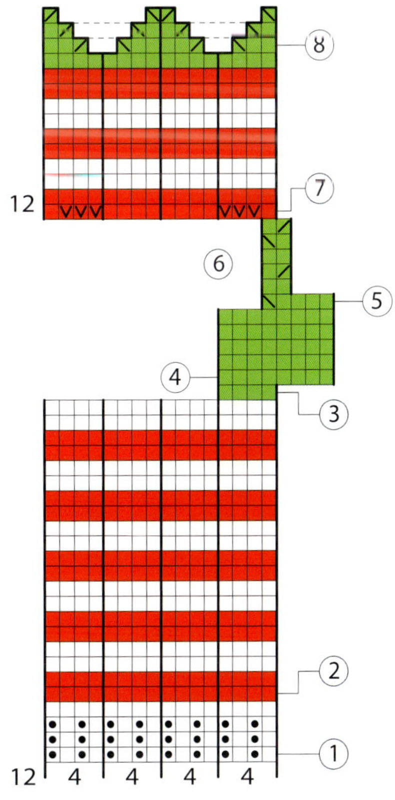

Mini-Strümpfe mit Streifen

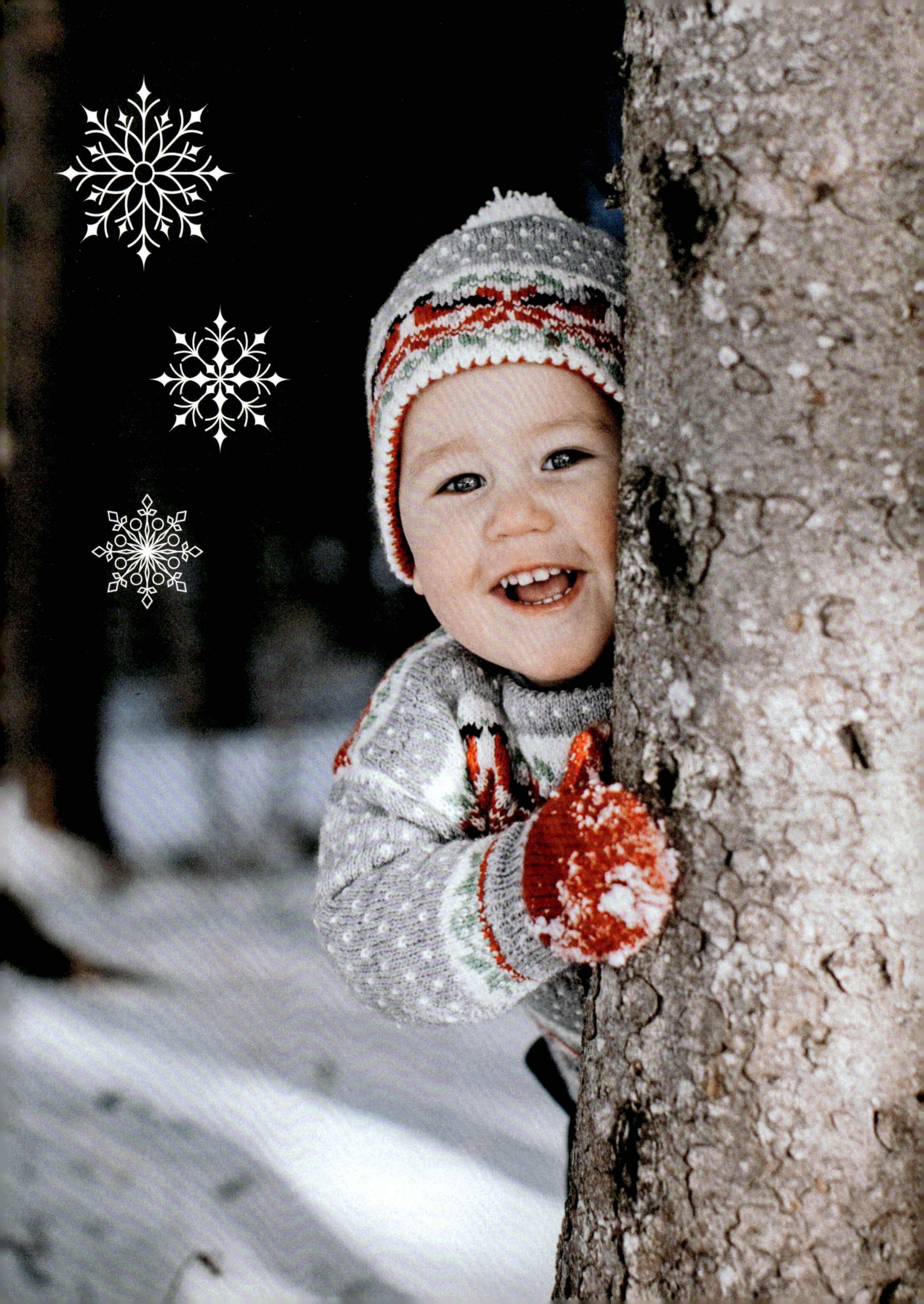

HÜBSCHE WEIHNACHTS-KLEIDUNG

Einiges ist so »weihnachtlich«, dass man es wirklich nur in der Weihnachtszeit anziehen kann. Anderes kann aber genauso gut vor und nach Weihnachten, im Alltag oder für ein Fest getragen werden. Hier gibt es Anleitungen für kleine Kleidungsstücke und Dekorationen, die zwar traditionelle weihnachtliche Farben haben, die man aber auch gut zu anderen Zeiten tragen kann.

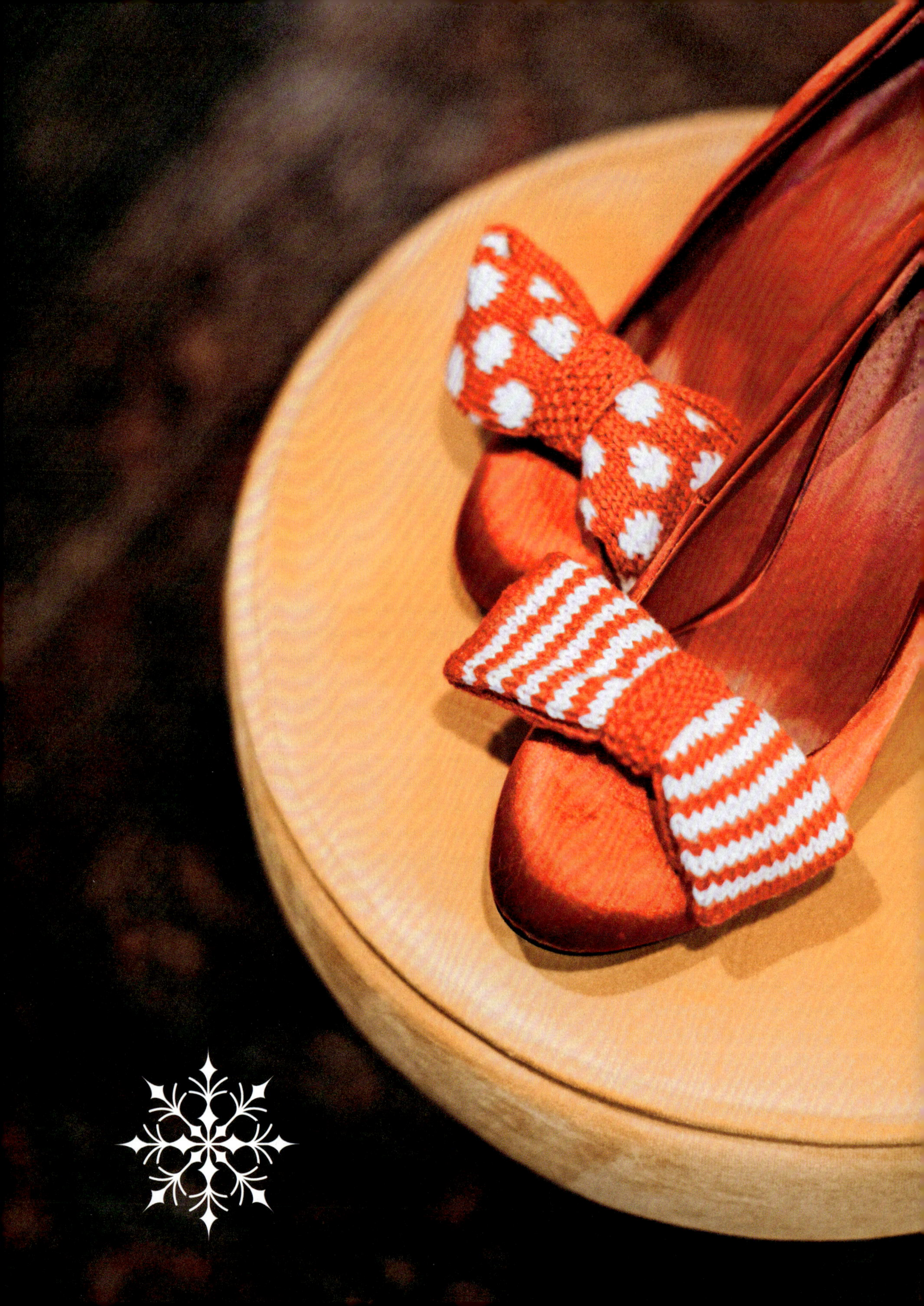

SCHLEIFEN

Eine hübsche Schleife ist ein schöner Schmuck für Kinder, deinen Liebsten, Topfpflanzen, Haustiere, Schuhe oder den Weihnachtsbaum. Mit einer Schleife kann man alles aufpeppen!

Eine ganz normale Flasche oder ein Krug werden mit einer Schleife zu einer hübschen Weihnachtsdekoration. Und das »Alltagskleid« wird im Nu zu einem Weihnachtskleid!

Die Schleifen werden rund gestrickt. Anschließend werden die Enden auf der Rückseite mittig aufeinandergelegt und zusammengenäht.

Am Schluss wird ein kleines gestricktes Band um die Mitte gelegt und festgenäht.

GARN: Anna og Clara Baumwollgarn von Søstrene Grene (100% Baumwolle, LL = 160 m/50 g).

GARNVERBRAUCH: Ein Knäuel von jeder Farbe reicht für viele Schleifen.

ALTERNATIVES GARN: Garn, das eine Maschenprobe von 28–30 Maschen = 10 cm ergibt. So erhält die Schleife die nötige Festigkeit.

MASCHENPROBE: 28–30 Maschen = 10 cm.

NADELN: Nadelspiel Stärke 2,5.

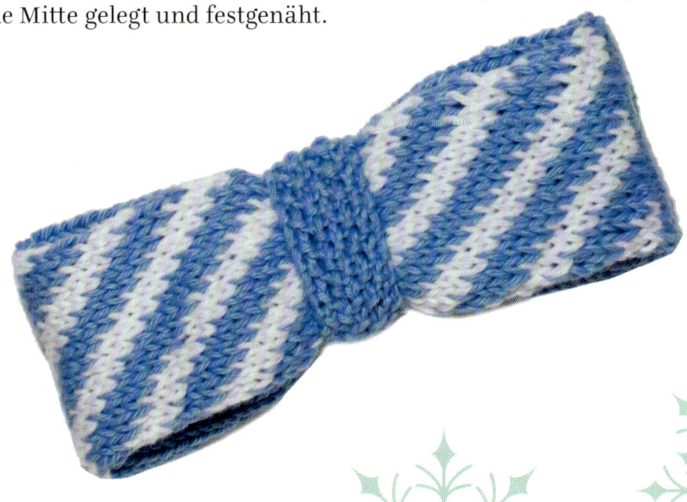

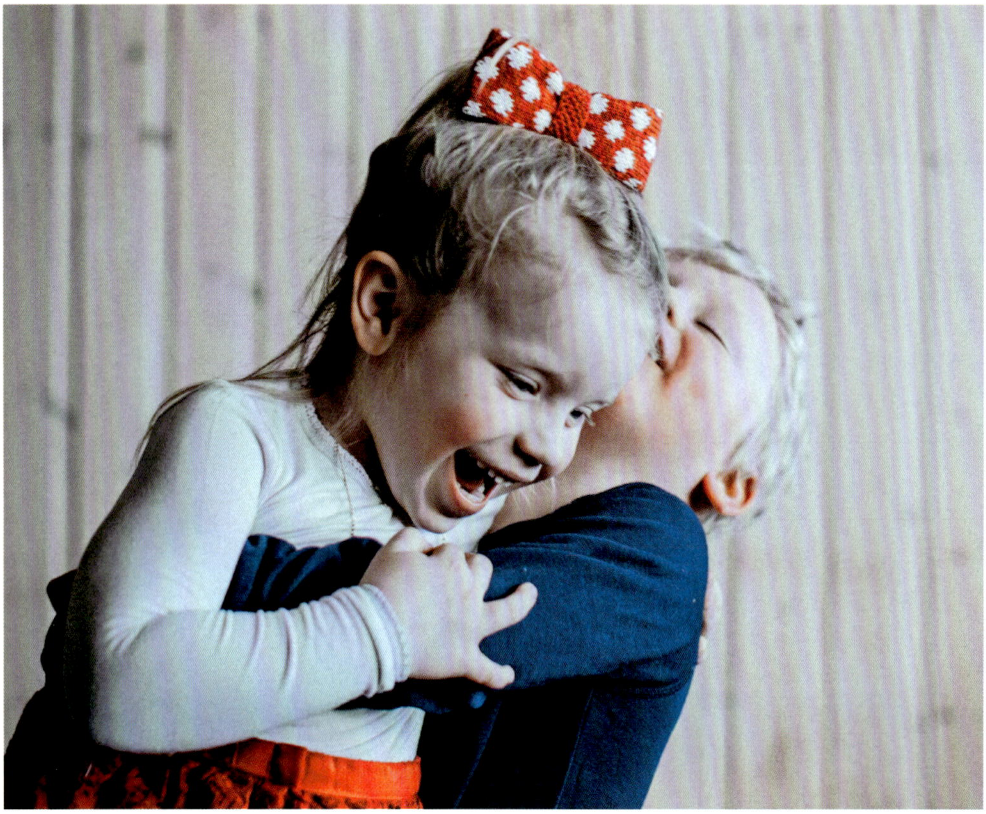

SCHLEIFE MIT PUNKTEN

Anleitung

28 Maschen in Rot anschlagen. Die Maschen auf 4 Nadeln verteilen und zum Ring schließen. 21 Runden rechte Maschen stricken. Diese Runden bilden die halbe Rückseite der Schleife.

Nach Strickschrift *Schleife mit Punkten* weiterstricken. Den ersten Musterrapport (A) 4-mal wiederholen. Dann das Muster mit einer letzten Runde Punkte beenden. Insgesamt sind es 44 Runden mit Muster.

Den weißen Faden abschneiden. 21 Runden rechte Maschen in Rot stricken. Dies ist die zweite Hälfte der Rückseite. Abketten.

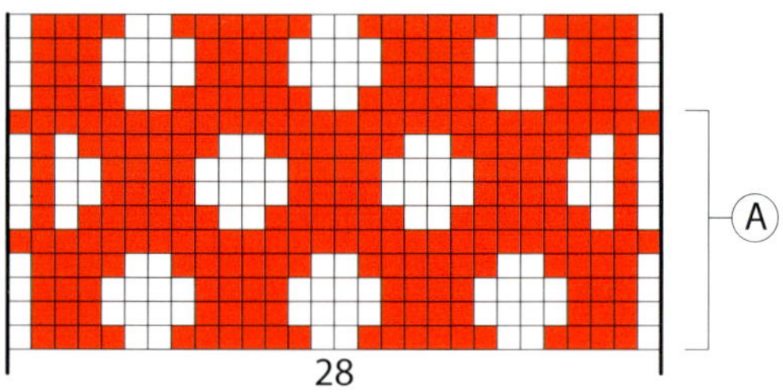

Schleife mit Punkten

SCHLEIFE MIT SCHRÄGEN STREIFEN

Anleitung

28 Maschen in Hellblau anschlagen. Die Maschen auf 4 Nadeln verteilen und zum Ring schließen. 23 Runden rechte Maschen stricken. Diese Runden bilden die halbe Rückseite der Schleife.

Nach Strickschrift *Schleife mit schrägen Streifen* weiterstricken. Den ersten Musterrapport wiederholen, bis 48 Runden mit Muster gestrickt sind.

Den weißen Faden abschneiden. 23 Runden rechte Maschen in Hellblau stricken. Dies ist die zweite Hälfte der Rückseite. Abketten.

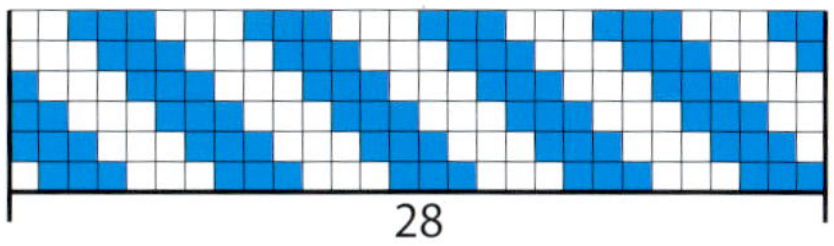

Schleife mit schrägen Streifen

SCHLEIFE MIT STREIFEN

Anleitung

28 Maschen in Rot anschlagen. Die Maschen auf 4 Nadeln verteilen und zum Ring schließen. 22 Runden rechte Maschen stricken. Diese Runden bilden die halbe Rückseite der Schleife.

Das Streifenmuster weiterstricken: 2 Runden in Weiß stricken, 2 Runden in Rot stricken. Dies wiederholen, bis 12 weiße Streifen gestrickt sind.

Den weißen Faden abschneiden. 22 Runden rechte Maschen in Rot stricken. Dies ist die zweite Hälfte der Rückseite. Abketten.

ZUSAMMENNÄHEN

Das kleine Band wird im Perlmuster hin und zurück gestrickt: Immer abwechselnd 1 Masche rechts, 1 Masche links, rechte Maschen über einer linken Masche und linke Maschen über einer rechten Masche der vorherigen Reihe.

7 Maschen in Rot anschlagen, nach der Strickschrift *Band* stricken. Abketten.

Die Schleife vorsichtig dämpfen, damit sie flach wird. Darauf achten, dass das Muster symmetrisch ist und der Beginn der Runden auf der Rückseite liegt. Die kurzen Enden wie für einen Ring zusammennähen. Das Band um die Mitte der Schleife legen und auf der Rückseite zusammennähen.

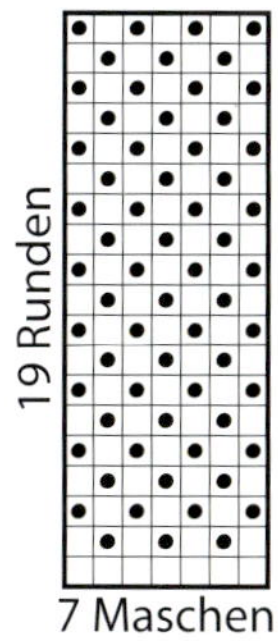

Band

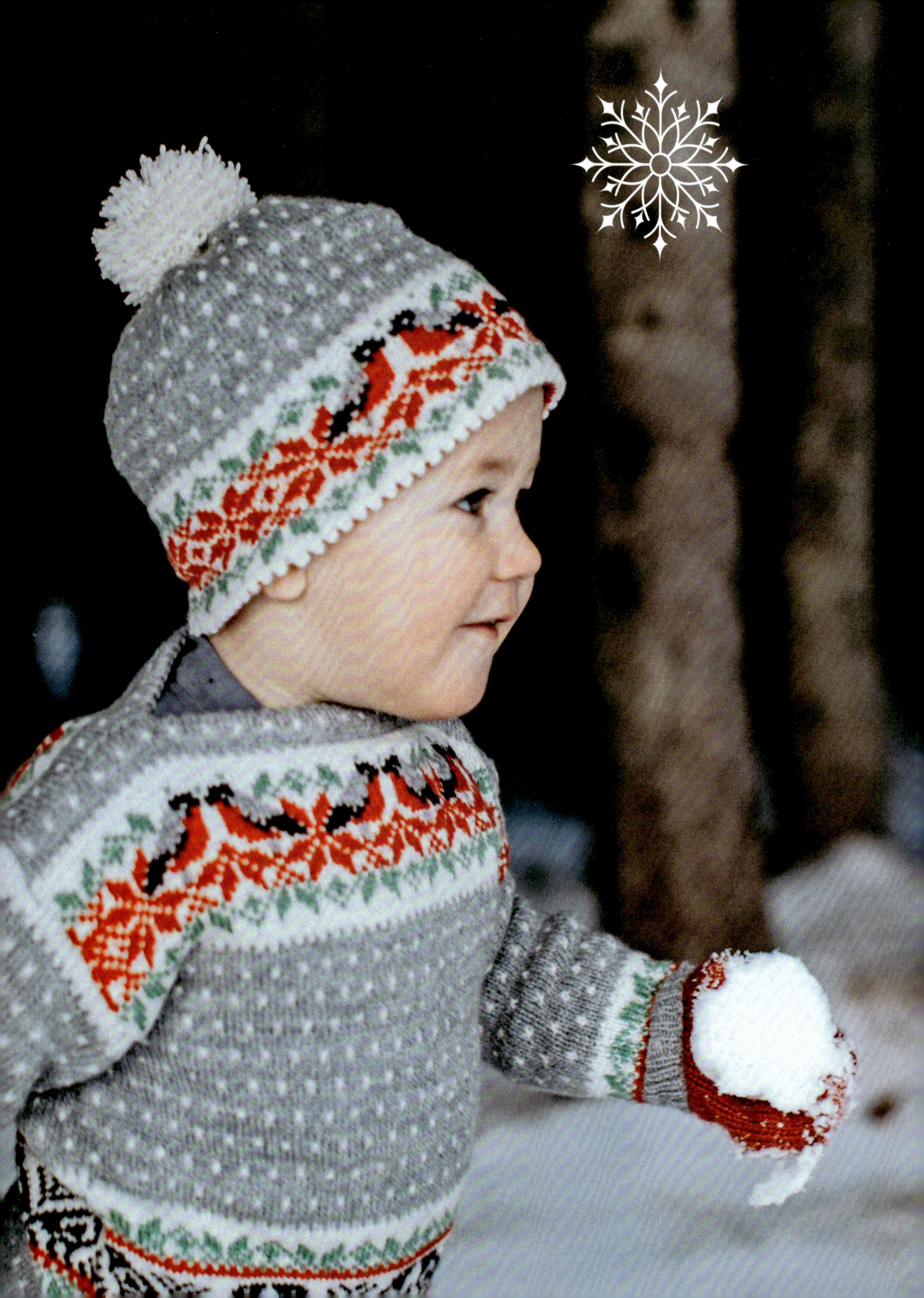

WINTERVÖGEL

Einige Vögel ziehen in den Süden, wenn der Winter hier im Norden beginnt, aber Dompfaff und Elster bleiben im Land. Beide sind bekannte Vögel, die man in der Winterlandschaft schnell erkennt. Die rote Brust vom Dompfaff leuchtet vor dem weißen und grauen Hintergrund. Die schwarz-weiße Elster verbreitet Freude durch ihr lustiges Hüpfen und Springen.

Auch wir Menschen freuen uns, draußen zu sein, aber nicht ohne wärmende Mützen, Fausthandschuhe, Socken und Pullover. Hier kommen einige Anleitungen für Kleidung mit Wintervögeln als Muster. Perfekte Weihnachtsgeschenke für Kleine und Große.

KINDERMÜTZE MIT DOMPFAFFEN

Stricke eine besonders dekorative Mütze für ein Kind. Vier Dompfaffen sitzen vorne auf der Mütze und fügen sich gut in das Muster ein. Ihr Gefieder wird nach dem Stricken in Schwarz und Grau aufgestickt.

Am Rand hat die Mütze einen nach innen gefalteten Beleg und sitz dadurch besonders gut und warm an den Ohren.

GARN: Baby Panda von Rauma Garn (100 % Merino Wolle superwash, LL = 175 m/50 g), Weiß, Grau, Rot, Grün, Braunschwarz (das wird auch für die Elstern in der nächsten Anleitung verwendet).

GARNVERBRAUCH: Man braucht nur wenig: Weiß ca. 15 g, Grau ca. 20 g, Rot ca. 10 g, Grün ca. 2 g, Braunschwarz ca. 2 g.

ALTERNATIVES GARN: Babywolle, die eine Maschenprobe von 30 Maschen = 10 cm mit Nadeln Stärke 2,5 ergibt.

NADELN: Rundstricknadel 40 cm lang Stärke 2 und 2,5. Für den oberen Teil ein Nadelspiel mit 5 Nadeln Stärke 2,5.

MASCHENPROBE: Musterteil 32 Maschen = 10 cm.

GRÖSSE: Ca. 2–4 Jahre. Durchmesser der Mütze: 50 cm. Höhe: 21 cm.

Anleitung

① 140 Maschen in Rot auf der Rundstricknadel Stärke 2 anschlagen. Nach der Strickschrift *Mütze* stricken und das Muster in der Runde fortlaufend wiederholen. Die Runde beginnt hinten in der Mitte der Mütze. Den Beleg stricken, die erste Runde 7-mal wiederholen. Nach dem Beleg wird 1 Runde in Weiß gestrickt.

② Eine Lochreihe stricken als Faltkante für den Beleg. Nach der Lochreihe wird auf die Nadel Stärke 2,5 gewechselt. Der Musterrapport geht über 14 Maschen und wird 10-mal in einer Runde wiederholt. Einen Maschenmarkierer nach jeder 14. Masche einhängen, dann arbeitet es sich einfacher. Die Strickschrift bis zum Ende stricken.

③ Nach der Strickschrift 2, *Mütze* stricken. Musterrapport A (14 Maschen) wird 3-mal in einer Runde wiederholt, Musterrapport B (28 Maschen) 2-mal in einer Runde und Musterrapport C (14 Maschen) 3-mal in einer Runde.

④ Nach der Musterbordüre wird die Mütze im Schneeflockenmuster fertig gestrickt. Das Muster die gesamte Runde wiederholen. Darauf achten, dass jede Schneeflocke in der 1. Runde aus 1 rechten weißen Masche besteht, und in der 2. Runde aus 1 linken weißen Masche über der weißen Masche der Vorrunde.

⑤ Das Schneeflockenmuster wiederholen, bis 5 Runden mit Schneeflocken gestrickt sind.

⑥ Mit dem Abnehmen beginnen: Nach jeder 35. Masche einen Maschenmarkierer einhängen. In jeder 2. Runde folgendermaßen abnehmen: 2 Maschen rechts verschränkt zusammenstricken, 1 Masche rechts. 4-mal in der Runde wiederholen. Das Schneeflockenmuster auch zwischen den Abnahmen weiterstricken. 2-mal nach 2 Runden abnehmen, dann in jeder Runde.

Wenn die Rundstricknadel zu lang ist, zum Nadelspiel wechseln.

Weiterstricken, bis noch 12 Maschen in der Runde sind. Faden abschneiden und durch die letzten Maschen ziehen.

Die Fäden auf der Rückseite vernähen. Den Beleg nach innen falten und mit lockeren Stichen festnähen. Die Dompfaffen mit Maschenstich aufsticken (Strickschrift 3, *Dompfaffen, Maschenstich*).

Einen Bommel in Weiß herstellen und oben an der Mütze annähen.

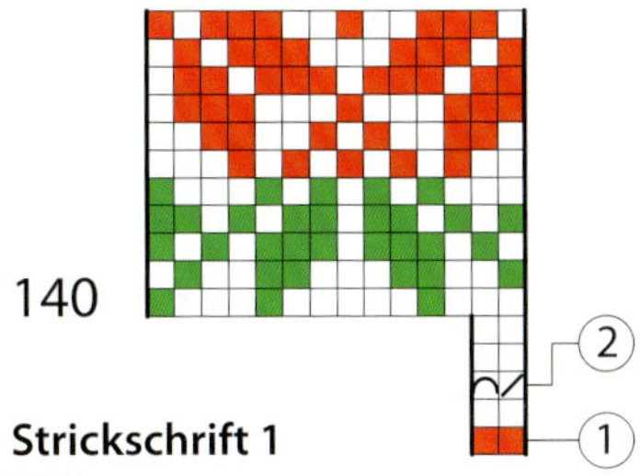

Strickschrift 1
Mütze

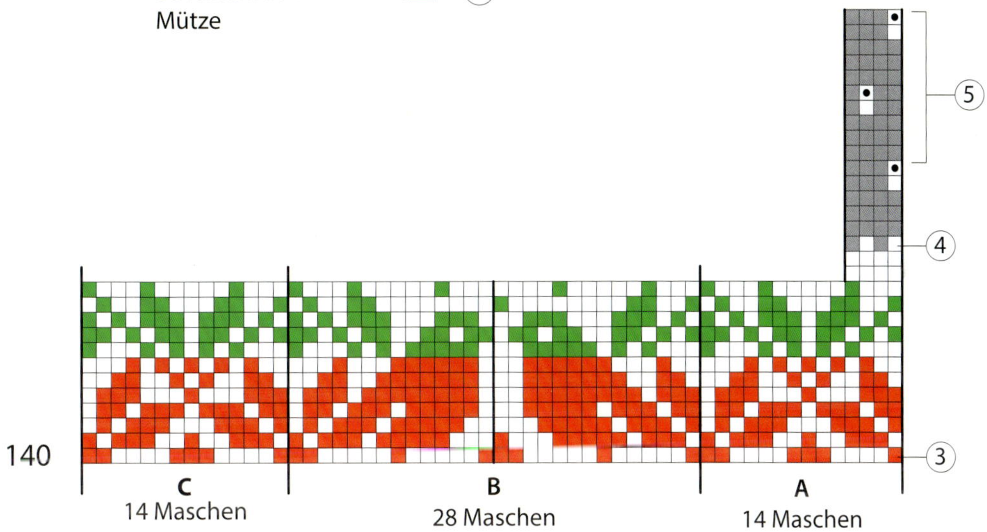

Strickschrift 2
Mütze

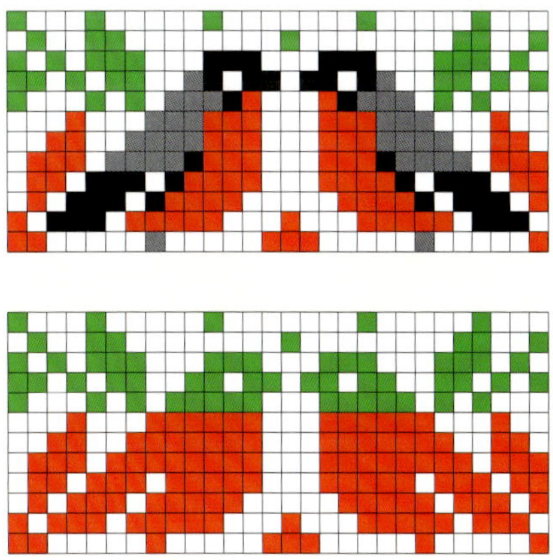

Strickschrift 3
Dompfaffen, Maschenstich

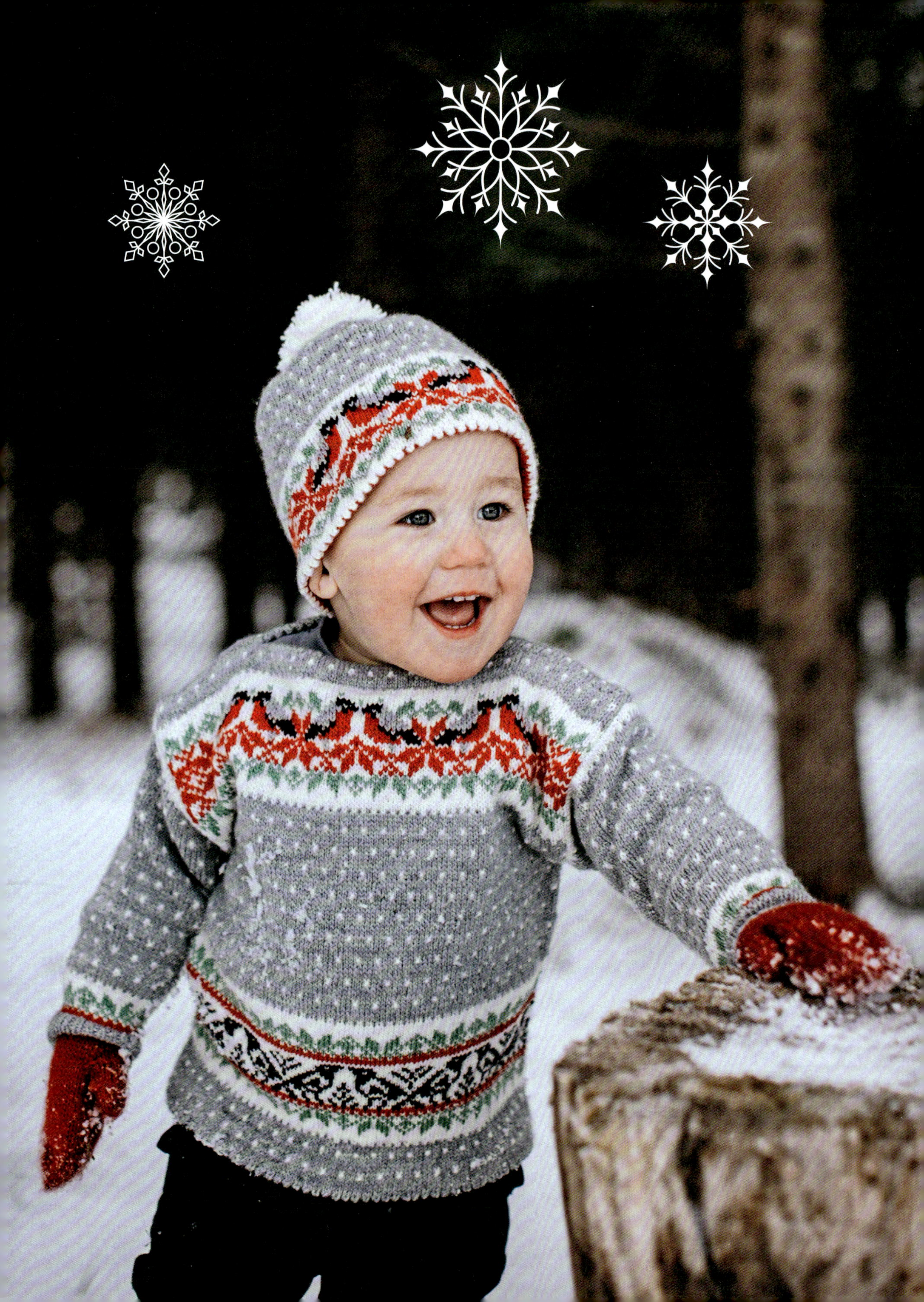

PULLOVER MIT WINTERVÖGELN

Mit diesem niedlichen Pullover mit Elstern und Dompfaffen verbreitet sich die Weihnachtsstimmung ganz zweifellos. Der Pullover ist kunstfertig mit dünner Babywolle gestrickt, die Dompfaffen vorne werden nach dem Stricken im Maschenstich aufgestickt. Dieses Modell ist extra lang, damit man es einige Zeit tragen kann. Am Rand und unten gibt es einen umgefalteten Beleg. Durch den U-Boot-Ausschnitt lässt sich der Pullover leicht über den Kopf ziehen und bleibt nicht hängen.

GARN: Baby Panda von Rauma Garn (100 % Merino Wolle superwash, LL = 175 m/50 g), in Weiß, Grau, Rot, Grün, Braunschwarz.
GARNVERBRAUCH: Man braucht etwa folgende Mengen: Weiß ca. 64 g, Grau ca. 110 g, Rot ca. 10 g, Grün ca. 13 g, Braunschwarz ca. 5 g.
ALTERNATIVES GARN: Babywolle, die eine Maschenprobe von 30 Maschen = 10 cm mit Nadeln Stärke 2,5 ergibt.
MASCHENPROBE: Musterteil 32 Maschen = 10 cm.
NADELN: Rundstricknadel 60–80 cm lang Stärke 2 und 2,5. Für die Ärmel ein Nadelspiel mit 5 Nadeln Stärke 2,5.
GRÖSSE: Ca. 2–4 Jahre. Gesamtlänge 35 cm. Oberweite 35 cm. Ärmellänge 24 cm. Breite der Ärmel oben 15 cm, unten 7,5 cm.

Anleitung

Der Pullover wird rund gestrickt und von unten nach oben. Die Ärmellöcher werden an der Seite aufgeschnitten.

RUMPF

① 224 Maschen in Grau auf der Rundstricknadel Stärke 2 anschlagen. Nach der Strickschrift 1, *Pullover*, stricken. Mit dem Beleg beginnen, 7 Runden rechte Maschen stricken. Die Runde beginnt an der Seite, die Vorderseite wird zuerst gestrickt.

② Eine Lochreihe stricken als Faltkante für den Beleg. Nach der Lochreihe wird auf die Nadel Stärke 2,5 gewechselt. Der Musterrapport mit den Elstern geht über 28 Maschen und wird 8-mal in einer Runde wiederholt. Einen Maschenmarkierer nach jeder 28. Masche einhängen, dann arbeitet es sich einfacher.

③ Das Schneeflockenmuster wiederholen, bis 9 Runden mit Schneeflocken gestrickt sind. Die Strickschrift zu Ende stricken.

④ Nach der Strickschrift 2, *Bordüre mit Dompfaffen* stricken. Die Dompfaffen sind nur auf der Vorderseite des Pullovers. Musterrapporte stricken: A 1-mal in einer Runde, B 3-mal in einer Runde, C 9-mal in einer Runde wiederholen.

⑤ Das Muster weiter in der Runde wiederholen.

⑥ Lochreihe stricken als Faltkante für U-Boot-Ausschnitt und Beleg. Nach der Lochreihe werden 5 Runden rechte Maschen gestrickt. Abketten.

ÄRMEL

⑦ 54 Maschen in Grau auf der Rundstricknadel Stärke 2,5 anschlagen und zum Ring schließen. Nach der Strickschrift 3, *Ärmel*, stricken. Die erste Runde mit 1 Masche rechts, 1 Masche links 10 Runden wiederholen.

⑧ 1 Masche am Beginn und 1 Masche am Ende der Runde zunehmen, vgl. Strickschrift. Das Muster stricken.

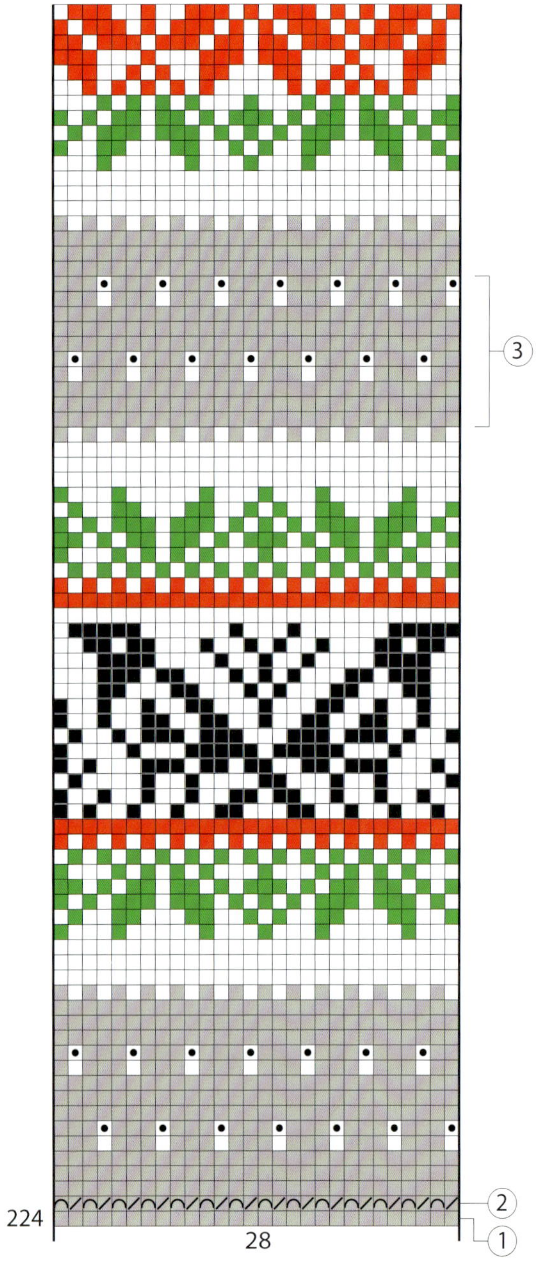

Strickschrift 1
Pullover

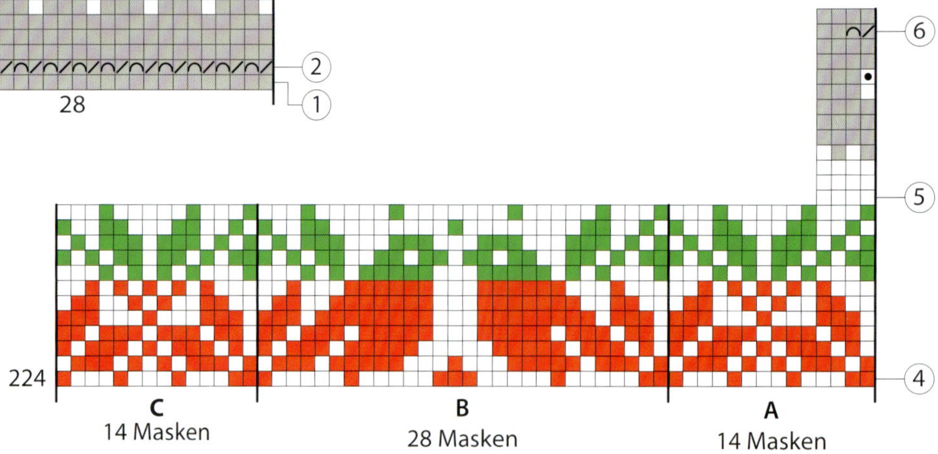

Strickschrift 2
Bordüre mit Dompfaffen

PULLOVER MIT WINTERVÖGELN

⑨ Weiter in jeder Runde nach Strickschrift zunehmen, bis der Ärmel fertig ist. Die Zunahmen werden immer in der 1. Runde mit Schneeflockenmuster gemacht. Weiterstricken, bis der gesamte Ärmel 23 cm lang ist. Das Muster mit 3 Runden grau zu Ende stricken, dann 1 Runde abwechselnd 1 Masche weiß und grau. Den grauen Faden abschneiden. 6 Runden glatt rechts in Weiß stricken. Dies ist der Rand oben am Ärmel und der Beleg, der später an der Innenseite vom Rumpf angenäht wird.
Den zweiten Ärmel genauso stricken.

ZUSAMMENNÄHEN

Die Breite oben am Ärmel messen. Dieses Maß wird an den Seiten vom Rumpf abgemessen. Nähe einen Heftfaden genau da ein, wo später der Ärmel platziert wird. Links und rechts neben dem Heftfaden zwei parallele Nähte mit der Nähmaschine nähen und das Rumpfteil genau am Heftfaden entlang aufschneiden. Die Arbeit vorsichtig dämpfen. Die obere Kante vom Pullover nach innen falten und auf der Innenseite mit lockeren Stichen festnähen. Die Schultern zusammennähen.

Die Ärmel einnähen: Das Rumpfteil auf links wenden. Die Ärmel leicht dämpfen und in das Rumpfteil legen. Dabei liegt die rechte Ärmelseite auf der rechten Rumpfseite. Darauf achten, dass der Beginn der Runden unten liegt, damit dies später auf der Unterseite vom Ärmel ist. Mit Nadeln feststecken und die Ärmel am Rumpf mit der Nähmaschine festnähen. Der Saum soll genau durch die erste Runde vom Ärmelbeleg laufen. Leicht dämpfen und den Ärmelbeleg mit lockeren Stichen festnähen.

Alle Fäden vernähen. Die Dompfaffen in Grau und Braunschwarz im Maschenstich aufsticken (Strickschrift 3, *Dompfaffen, Maschenstich*).

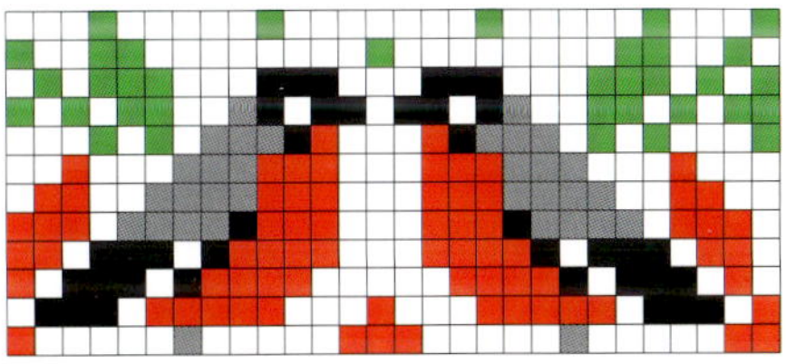

Dompfaffen, Maschenstich

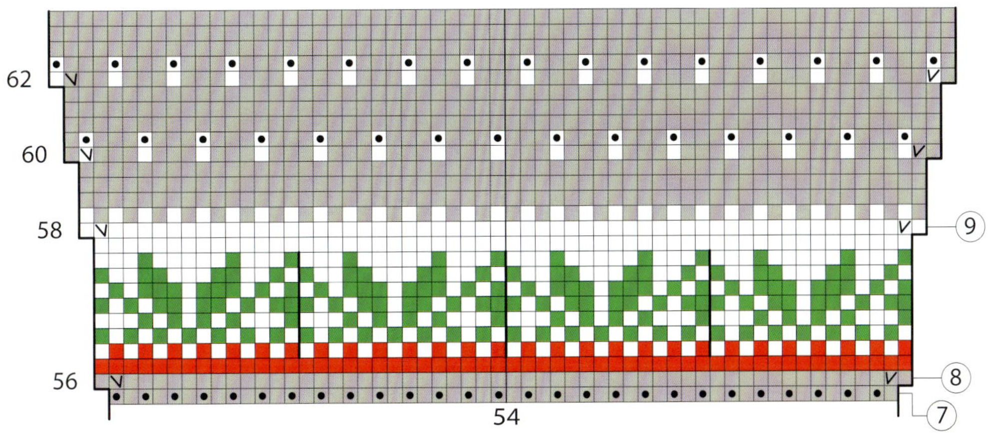

Strickschrift 3
Ärmel

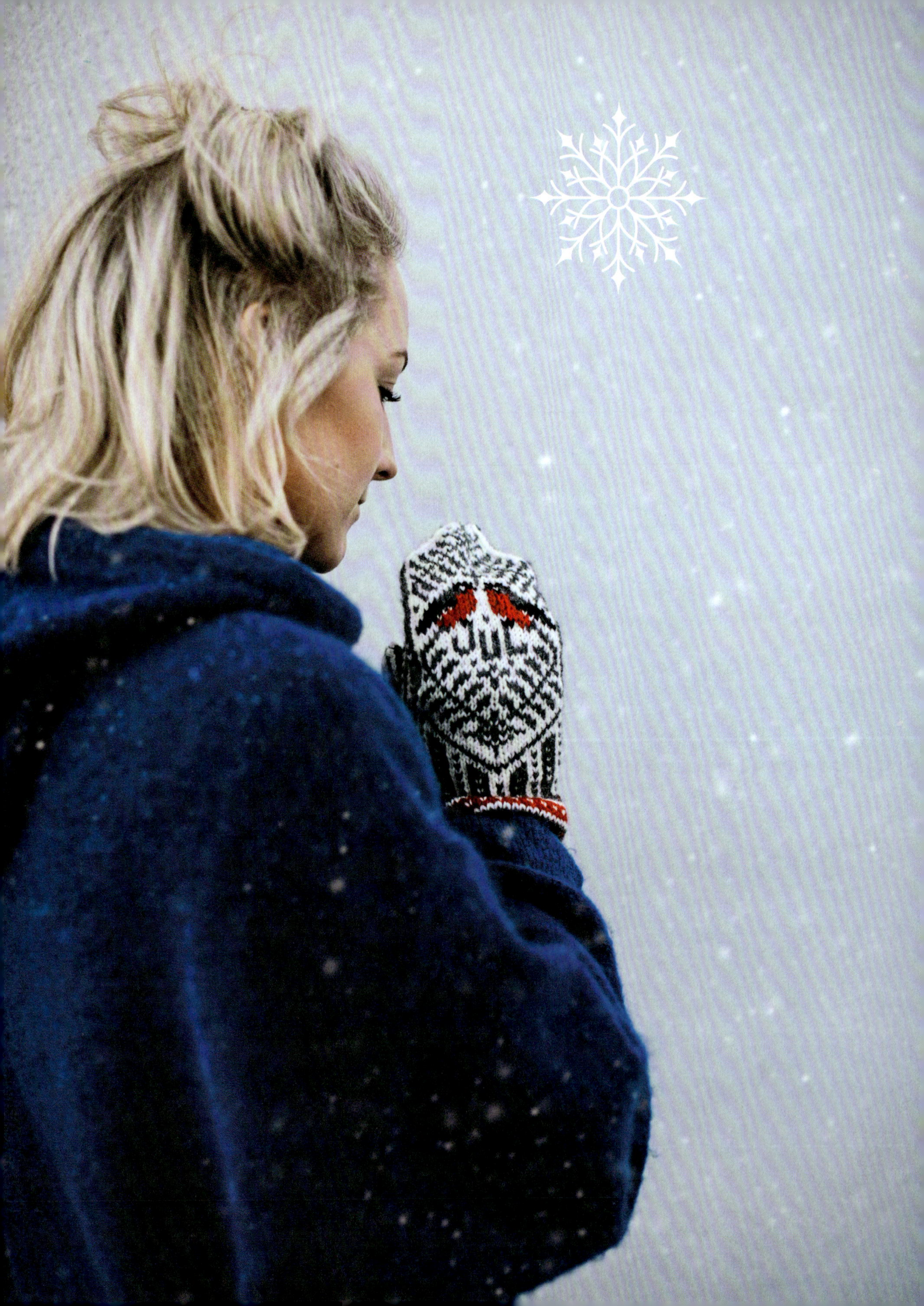

DOMPFAFF-FAUSTHANDSCHUHE

Schon bevor dieses Buch gedruckt wurde, sind Hunderte von Fausthandschuhen mit Dompfaffen gestrickt worden. Hast du vielleicht auch ein Paar gestrickt? Hier ist die Geschichte zu den Dompfaff-Fausthandschuhen.

Auf Facebook gibt es eine Gruppe, die »Jorid Linvik Design« heißt und die natürlich von der Autorin selbst geleitet wird. 2017 habe ich ein Strickmuster entworfen, das die Teilnehmer die gesamte Adventszeit über Stück für Stück bekommen haben. Danach gab es gestrickte Fausthandschuhe vom Süden bis in den Norden und das Muster wurde in der Gruppe vorwärts und rückwärts diskutiert. Manche wunderten sich sehr darüber, was das Muster darstellen sollte, bis das letzte Teil des Puzzles ausgeteilt wurde und die Dompfaffen ans Tageslicht kamen.

Nachdem die Dompfaffen schon so populär waren, habe ich sie weiterfliegen lassen auf Mützen, Pullovern, Socken, Weihnachtsstrümpfen und Topflappen. Vielleicht landen sie ja auf einer Strickarbeit in deiner Nähe ...

GARN: Sterk von Du Store Alpakka (40 % Alpaka, 40% Merinowolle, 20 % Nylon, LL = 137 m/50 g).
GRUNDFARBE: Weiß oder Naturweiß.
MUSTERFARBE: Grau oder Dunkelgrau. Für die Bordüre: Rot.
GARNVERBRAUCH: Weiß oder Naturweiß 1 Knäuel (eventuell etwas mehr für eine Herrengröße), Grau oder Dunkelgrau 1 Knäuel, Rot weniger als ein halbes Knäuel. Man braucht außerdem einen Rest in Schwarz zum Sticken der Flügel. Alternatives Garn: Garn, das die gleiche Maschenprobe ergibt.
NADELN: Stärke 2,5–3,5.
GRÖSSE: Damengröße: 25 Maschen = 10 cm Musterstrick (empfohlene Nadelstärke 2,5–3).
HERRENGRÖSSE: 23 Maschen = 10 cm Musterstrick (empfohlene Nadelstärke 3–3,5).

Anleitung

① 50 Maschen in Weiß anschlagen. Die Maschen auf 4 Nadeln verteilen und zum Ring schließen. Nach der Strickschrift 1, *Manschette* stricken. Das Muster wird in der Runde fortlaufend gestrickt. Die ersten 5 Runden sind ein Beleg, der nach innen gefaltet und festgenäht wird, wenn der Fausthandschuh fertig ist.

① Eine Lochreihe stricken als Faltkante für den Beleg. Nach der Strickschrift stricken und den roten Faden abschneiden.

③ Nach der Strickschrift 2, *Linker Fausthandschuh* oder der Strickschrift 3, *Rechter Fausthandschuh* stricken. Die Maschen entsprechend den Zahlen in der Strickschrift auf die Nadeln verteilen.

④ *Zunehmen, Daumenkeil:* 2 Maschen in jeder 2. Runde zunehmen, vgl. Strickschrift. Wenn alle Zunahmen gemacht sind, sollen es 60 Maschen in der Runde sein.

⑤ *Daumenöffnung:* Einen extra Faden in einer anderen Farbe über die 12 markierten Maschen mitlaufen lassen. Die Maschen zurück auf die linke Nadel schieben und das Muster von der Markierung aus weiterstricken.

⑥ Ab hier werden beide Fausthandschuhe gleich gestrickt. Nach der Strickschrift 4, *Rechter und linker Fausthandschuh* stricken.

⑦ Mit dem Abnehmen beginnen. An den Seiten abnehmen, vgl. Strickschrift.

⑧ 1 Masche zusätzlich an den Seitenkanten abnehmen, vgl. Strickschrift.

⑨ Die letzten Maschen der Vorderseite mit den Maschen der Rückseite zusammennähen. Dafür den weißen Faden nehmen und im Maschenstich nähen.

⑩ *Daumen:* Den losen Faden herausziehen, die 12 Maschen auf Nadeln aufnehmen und 12 Maschen auf der anderen Seite anschlagen. Nach der Strickschrift 5, *Linker Daumen* oder der Strickschrift 6, *Rechter Daumen* stricken. 1. Runde: Auf 26 Maschen zunehmen, indem an jeder Seite 1 Masche zugenommen wird, vgl. Strickschrift.

⑪ Mit dem Abnehmen beginnen.

⑫ Fäden abschneiden und einen Faden durch die letzten Maschen ziehen.

Die Dompfaffen mit Schwarz und Rot im Maschenstich besticken. Den zweiten Fausthandschuh gleich stricken, aber den Daumen auf der anderen Seite. Alle Fäden vernähen.

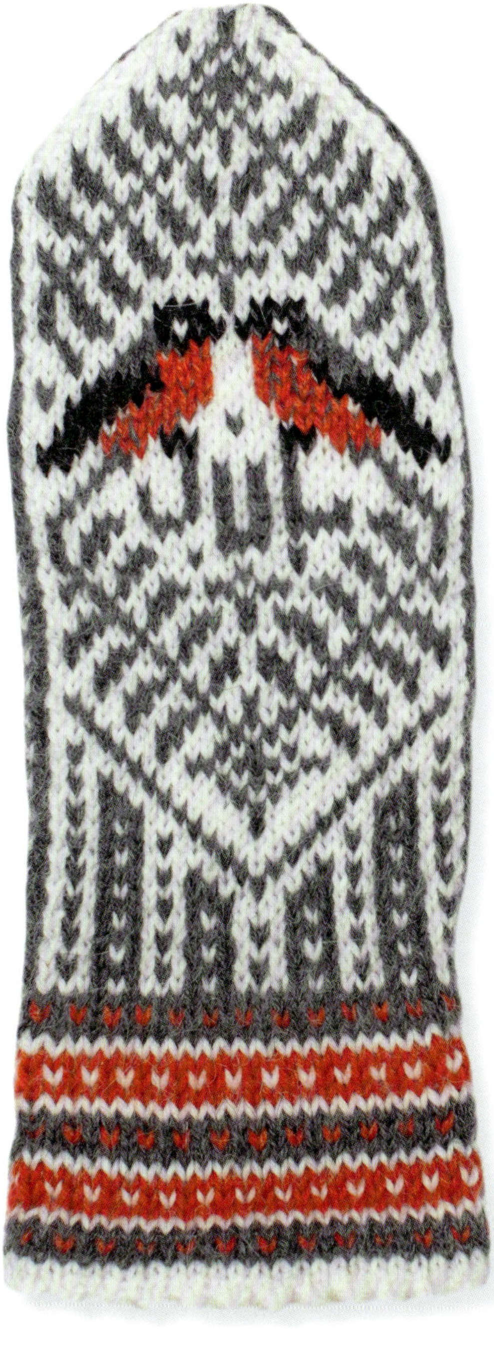

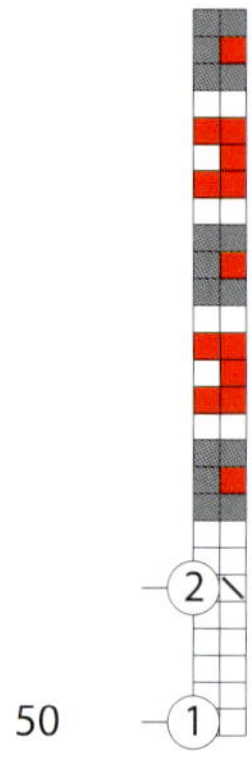

Strickschrift 1
Manschette

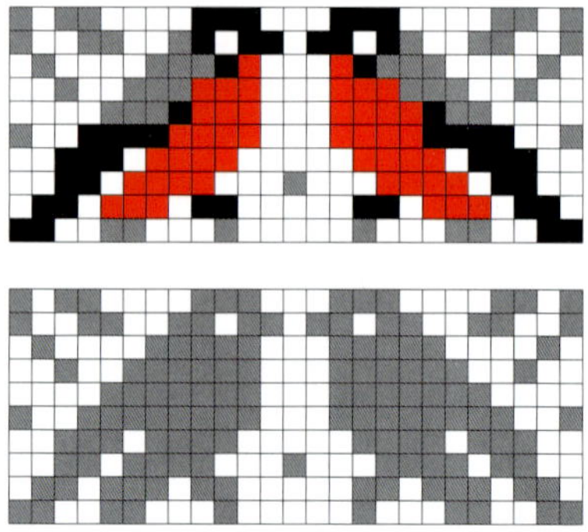

Strickschrift 7
Dompfaffen Maschenstich

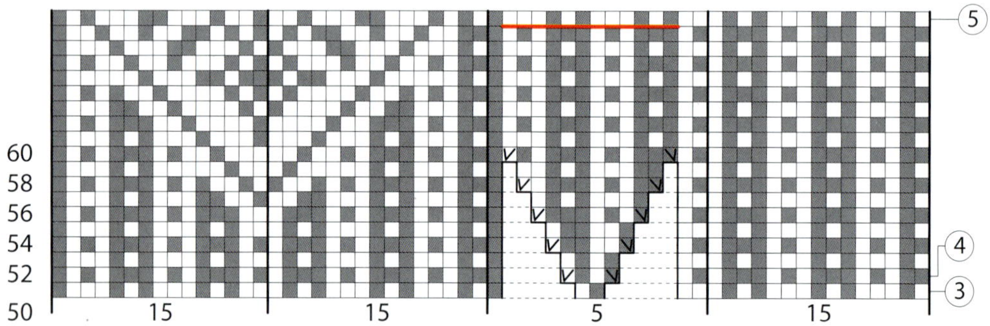

Strickschrift 2
Linker Fausthandschuh

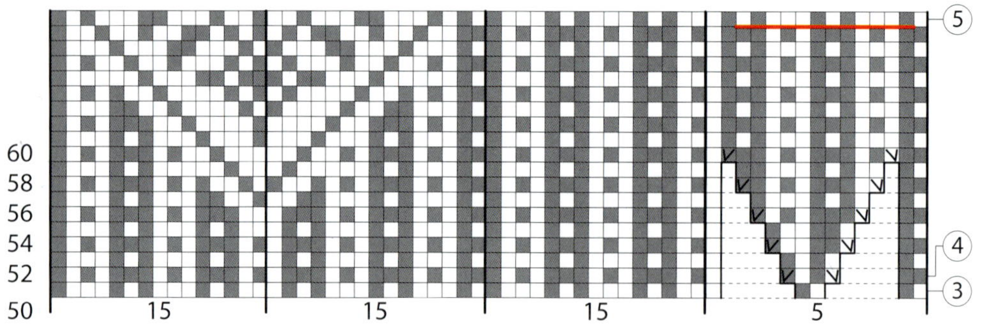

Strickschrift 3
Rechter Fausthandschuh

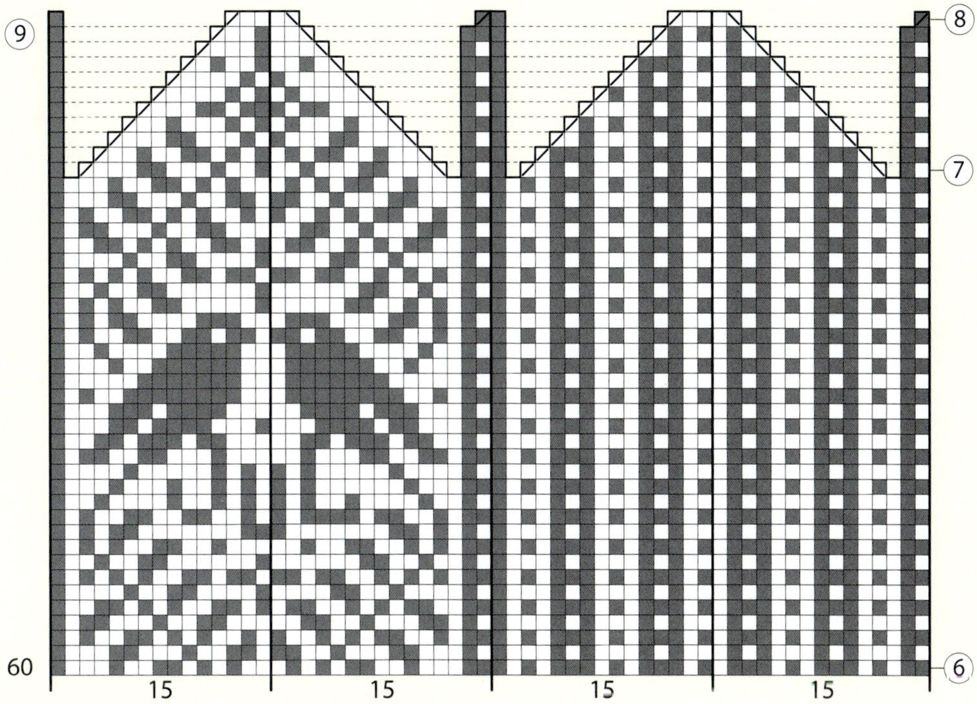

Strickschrift 4
Rechter und linker Fausthandschuh

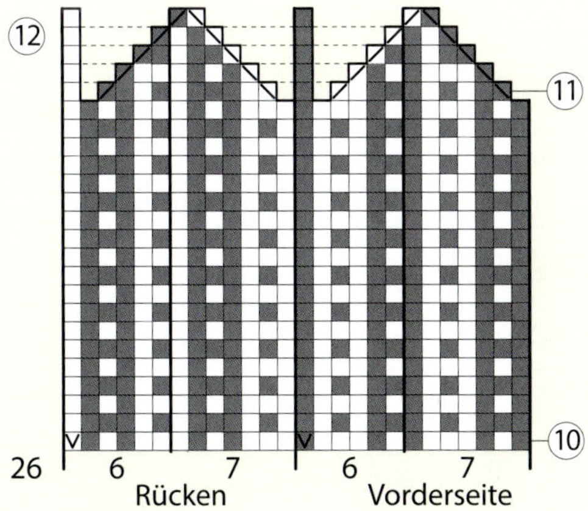

Strickschrift 5
Linker Daumen

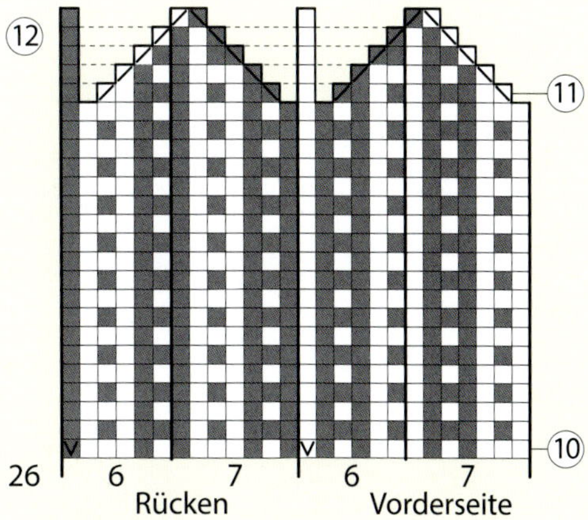

Strickschrift 6
Rechter Daumen

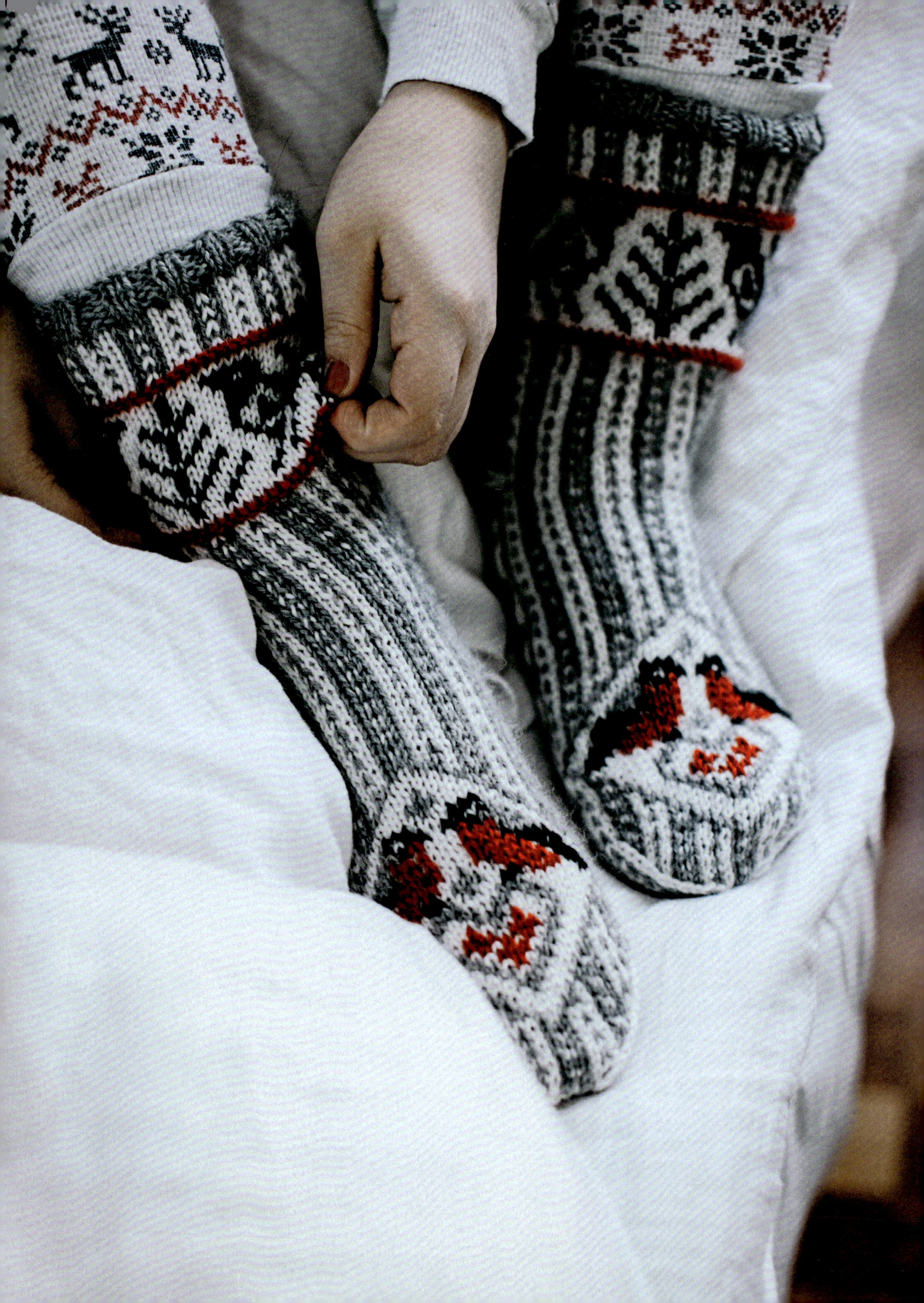

WINTERVÖGEL, SOCKEN

Die Elstern haben das ganze Futter aus dem Vogelhaus aufgepickt und genießen jetzt die Aussicht von der Tannenspitze. Im Garten sind Elstern zwar nicht so willkommen wie Dompfaffen, aber als Muster für Socken trotzdem gut geeignet.

Bei diesen Socken werden der Fuß und die Ferse mit doppeltem Faden gestrickt, damit sie besonders warm sind.

SO STRICKST DU EINE SOCKE MIT DOPPELTEM FADEN

Die Socke wird rund gestrickt, auch die Ferse. Zuerst strickst du die gesamte Socke nach der Strickschrift 1. Für die Ferse musst du nur an der Stelle einen Hilfsfaden mitlaufen lassen, an der später die Ferse angestrickt wird.

Wenn der Hilfsfaden herausgezogen wird, gibt es eine große Öffnung. Um diese Öffnung wird die Ferse rund angestrickt. Nach 2 Runden wird an den Seiten für die Ferse so abgenommen wie vorher für die Socke.

In der Strickschrift ist der Hilfsfaden mit einer dicken horizontalen Linie markiert. Verwende einen Faden in einer anderen Farbe als Hilfsfaden. Er ist nur vorrübergehend in der Arbeit sichtbar. Stricke bis zur ersten Masche über der Linie. Lass den Faden los, mit dem du strickst, und stricke mit dem Hilfsfaden über die 37 Maschen oberhalb der Linie. Schneide den Hilfsfaden ab, aber nicht so kurz, dass er sich lockern kann. Lege beide Enden des Hilfsfadens nach innen. Wechsle wieder zu den zwei Fäden, mit denen du strickst, stricke über den Hilfsfaden und folge dem Muster, als wenn nichts gewesen wäre. Stricke den Fuß an die Socke und kette ab.

Ferse stricken: Schiebe je eine Nadel ober- und unterhalb der Hilfslinie in die Maschen, bevor du den Hilfsfaden herausziehst. So verlierst du keine Maschen. Die Maschen unter dem Fuß liegen »auf dem Kopf«, wenn der Faden herausgezogen ist. Hier musst du die Arbeit etwas drehen und wenden, bevor die einzelnen Maschen gestrickt werden, damit es schöner wird.

Beginne an der Seite und stricke die Unterseite vom Fuß zuerst, wo die Maschen im Vergleich zur neuen Runde auf dem Kopf stehen. Achte darauf, dass die Maschen mit der Strickschrift übereinstimmen. Unter der Strickschrift für die Ferse sind die Maschen nur dünn eingezeichnet, damit du kontrollieren kannst, dass die Maschen der Ferse mit den Maschen der Socke übereinstimmen. Stricke die Ferse rund und nimm an den Seiten nach Strickschrift ab.

An der Seite der Ferse entstehen leicht Löcher im Übergang von Fuß zur Ferse. Diese ziehst du auf der linken Seite vorsichtig zusammen, wenn du die Fäden vernähst.

GARN: Sterk von Du Store Alpakka (40 % Alpaka, 40% Merinowolle, 20 % Nylon, LL = 137 m/50 g).
GRUNDFARBE: Weiß oder Naturweiß.
MUSTERFARBE: Grau oder Dunkelgrau.
FÜR DIE BORDÜRE: Rot.
GARNVERBRAUCH: Weiß oder Naturweiß 1 Knäuel (eventuell etwas mehr für eine Herrengröße), Grau oder Dunkelgrau 1 Knäuel, weniger als ein halbes Knäuel Rot für den Rand. Man braucht außerdem einen Rest in Schwarz zum Sticken der Flügel.
ALTERNATIVES GARN: Garn, das eine Maschenprobe von 24 Maschen = 10 cm mit Nadeln Stärke 3 ergibt.
NADELN: Stärke 2,5–3,5.
GRÖSSE: Damengröße: 25 Maschen = 10 cm Musterstrick (empfohlene Nadelstärke 3).
HERRENGRÖßE: 23 Maschen = 10 cm Musterstrick (empfohlene Nadelstärke 3,5).

Anleitung

① 68 Maschen in Grau anschlagen. Die Maschen auf 4 Nadeln verteilen und zum Ring schließen. Nach der Strickschrift 1, *Fuß* stricken. Mit einem Bündchen mit 2 Maschen rechts, 2 Maschen links beginnen, dies in der Runde fortlaufend wiederholen.

② 4 Maschen nach Strickschrift zunehmen auf insgesamt 72 Maschen in der Runde. Die Maschen entsprechend der Angaben unter der Strickschrift auf die Nadeln verteilen. Das Muster stricken, bis die Bordüre mit den Elstern fertig ist.

③ 2 Maschen nach Strickschrift abnehmen auf insgesamt 70 Maschen in der Runde.

④ *Fersenöffnung:* Einen extra Faden in einer anderen Farbe über die 37 mit einer dicken roten Linie markierten Maschen mitlaufen lassen. Hier wird später die Ferse eingestickt, wenn die Socke fertig ist. Weiter nach Muster stricken, von der 1. Masche der Runde, bei der der Hilfsfaden beginnt.

⑤ 1 Masche an jeder Seite abnehmen, vgl. Strickschrift. Auf diese Weise noch 2-mal abnehmen, vgl. Strickschrift.

⑥ Mit dem Abnehmen für die Spitze beginnen: 2 Maschen an jeder Seite in jeder Runde abnehmen.

⑦ Letzte Runde: 1 Masche extra an jeder Seite abnehmen.

⑧ Fäden abschneiden und die 7 letzten Maschen der Oberseite mit den 7 Maschen der Unterseite in Grau und im Maschenstich zusammennähen.

⑨ *Die Ferse stricken:* Die 37 Maschen auf der Ober- und Unterseite vom Fuß auf Nadeln aufnehmen und den Hilfsfaden entfernen. Nach der Strickschrift 2, *Ferse* stricken. An der Unterseite vom Fuß beginnen. Schlage an bzw. nimm 1 Masche an jeder Seite zu, vgl. Strickschrift.

⑩ Mit dem Abnehmen für die Seiten nach 2 Runden beginnen. Abnehmen wie oben, Abnehmen für die Spitze.

⑪ 2 Maschen zusätzlich in der letzten Reihe abnehmen.

⑫ Die Ferse auf die gleiche Art zusammennähen wie die Spitze.

Die Dompfaffen mit Schwarz und Rot im Maschenstich besticken. Die zweite Socke gleich stricken. Alle Fäden vernähen.

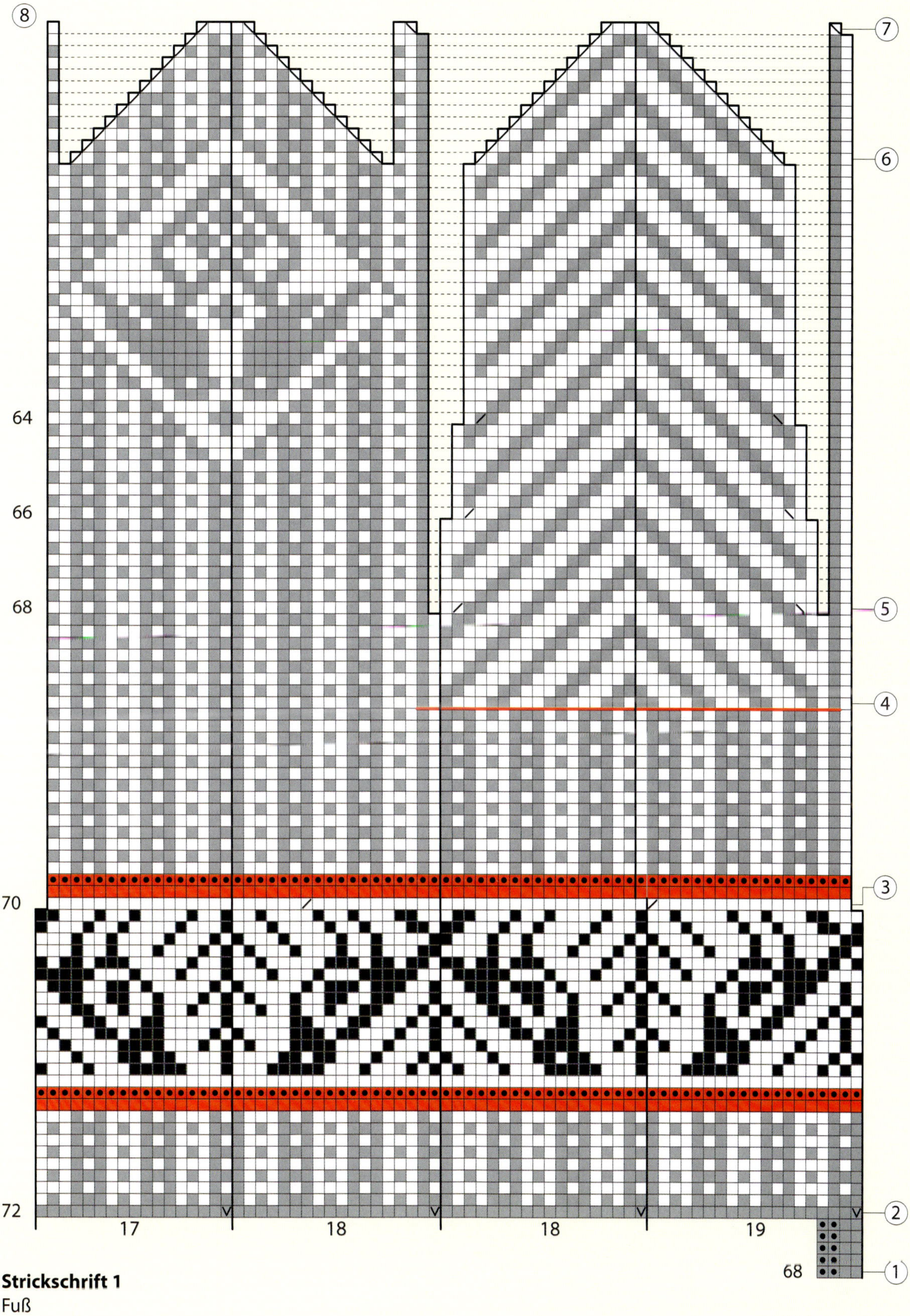

Strickschrift 1
Fuß

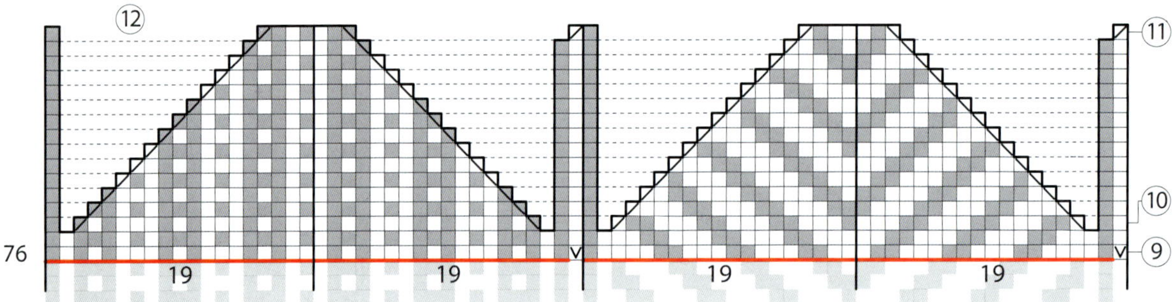

Strickschrift 2
Ferse

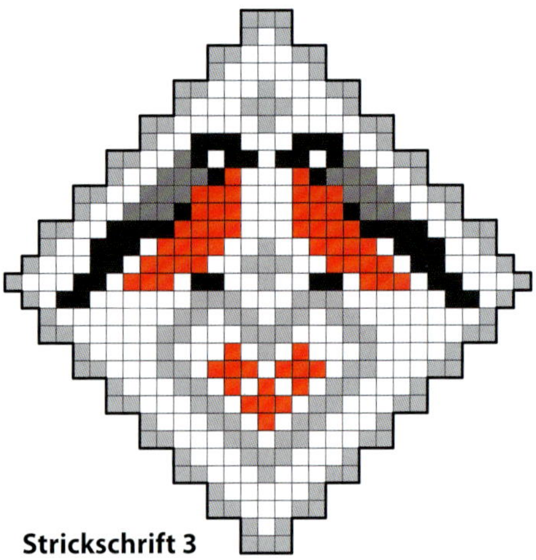

Strickschrift 3
Maschenstich Dompfaffen

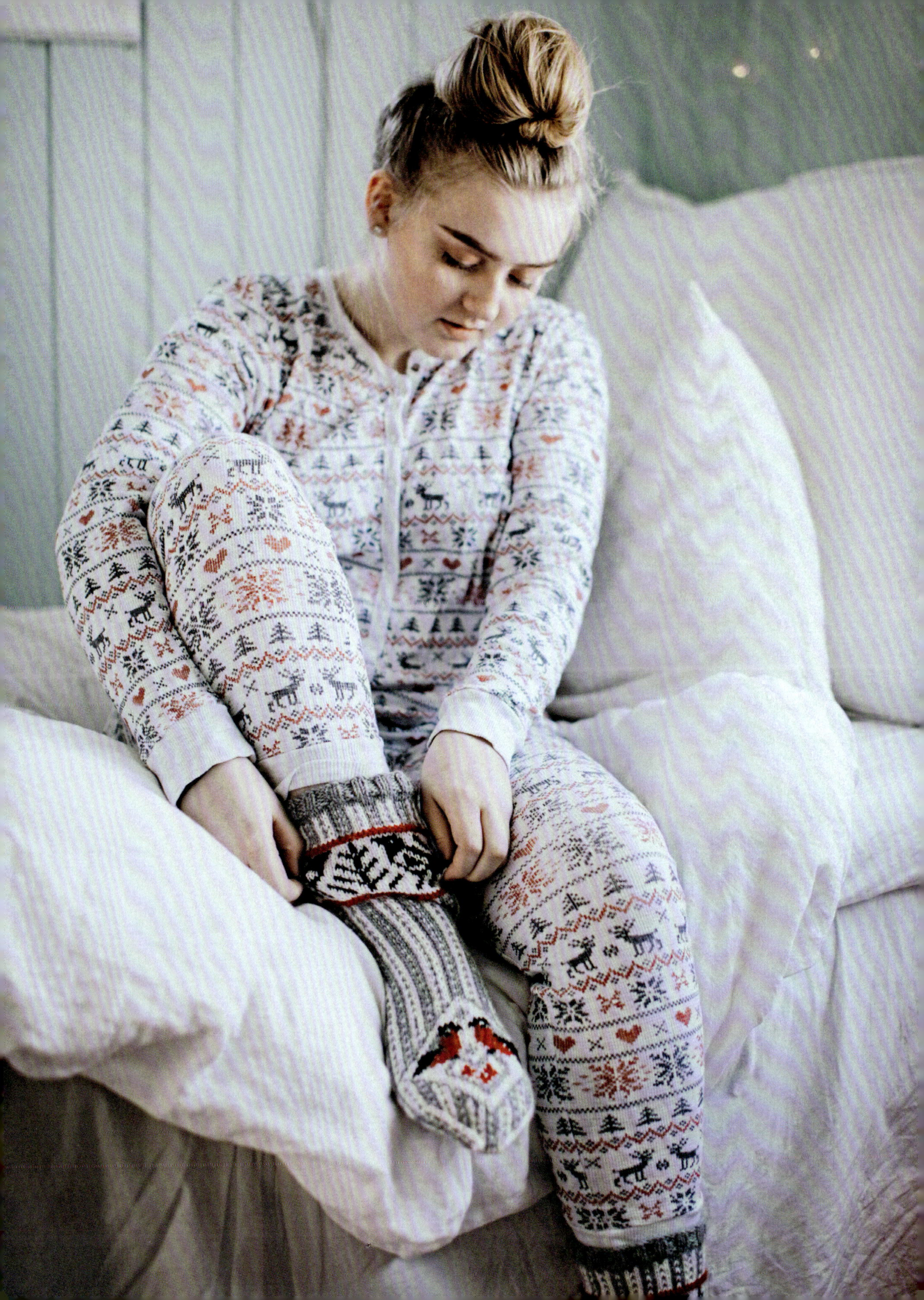

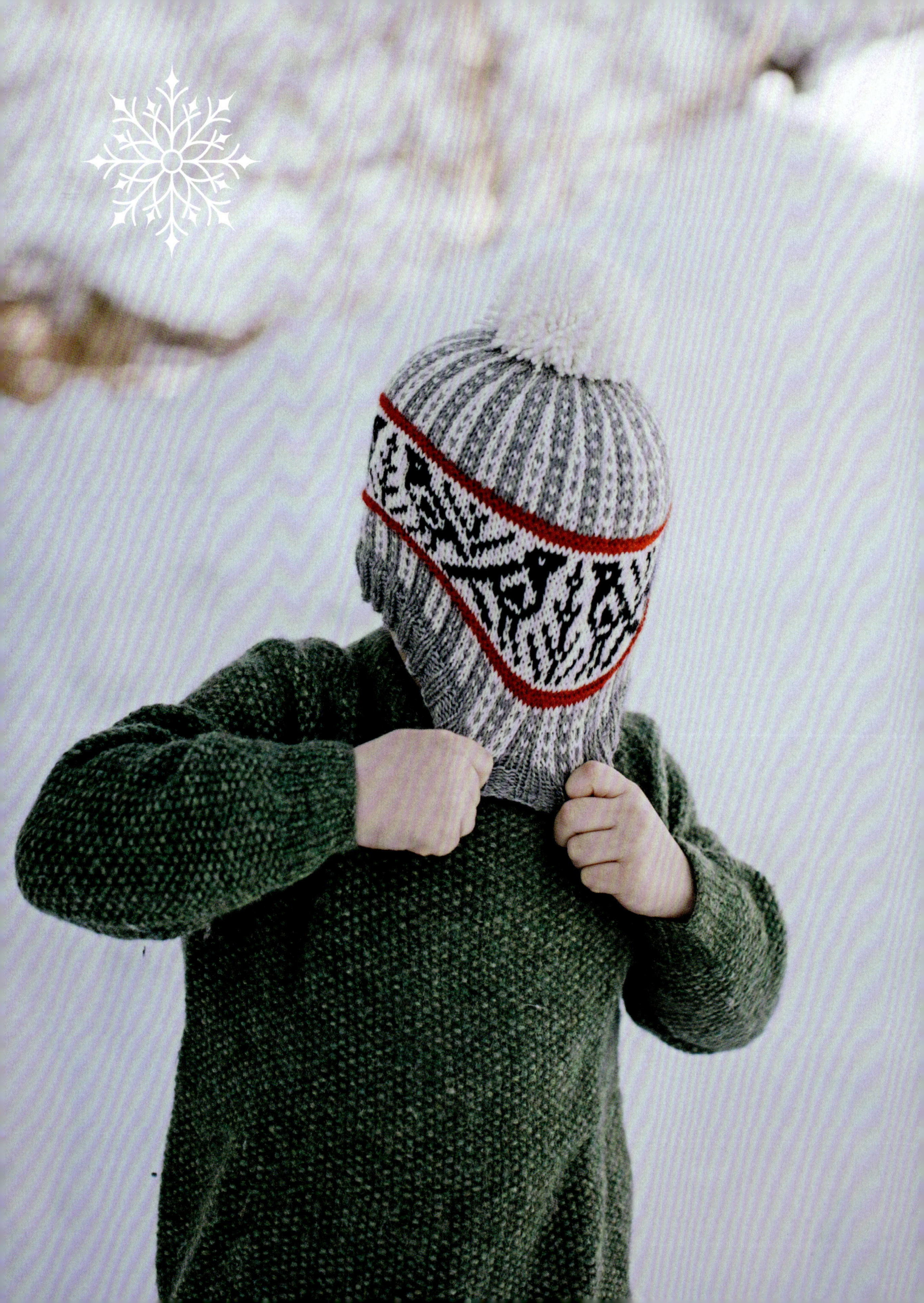

MÜTZE MIT ELSTERN

Die frechen Elstern sind lustig anzusehen, wenn sie zwischen den Tannenspitzen herumfliegen. Selbst wenn diese Mütze weniger Maschen als die Kindermütze mit den Dompfaffen hat, wird sie größer und passt sogar einer Herrengröße.

GARN: Sterk von Du Store Alpakka (40 % Alpaka, 40 % Merinowolle, 20% Nylon, LL = 137 m/50 g).
GRUNDFARBE: Weiß oder Naturweiß.
MUSTERFARBE: Grau oder Dunkelgrau. Schwarz und ein Rest Rot.
GARNVERBRAUCH: Weiß oder Naturweiß 1 Knäuel, Grau oder Dunkelgrau 1 Knäuel, ca. 15 g Schwarz und ein Rest in Rot.
ALTERNATIVES GARN: Garn, das eine Maschenprobe von 24 Maschen = 10 cm mit Nadeln Stärke 3 ergibt.
NADELN: Rundstricknadel 40 cm lang und für den oberen Teil ein Nadelspiel mit 5 Nadeln, jeweils Stärke 3 oder 3,5.
GRÖSSE: Damengröße: 25 Maschen = 10 cm Musterstrick (empfohlene Nadelstärke 3).
HERRENGRÖßE: 23 Maschen = 10 cm Musterstrick (empfohlene Nadelstärke 3,5).

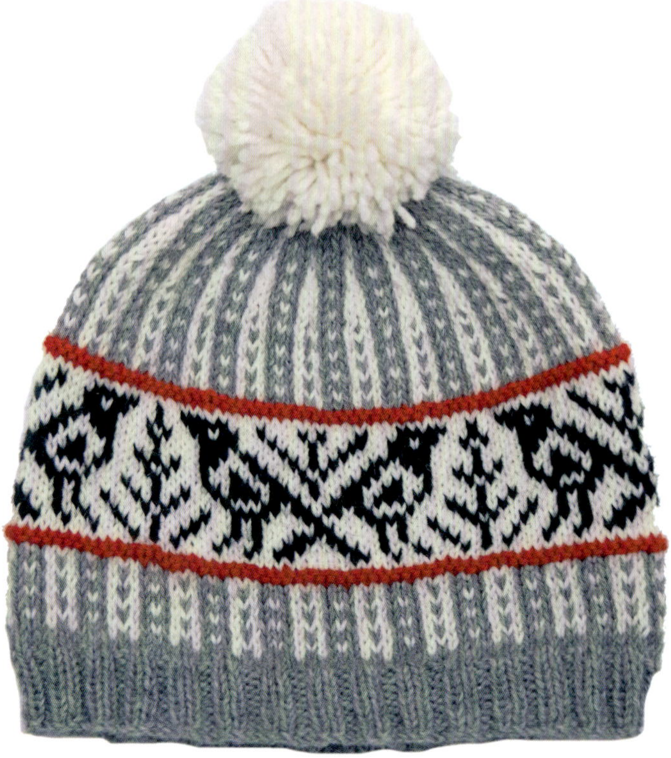

Anleitung

① 120 Maschen in Grau auf der Rundstricknadel anschlagen und zum Ring schließen. Nach der Strickschrift *Mütze* stricken. Das Muster in der Runde fortlaufend wiederholen. Zuerst ein Bündchen stricken, 2 Maschen rechts, 2 Maschen links, über 7 Runden.

② 6 Maschen gleichmäßig verteilt zunehmen auf 126 Maschen in der Runde (20 Maschen stricken, 1 Masche zunehmen, fortlaufend wiederholen).

③ 1 Masche am Beginn und 1 Masche in der Mitte der Runde zunehmen auf insgesamt 128 Maschen. Jetzt das Muster mit den Elstern stricken. Der Musterrapport geht über 32 Maschen und wird 4-mal in einer Runde wiederholt. Dafür nach jeder 32. Masche einen Maschenmarkierer einhängen.

④ 1 Masche am Beginn und 1 Masche in der Mitte der Runde abnehmen auf insgesamt 126 Maschen.

⑤ Mit dem Abnehmen beginnen, vgl. Strickschrift. Die Abnahmen in der Runde wiederholen. Wenn die Rundstricknadel zu lang ist, zum Nadelspiel mit 5 Nadeln wechseln. Nach Strickschrift zu Ende stricken.

Fäden abschneiden, einen Faden durch die letzten Maschen ziehen und auf der Rückseite vernähen.

Einen Bommel in Weiß herstellen und oben an der Mütze annähen.

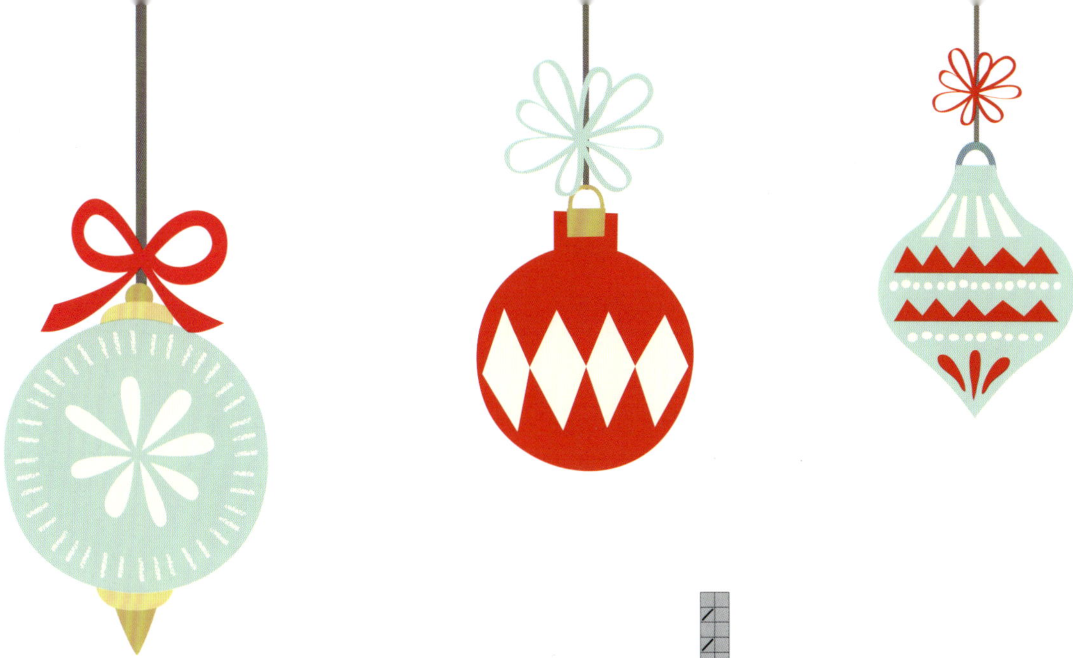

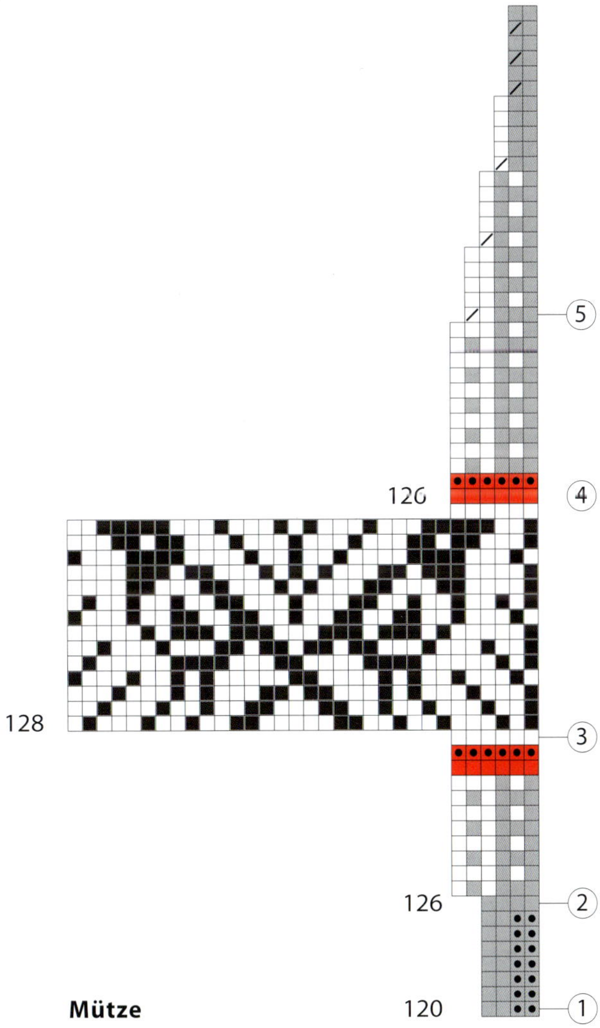

Mütze

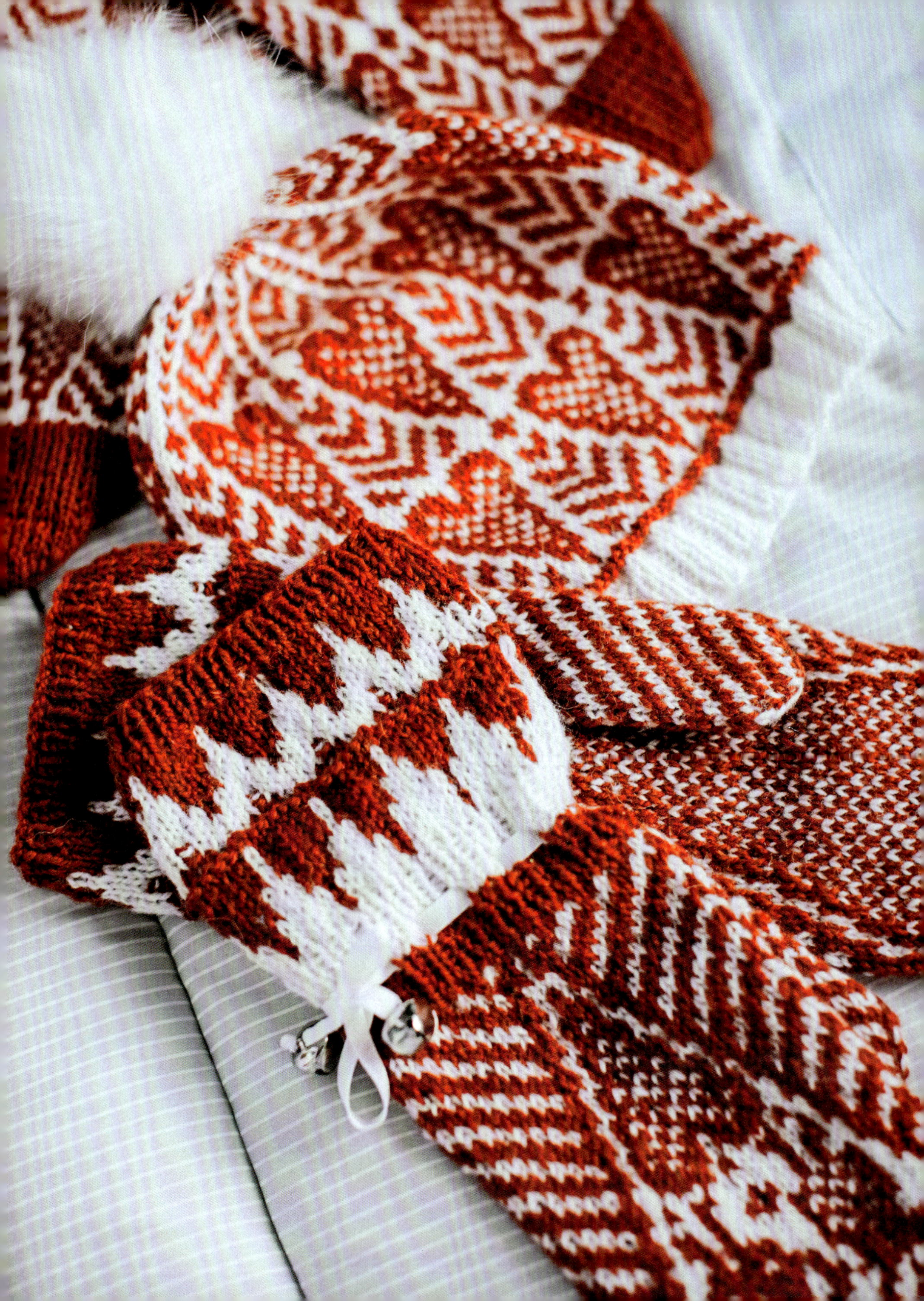

WICHTEL-HERZEN

Ein Paar Fausthandschuhe mit Zwergenmotiv war mein Adventsbeitrag in der Facebookgruppe 2016. Wer mitgestrickt hat, bekam Stück für Stück einen Teil der Anleitung, aber hier bekommst du die gesamte Anleitung auf einmal. Die Fausthandschuhe mit den tanzenden Wichteln/Zwergen wurden sehr beliebt, und viele haben nach einem Muster für passende Mützen und Socken gefragt.

Ich habe das Muster für die Herzen und Weihnachtsbäume aufgehoben und daraus jetzt ein Motiv für Mütze und Socken entworfen. Die ganze Serie nenne ich »Wichtelherzen«.

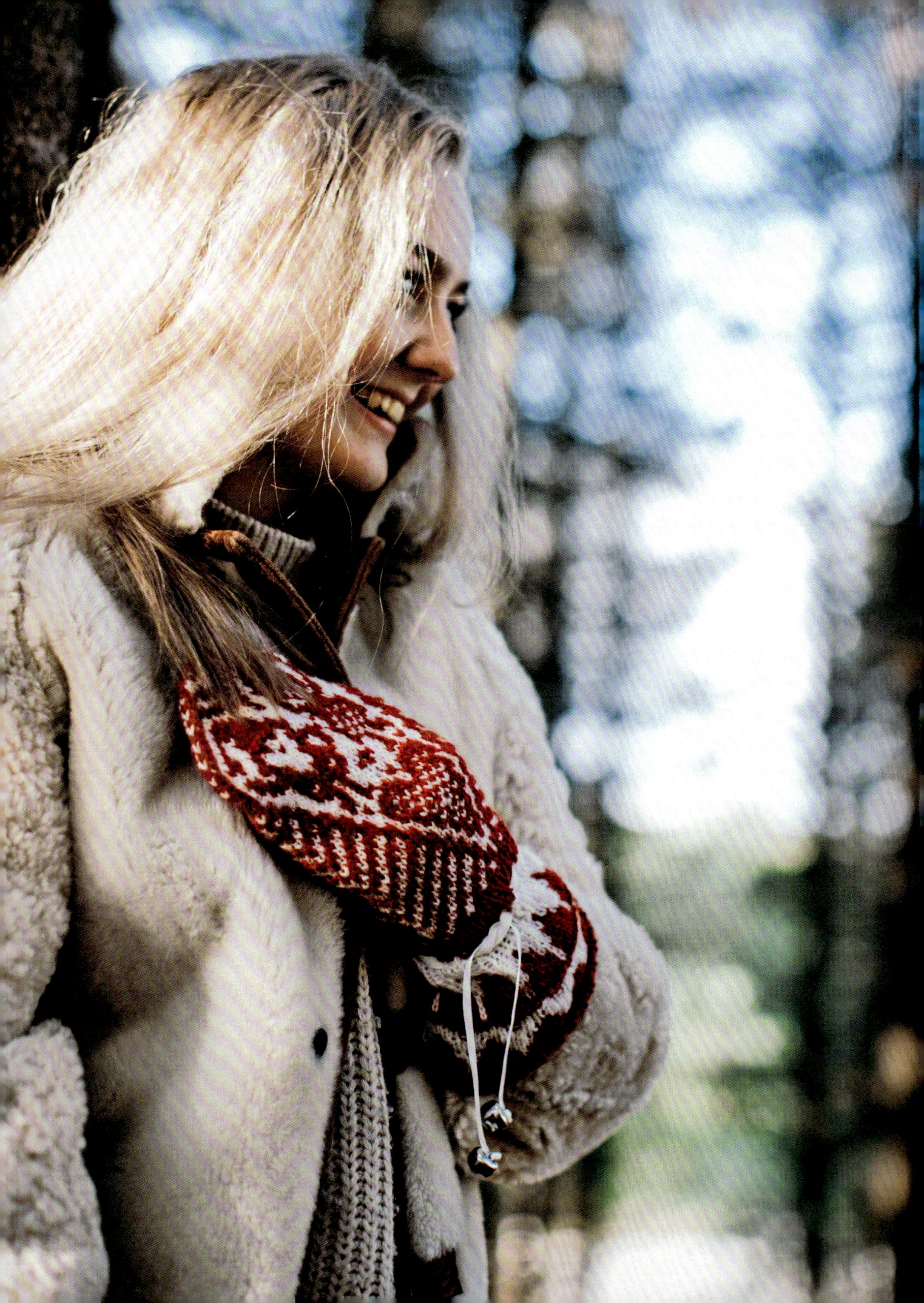

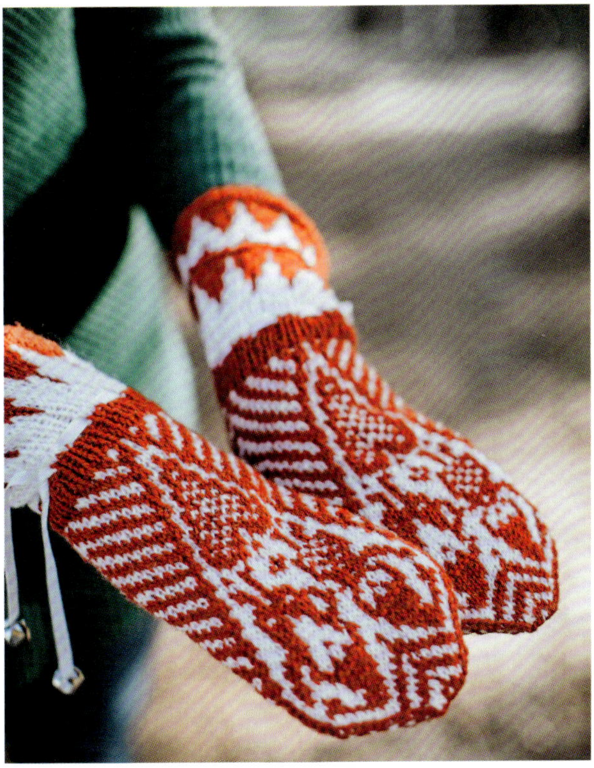

WICHTELHERZEN, FAUSTHANDSCHUHE

Wie wäre es mit etwas Schwung in der Weihnachtszeit! Das hebt die Laune und die schlecht gelaunten Wichtel/Zwerge auf den Fausthandschuhen sehen so aus, als wenn sie eine Aufmunterung nötig haben.

Dieses Muster kann sowohl für Damen- als auch für Herrenfausthandschuhe verwendet werden.

Wenn du ein Wollgarn verwendest, können die Fausthandschuhe nach dem Stricken vorsichtig gefilzt werden.

Die Modelle hier sind mit dünnem Wollgarn von Rauma Garn (100% Wolle, LL = 175 m/50 g) und Nadeln Stärke 2,5 gestrickt und anschließend vorsichtig gefilzt.

Beide Fausthandschuhe werden gleich gestrickt, nur der Platz für den Daumen ist unterschiedlich.

DAMENFAUSTHANDSCHUHE: Garn mit einer Maschenprobe von 26–27 Maschen = 10 cm. Nadeln in Stärke 2,5–3.
HERRENFAUSTHANDSCHUHE: Garn mit einer Maschenprobe von 22–23 Maschen = 10 cm. Nadeln in Stärke 3.
GARN: Ein Knäuel Rot und ein Knäuel Weiß reichen für ein Paar Fausthandschuhe. Ein kleiner Rest in Blau oder Braun wird für die Runde mit den Augen und als Daumenfaden benötigt.

Anleitung

① 56 Maschen in Rot anschlagen. Die Maschen auf 4 Nadeln verteilen und zum Ring schließen. Nach der Strickschrift 1, *Manschette* stricken. Das Muster wird in der Runde fortlaufend gestrickt.

② In der ersten Runde nach dem Bündchen nimmst du auf jeder Nadel 1 Masche nach jeder ersten Masche auf insgesamt 60 Maschen zu. Weiter nach Strickschrift stricken. Achte darauf, dass keine Masche links gestrickt wird und dass die Runde mit den Augen in Blau oder Braun gestrickt wird.

③ Eine Lochreihe für das Band stricken.

④ Nach der Strickschrift 2, *Fausthandschuh* stricken.

⑤ *Daumenöffnung:* Einen extra Faden in einer anderen Farbe über die 11 markierten Maschen mitlaufen lassen. Der linke Fausthandschuh hat die Markierung auf der 1. Nadel, der rechte Fausthandschuhe auf der 2. Nadel. Die Enden des losen Fadens in die Innenseite legen. Alle Maschen des extra Fadens auf die linke Nadel schieben und das Muster von der Markierung aus weiterstricken.

⑥ Mit dem Abnehmen beginnen. An den Seiten abnehmen, vgl. Strickschrift. In der letzten Runde wird zusätzlich an den Seitenkanten abgenommen.

⑦ Die letzten Maschen der Vorderseite mit den Maschen der Rückseite zusammennähen. Dafür den weißen Faden nehmen und im Maschenstich nähen.

⑧ *Daumen:* Den losen Faden herausziehen, die 11 Maschen auf Nadeln aufnehmen und 11 Maschen auf der anderen Seite anschlagen. Nach der Strickschrift 3, *Rechter Daumen* oder der Strickschrift 4, *Linker Daumen* stricken. 1. Runde: Auf insgesamt 25 Maschen zunehmen, indem an jeder Seite zugenommen wird, vgl. Strickschrift. 19 Runden stricken, bevor abgenommen wird. Es hilft, wenn man einen kurzen Faden oder einen Maschenmarkierer dort einhängt, wo der Daumen beginnt. Das ist später schwer zu erkennen.

⑨ Mit dem Abnehmen beginnen. Darauf achten, dass in der 1. Runde nur 3-mal abgenommen wird. Dadurch erhält man die gleiche Maschenzahl auf beiden Seiten vom Daumen.

⑩ Fäden abschneiden und einen Faden durch die letzten 6 Maschen ziehen.

Den zweiten Fausthandschuh gleich stricken, aber den Daumen auf der anderen Seite. Alle Fäden vernähen.

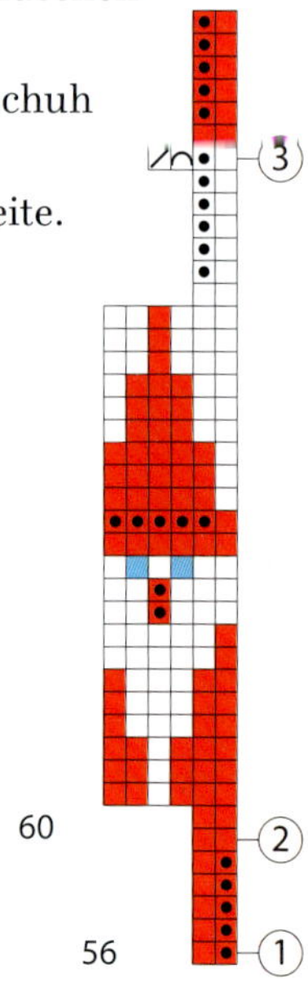

Strickschrift 1
Manschette

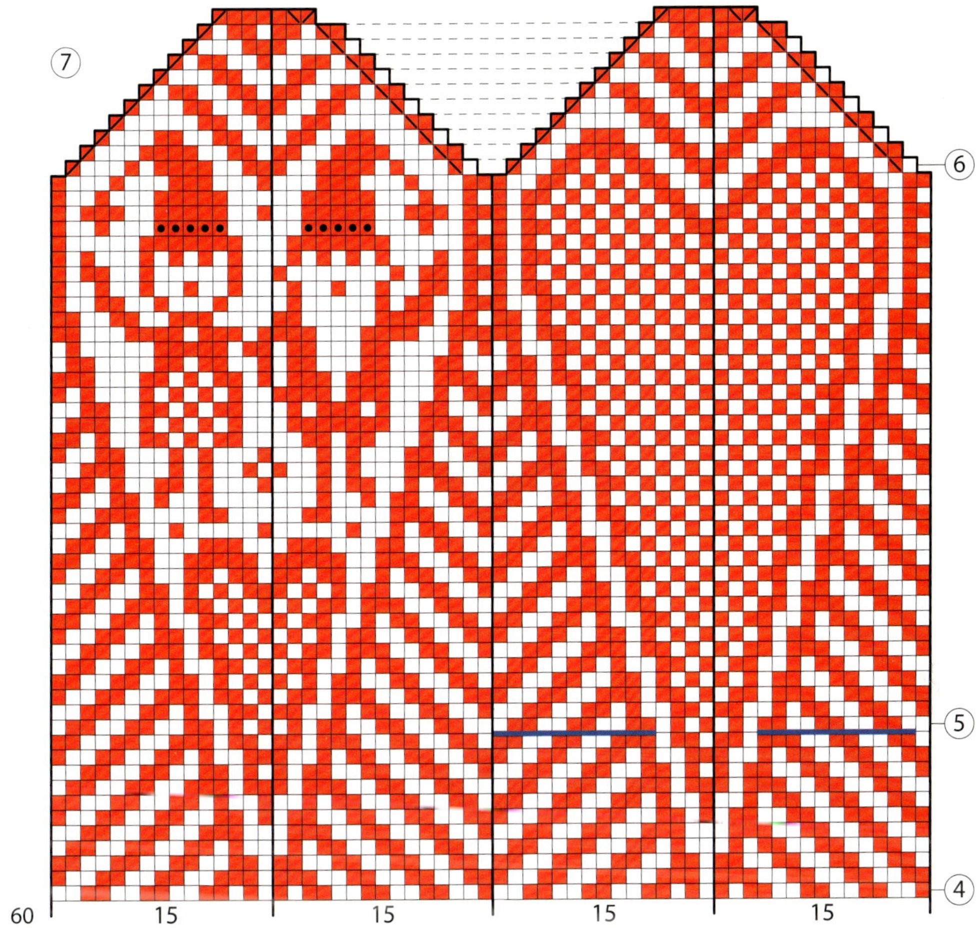

Strickschrift 2
Fausthandschuh

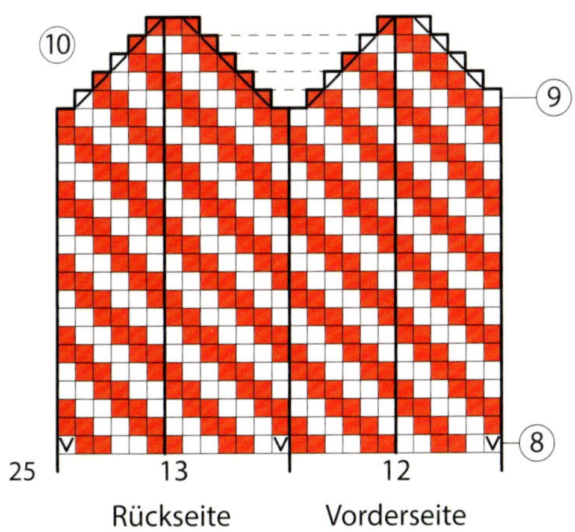

Strickschrift 3
Rechter Daumen

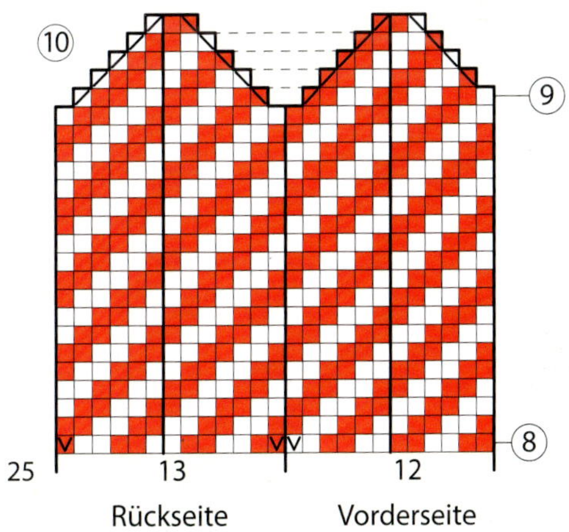

Strickschrift 4
Linker Daumen

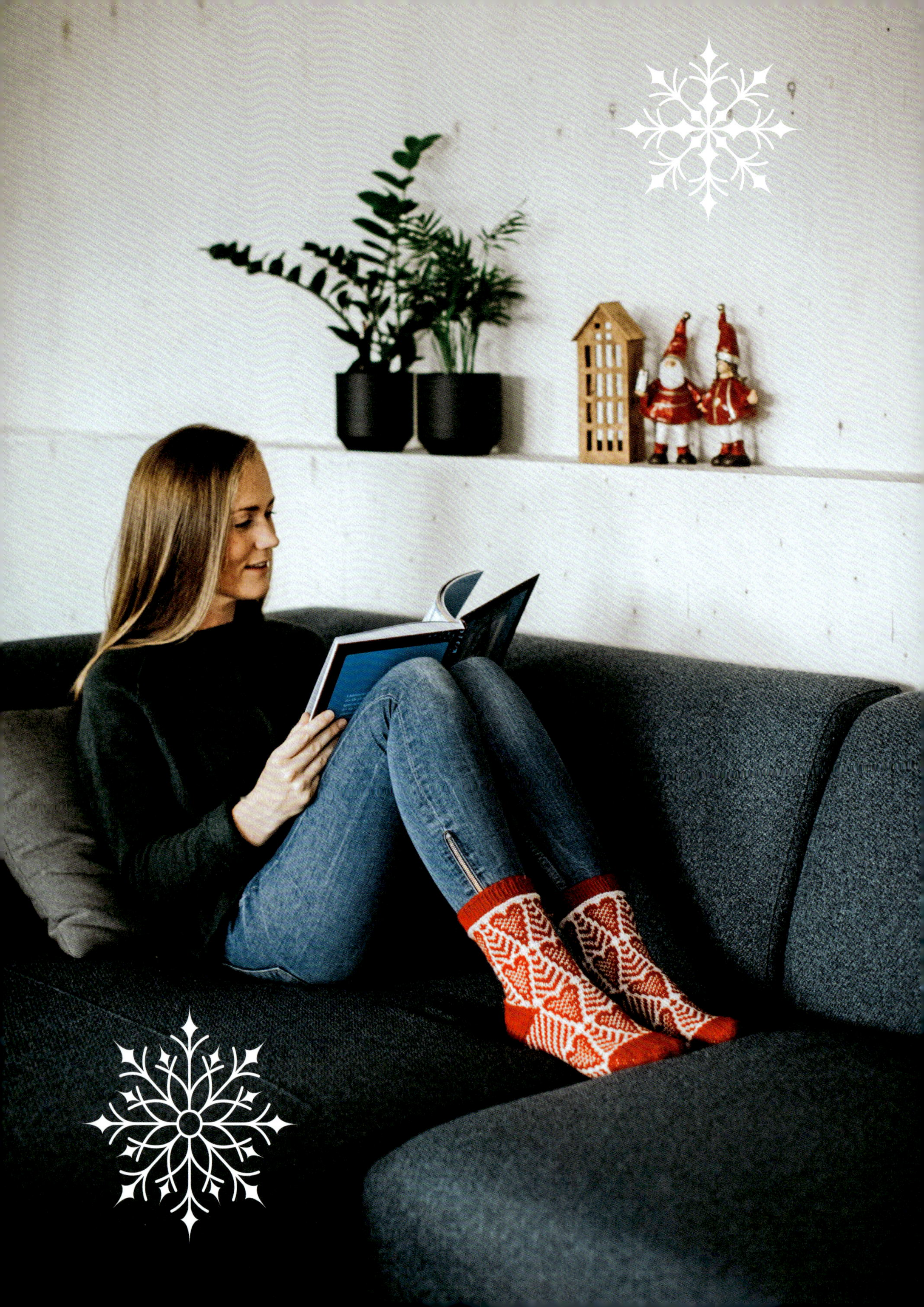

WICHTELHERZEN, SOCKEN

Die Herzen von den Fausthandschuhen sind hier auf ein Paar Socken übertragen. Zusammen mit den schrägen Streifen ergibt das ein Sockenmuster, das zu Weihnachten genauso gut passt wie zum restlichen Jahr.

Die Socken sind mit Sisu von Sandnes Garn (80 % Wolle (superwash), 20 % Nylon, LL = 175 m/50 g) und Nadelstärke 3 gestrickt. Sie haben eine mittlere Größe und entsprechen einer Damenschuhgröße 36–39.

Dieses Muster lässt sich sowohl für Damen- als auch für Herrensocken verwenden.

DAMENSOCKEN: (Schuhgröße 36–39). Sockengarn mit einer Maschenprobe von 26–27 Maschen = 10 cm. 1 Knäuel von jeder Farbe.
NADELN: Stärke 2,5–3.
HERRENSOCKEN: (Schuhgröße 40–44). Sockengarn mit einer Maschenprobe von 22–24 Maschen = 10 cm. 2 Knäuel von jeder Farbe.
NADELN: Stärke 3–3,5.

Anleitung

64 Maschen in Rot anschlagen und zum Ring schließen. Ein Bündchen stricken: 1 Masche rechts, 1 Masche links über 9 Runden. Dann 1 Runde rechts, eine Runde links.

① Nach der Strickschrift 1, *Sockenschaft* stricken. Die Maschen entsprechend der Zahlen unter der Strickschrift auf die Nadeln verteilen. In der ersten Runde 1 Masche auf jeder Nadel zunehmen auf insgesamt 68 Maschen, vgl. Strickschrift. Die Runde beginnt hinten in der Mitte.

② 4 Maschen nach Strickschrift zunehmen auf insgesamt 64 Maschen in der Runde. Die Strickschrift zu Ende stricken und Fäden abschneiden.

③ Nach der Strickschrift 2, *Ferse* stricken. Die Ferse wird hin und zurück über die 33 Maschen hinten in der Mitte gestrickt. Die restlichen Maschen werden stillgelegt, bis die Ferse fertig ist. Mit rot stricken, nach 16 Maschen ab Beginn der Runde beginnen und 33 Maschen stricken.

④ Wenden, 1 Reihe 1 Masche rechts, 1 Masche links stricken.

⑤ Weiter hin und zurück stricken, rechte Maschen auf der rechten Seite und linke Maschen auf der linken Seite, bis die Ferse 26 Reihen hoch ist.

⑥ *Abnehmen für die Ferse:* Rechte Maschen stricken, bis noch 13 Maschen auf der Nadel sind. Dann 2 Maschen rechts verschränkt zusammenstricken. Wenden und linke Maschen zurück stricken.
Die restlichen Maschen werden auf der Nadel stillgelegt und werden für die Abnahmen verwendet, jeweils 1 Masche pro Reihe.

⑦ Diese zwei Reihen wiederholen, bis noch 11 Maschen auf den Nadeln sind. Links: 10 linke Maschen stricken, 2 Maschen links zusammenstricken. Wenden. Rechts: Die erste Masche locker abheben. 9 rechte Maschen stricken, 2 rechts verschränkt zusammenstricken.

⑧ Nach der Strickschrift 3, *Fuß* weiterstricken. Erste Runde: Maschen in Rot aufnehmen und stricken: 16 Maschen entlang der linken Seite der Ferse aufnehmen, die 11 mittleren Maschen stricken und 14 Maschen entlang der anderen Seite der Ferse aufnehmen und stricken. Weiter mit beiden Farben über die 31 stillgelegten Maschen stricken. Darauf achten, dass das Muster mit dem Muster vom Sockenschaft übereinstimmt.

⑨ 1 Masche an jeder Seite der Ferse in jeder zweiten Runde abnehmen, vgl. Strickschrift.

⑩ Nach der Strickschrift 4, *Fuß und Spitze* weiterarbeiten.

⑪ *Spitze:* An jeder Seite in jeder zweiten Runde abnehmen. Außerdem 1 Masche rechts, 1 Masche links auf der Oberseite vom Fuß in jeder zweiten Reihe, vgl. Strickschrift.

⑫ Ab 26 Maschen in der Runde wird in jeder Runde abgenommen.

⑬ Weiterstricken bis auf 10 Maschen in der Runde. Fäden abschneiden und die letzten Maschen der Oberseite mit den 7 Maschen der Unterseite im Maschenstich zusammennähen.

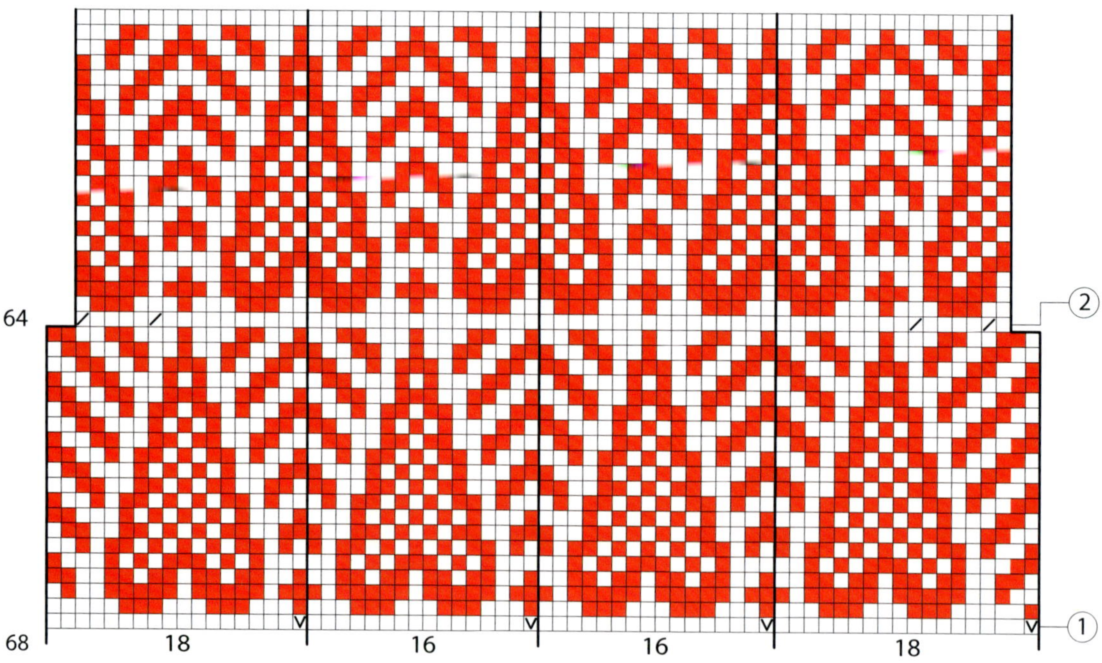

Strickschrift 1
Sockenschaft

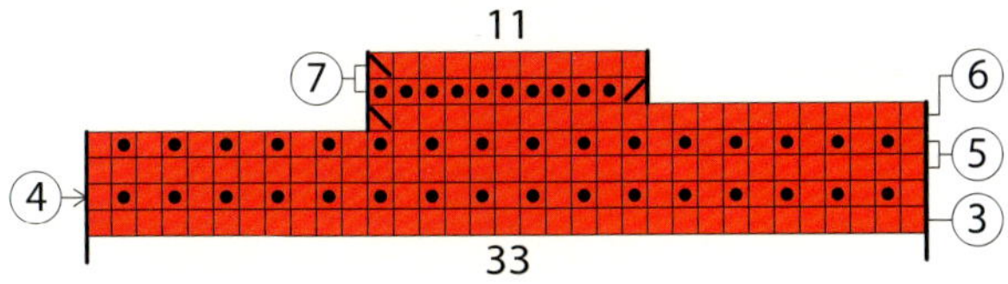

Strickschrift 2
Ferse

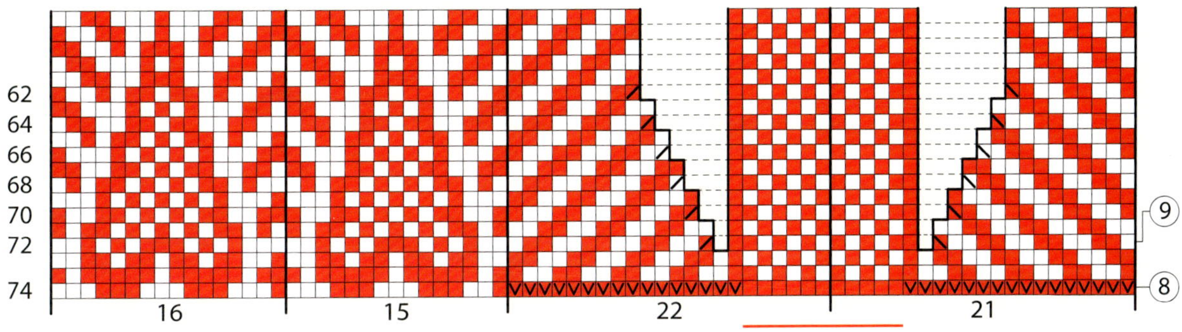

Strickschrift 3
Fuß

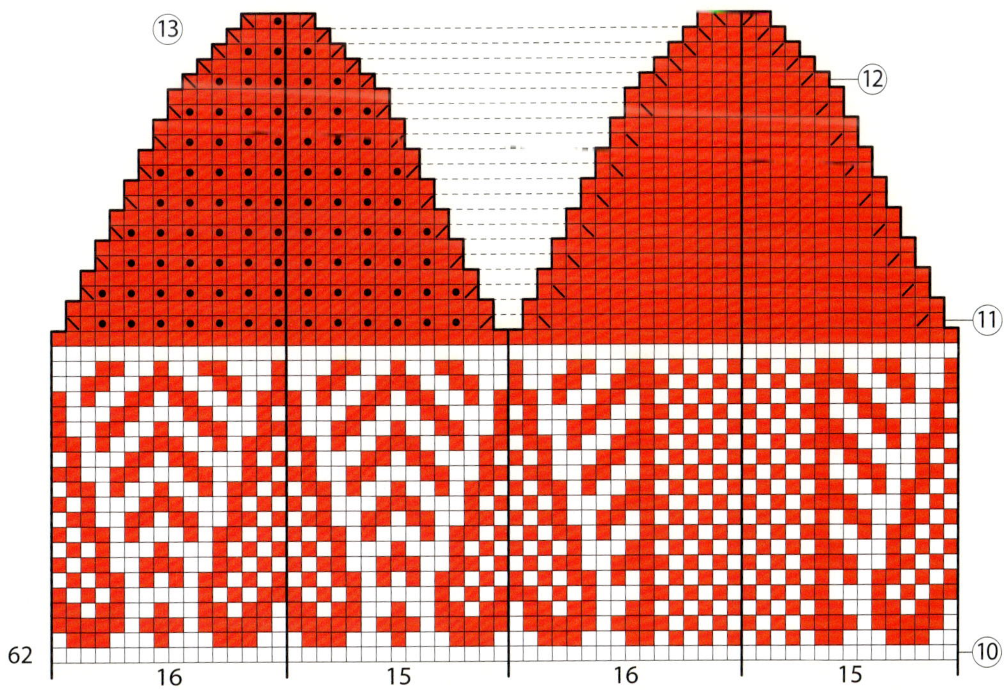

Strickschrift 4
Fuß und Spitze

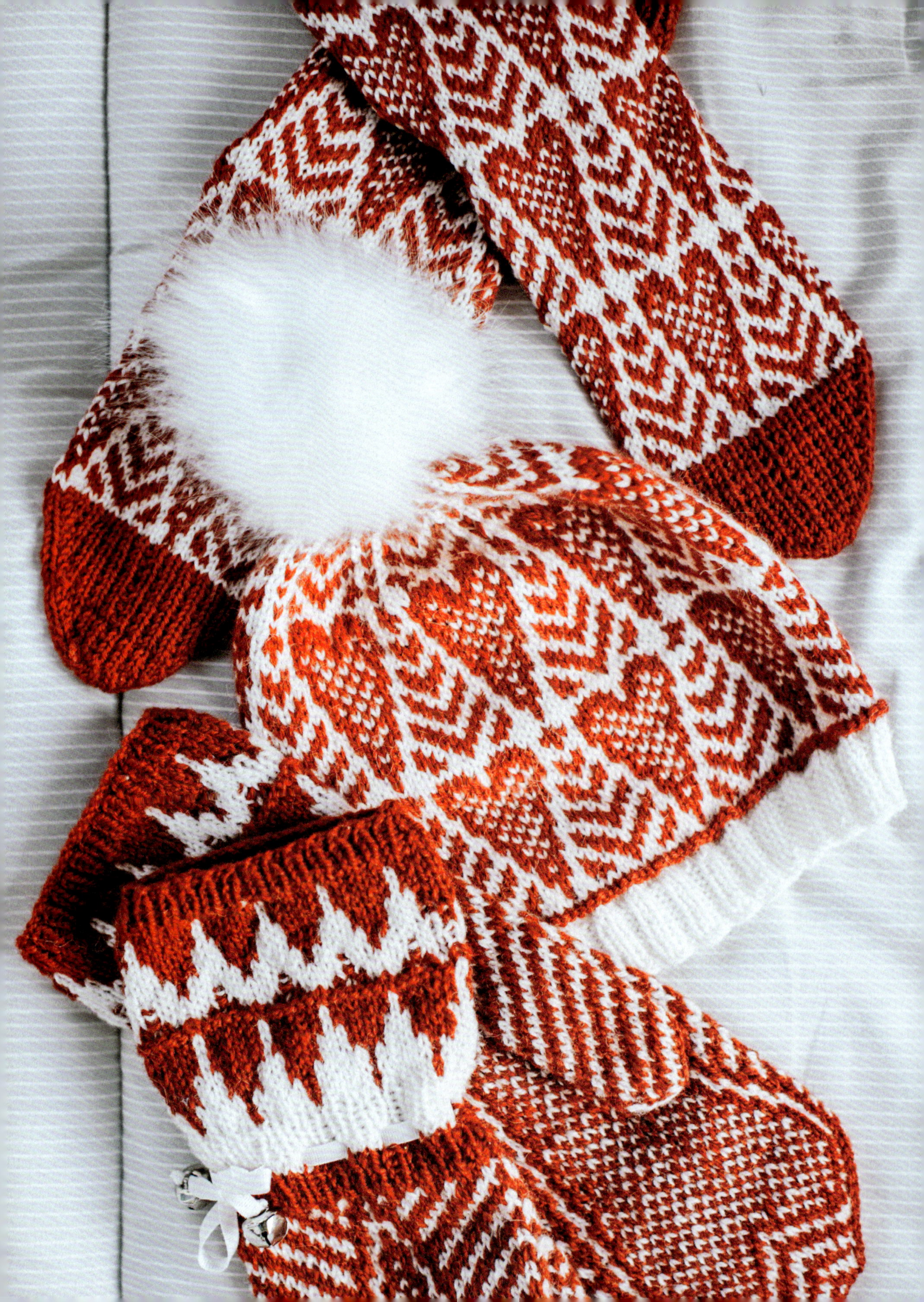

WICHTELHERZEN, MÜTZE

Die Herzen passen perfekt auf eine Mütze, denn das Muster stimmt sowohl in der Breite als auch in der Höhe. Eine gute und warme Mütze, die du für dich selbst strickst oder für jemanden, den du magst.

Die Mütze kann nach demselben Muster in Damen- und Herrengröße gestrickt werden, man muss nur unterschiedlich dicke Nadeln verwenden. Ich habe meine Mütze mit einem gekauften Bommel aus synthetischem Pelz verziert.

DAMENMÜTZE: Garn, das eine Maschenprobe von 22–24 Maschen = 10 cm ergibt. 1 Knäuel von jeder Farbe in Rot und Weiß. Rundstricknadel 40 cm lang und Nadelspiel mit 5 Nadeln Stärke 3,5.
HERRENMÜTZE: Garn, das eine Maschenprobe von 22–24 Maschen = 10 cm ergibt. 1 Knäuel von jeder Farbe. Rundstricknadel 40 cm lang und Nadelspiel mit 5 Nadeln Stärke 4.
Die Mützen hier sind mit Sterk von Du Store Alpakka (40 % Alpaka, 40 % Merinowolle, 20 % Nylon, LL = 137 m/50 g) und Nadeln Stärke 3,5 gestrickt.
Wenn du magst, kannst du die Mütze mit einem Bommel verzieren.

Anleitung

① 120 Maschen mit weiß auf der Rundstricknadel anschlagen und zum Ring schließen. Nach der Strickschrift *Mütze* stricken. Das Muster in der Runde fortlaufend wiederholen. Zuerst ein Bündchen stricken, 2 Maschen rechts, 2 Maschen links, über 12 Runden.

② 8-mal in der Runde 15 Maschen stricken, 1 Masche zunehmen auf 128 Maschen insgesamt. Weiter mit 2 Farben nach der Strickschrift stricken bis zur Abnahme.

③ Mit dem Abnehmen beginnen, vgl. Strickschrift. Wenn die Rundstricknadel zu lang ist, zum Nadelspiel mit 5 Nadeln wechseln.

④ Immer 2 Maschen rechts zusammenstricken. Fäden abschneiden, einen Faden durch die letzten Maschen ziehen und auf der Rückseite vernähen.

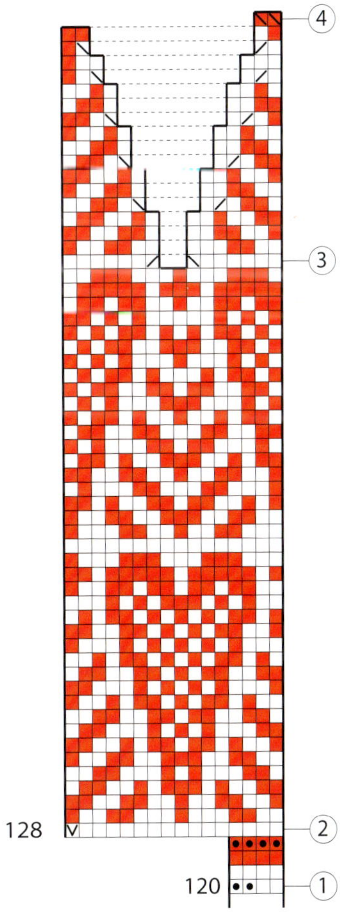

Strickschrift Mütze

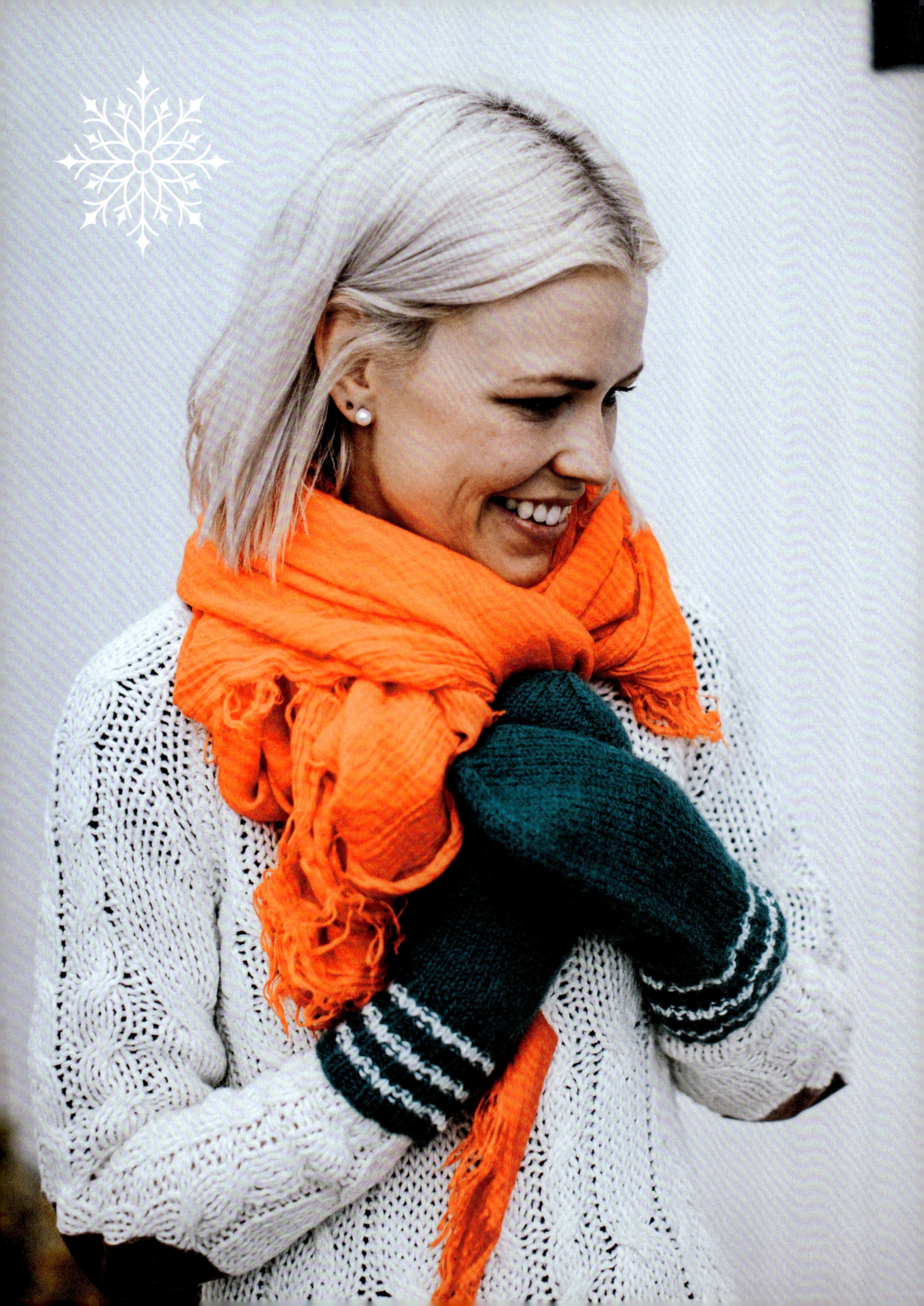

WÄRMENDE WEIHNACHTS-GESCHENKE

Als Weihnachtsgeschenke steht Selbstgemachtes hoch im Kurs. Für diejenigen, die stricken, ist die Herstellung von Weihnachtsgeschenken eine doppelte Freude. Statt in der Vorweihnachtszeit durch die Geschäfte zu eilen, können wir uns mit einer angenehmen Strickarbeit in unserem Lieblingsstuhl zurücklehnen. Unsere Strickarbeiten bekommen einen persönlichen Touch und die Beschenkten sehen, dass wir uns für über die Geschenke Gedanken gemacht und Zeit investiert haben.

Viele der Modelle in diesem Buch eignen sich gut als Weihnachtsgeschenke. Aber hier kommen Anleitungen für schöne Kleidungsstücke in verschiedenen Größen, die wärmen und den ganzen Winter über gebraucht werden.

GUTE, ALTBEKANNTE WEIHNACHTSGESCHENKE

Früher war es üblich, Weihnachtsgeschenke selbst zu machen. Oft waren es notwendige Alltagsgegenstände. Kinder und Erwachsene bekamen neue Fausthandschuhe, Socken und Mützen, die die alten und verschlissenen Stücke vom Vorjahr ersetzten.

Es war wichtig, dass die Kleidungsstücke von bestmöglicher Qualität waren, damit sie bis zum nächsten Weihnachten halten würden, ohne vorher gestopft und geflickt werden zu müssen.

ROBUSTE SOCKEN

Dies sind Socken für aktive Menschen und ein Basisteil der Garderobe. Socken sind als Futter für Stiefel und an kalten Wintertagen im Haus nützlich. Für diejenigen, die verreisen, ist es wichtig, ein paar gute Wollsocken mitzunehmen. Es kann plötzlich und unerwartet kalt werden, auch im Sommer.

Mit graumeliertem Garn gestrickt bekommen die Socken das richtige, traditionelle Aussehen und sind sowohl rustikal als auch schön. Aber du kannst sie natürlich auch in jeder anderen Farbe stricken, gerne auch gestreift.

Die Anleitung ist für Socken in drei unterschiedlichen Größen, für Damen, Herren und Kinder. Die Länge kannst du am Sockenschaft oder am Fuß selbst bestimmen.

GARN: Viking of Norway Sportsragg (60 % Wolle; 20 % Nylon, 20% Acryl, LL = 100 m/50 g) in Hellgrau meliert.
MASCHENPROBE: 23–24 Maschen = 10 cm.
GARNVERBRAUCH: Für Herrensocken 3 Knäuel, Damensocken 2 Knäuel und Kindersocken 1–2 Knäuel.
NADELN: Nadelspiel mit 5 Nadeln Stärke 3.
ALTERNATIVES GARN: Verstärktes Sockengarn mit gleicher Maschenprobe.

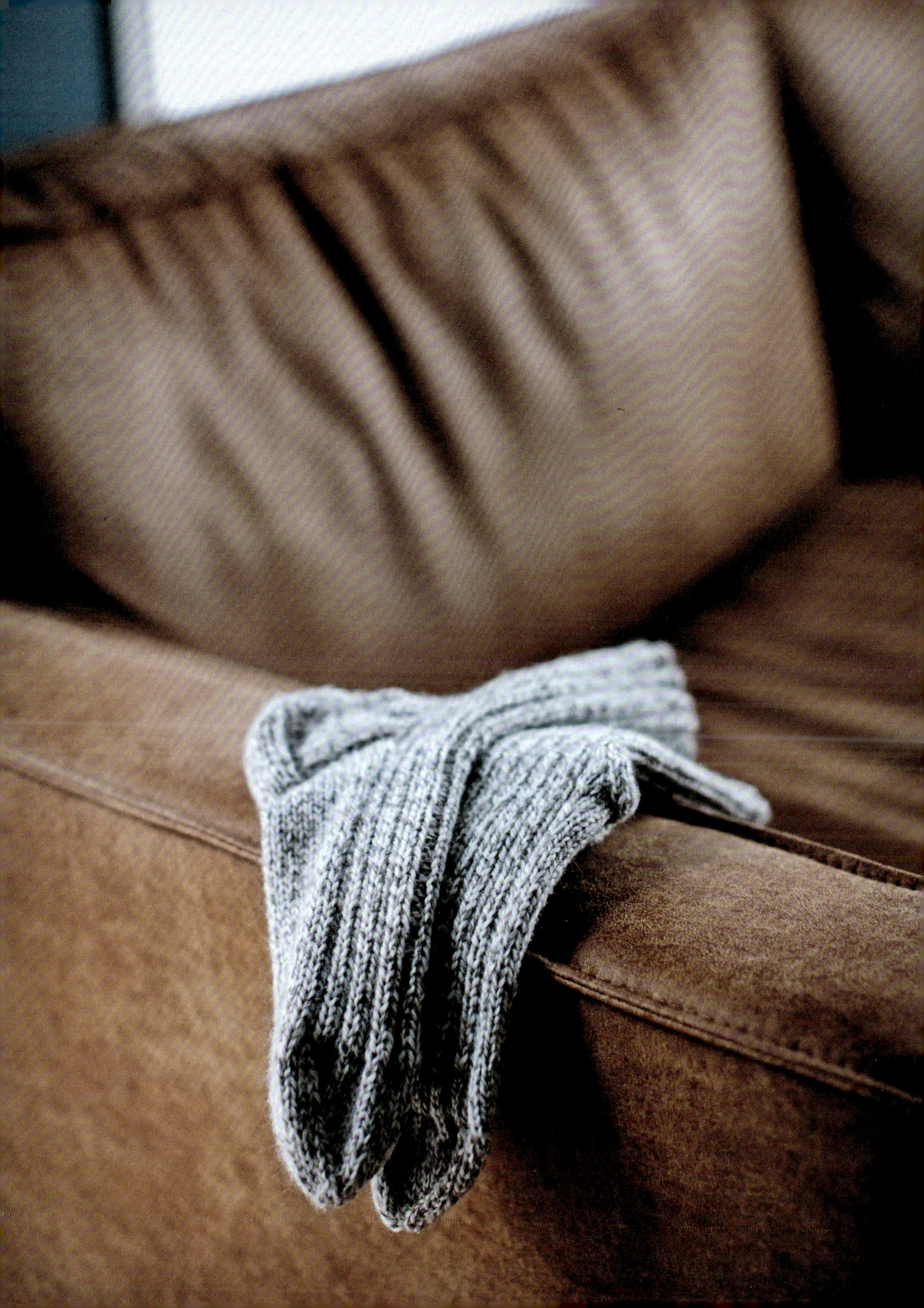

Anleitung

Größe: Herren (Damen) Kinder

56 (48) 44 Maschen anschlagen, auf 4 Nadeln verteilen und zum Ring schließen.

Ein Bündchen stricken mit 2 Maschen rechts, 2 Maschen links über 20 (15) 12 cm.

Die 30 (26) 22 Maschen der vorderen Mitte stilllegen, während die Ferse gestrickt wird. Die Maschen so verteilen, dass neben den stillgelegten Maschen mehr als 2 linke Maschen sind.

Die Ferse wird hin und zurück über die 26 (22) 22 mittleren Maschen hinten gestrickt. In der 1. Reihe in der hinteren Mitte 2 Maschen zunehmen auf insgesamt 28 (24) 24 Maschen.

22 (18) 16 Reihen glatt rechts hin und zurück stricken.

Abnehmen für die Ferse: Auf der rechten Seite der Ferse beginnen. Rechte Maschen stricken, bis noch 9 (8) 6 Maschen auf der Nadel sind. 2 Maschen rechts verschränkt zusammenstricken. Wenden und linke Maschen zurück stricken. Die restlichen Maschen werden auf der Nadel stillgelegt und werden für die Abnahmen verwendet, jeweils 1 Masche pro Reihe.

Diese zwei Reihen wiederholen, bis noch 12 (10) 10 Maschen auf den Nadeln sind. Links: 11 (9) 9 linke Maschen stricken, 2 links zusammenstricken. Wenden. Rechts: 11 (9) 9 rechte Maschen stricken, 2 rechts verschränkt zusammenstricken. Wenden.

Fuß: Fäden abschneiden, oben an der linken Seite der Ferse beginnen. 10 (9) 8 Maschen an der Seite aufnehmen, die 12 (10) 8 Maschen der Mitte unten stricken, 10 (9) 8 Maschen entlang der anderen Seite der Ferse aufnehmen. Linke und rechte Maschen über die 30 (26) 22 Maschen der Oberseite vom Fuß stricken. Diese Maschen werden links und rechts bis zur Abnahme für die Spitze gestrickt.

Nach 3 und 6 Runden der Ferse wird folgendermaßen abgenommen: Weiterstricken, bis noch 2 Maschen vor den ersten 2 linken Maschen sind, 2 Maschen rechts zusammenstricken. Die 2 Maschen nach den letzten 2 linken Maschen rechts verschränkt zusammenstricken.

Herren- und Damengröße: Nach 6 neuen Runden noch einmal wiederholen. Weiterstricken, bis der Fuß 17 (15) 12 cm von der Ferse aus lang ist oder mit einer gut passenden Socke vergleichen. Die Abnahmen beginnen ungefähr an der Spitze vom kleinen Zeh.

Abnehmen für die Spitze: Weiter nur rechte Maschen stricken. Die Maschen so auf 4 Nadeln verteilen, dass Ober- und Unterseite die gleiche Maschenanzahl haben. An jeder Seite in jeder 2. Reihe folgendermaßen abnehmen: 1 Masche rechts, 2 Maschen rechts verschränkt zusammenstricken, bis noch 3 Maschen an der anderen Seite da sind, 3 Maschen rechts zusammenstricken, 1 Masche rechts.

Wenn noch 7 Maschen auf jeder Nadel sind, in jeder Runde abnehmen. Weiterstricken bis auf 10 oder 12 Maschen insgesamt in der Runde. Faden abschneiden und die letzten Maschen der Oberseite mit den Maschen der Unterseite im Maschenstich zusammennähen.

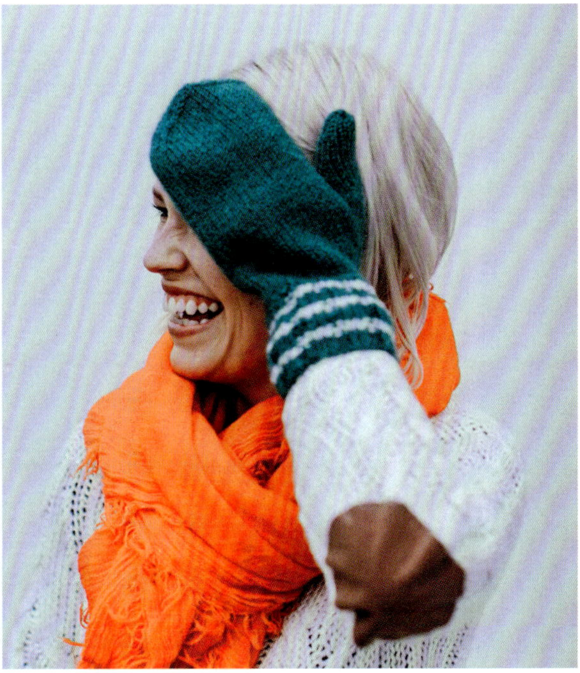

ARBEITSHANDSCHUHE

Für diejenigen, die oft draußen in der Kälte arbeiten müssen, sind diese schönen Wollfausthandschuhe ein willkommenes Weihnachtsgeschenk. Die Fausthandschuhe sind super für Skifahrer/innen, beim Schnee Schaufeln oder anderen Aktivitäten im Freien. Bei extremer Kälte sind sie ein gutes Futter in größeren winddichten Handschuhen.

Beide Fausthandschuhe sind gleich gestrickt und sitzen gut, sowohl bei Sport oder beim Arbeiten. Wenn man beim Tragen zwischen links und rechts abwechselt, werden sie gleichmäßig abgenutzt. Sie sind fest gestrickt und von Hand gefilzt, damit sie die passende Größe und eine schöne Festigkeit bekommen.

Diese Anleitung kann für Fausthandschuhe in verschiedenen Größen verwendet werden.

Die Fausthandschuhe werden etwas größer als die gewünschte Größe gestrickt und dann auf die endgültige Größe gefilzt.

GARN UND NADELN: Die Fausthandschuhe hier wurden mit Ren Ull von Linde Garn (100 % Wolle, LL = 100 m/50 g) (erhältlich in Nille Geschäften), Stärke 4, gestrickt. 2–3 Knäuel je nach Größe.

HERRENFAUSTHANDSCHUHE: Wollgarn, das sich filzen lässt, mit einer Maschenprobe von 20–22 Maschen = 10 cm. Nadeln Stärke 4–4 ½.

DAMENFAUSTHANDSCHUHE: Wollgarn, das sich filzen lässt, mit einer Maschenprobe von 22–23 Maschen = 10 cm. Nadeln Stärke 4.

KINDERFAUSTHANDSCHUHE: Wollgarn, das sich filzen lässt, mit einer Maschenprobe von 26–27 Maschen = 10 cm. Nadeln Stärke 3.

Anleitung

① 40 Maschen in Grün anschlagen, die Maschen auf 4 Nadeln verteilen und zum Ring schließen. Nach der Strickschrift 1, *Arbeitshandschuhe stricken*. Mit dem Bündchen beginnen: 2 Maschen rechts, 2 Maschen links über ca. 23 Runden mit folgenden Farben: 5 Runden grün * (2 Runden weiß, 4 Runden grün) *. Von * zu * 3-mal wiederholen.

② 1 Runde rechte Maschen. Auf jeder Nadel sind 10 Maschen.

③ In jeder 3. Runde 2 Maschen zunehmen, vgl. Strickschrift. Weiterstricken bis auf 56 Maschen insgesamt.

④ Bis zur Öffnung für den Daumen stricken, 2 Runden. Hier kannst du mehr Runden stricken, wenn die Hand länger sein soll.

⑤ *Daumenöffnung*: 20 Maschen stricken, die nächsten 16 Maschen auf einem extra Faden stilllegen. 2 neue Maschen über dem Faden (mit V im Strickschrift markiert) anschlagen und über die letzten 20 Maschen der Runde stricken. 20 Runden stricken bis zum Abnehmen für den kleinen Finger.

⑥ *Abnehmen für den kleinen Finger:* 1 Masche zu Beginn und 1 Masche am Schluss der Runde abnehmen, vgl. Strickschrift. Die Abnahmen nach einer Runde nach Strickschrift arbeiten.

⑦ 2 Maschen an jeder Seite in jeder Runde abnehmen.

⑧ Faden abschneiden und durch die letzten Maschen ziehen.

⑨ *Daumen:* Strickschrift 2, *Arbeitshandschuh, Daumen*: Die 16 stillgelegten Maschen auf Nadeln aufnehmen.
1. Runde: Rund über alle Maschen stricken, 1 Masche zu Beginn und 1 Masche am Schluss der 1. Runde zunehmen auf insgesamt 18 Maschen.

⑩ 1 Masche zu Beginn und 1 Masche am Schluss der Runde abnehmen.

⑪ Die Abnahmen nach 2 Runden wiederholen. 6 Runden vor den nächsten Abnahmen stricken.

⑫ 1 Masche zu Beginn und 1 Masche am Schluss der Runde abnehmen.

⑬ Je 2 Maschen rechts zusammenstricken. Faden abschneiden und durch die letzten Maschen ziehen.

Den zweiten Fausthandschuh gleich stricken.

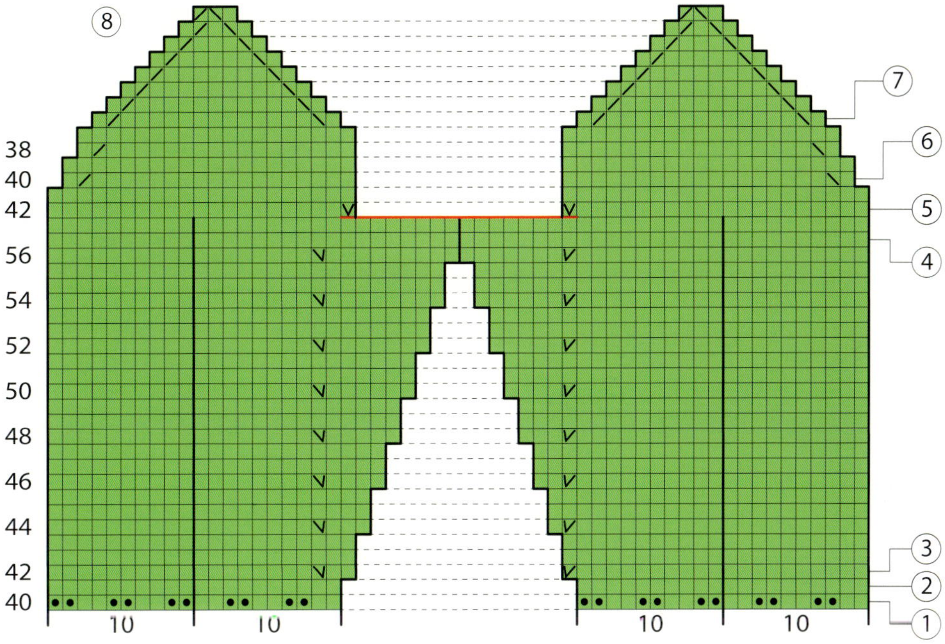

Strickschrift 1
Arbeitshandschuh

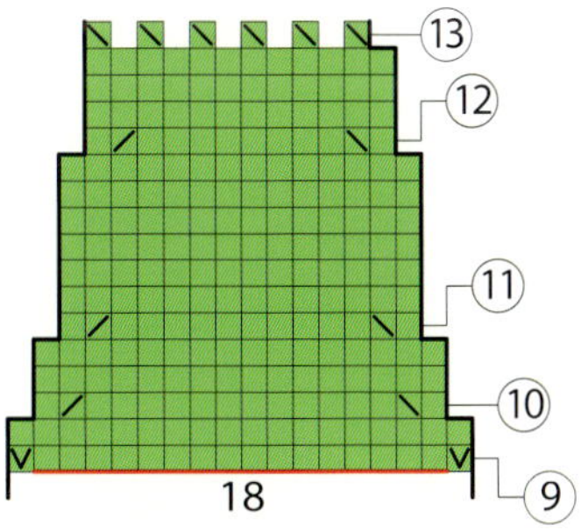

Strickschrift 2
Arbeitshandschuh, Daumen

ALLTAGSMÜTZEN

Die meisten Tage des Jahres sind Alltag, mit »normalem« Wetter ohne extreme Kälte oder Hitze. Für diese Tage sind die schlichten Mützen hier gedacht, die einfach »geradeaus« gestrickt sind. Wähle eine oder zwei Farben aus, die gut zum/zur Beschenkten passen. Wenn du neutrale Farben nimmst, passt die Mütze zu allem.

Die Mützen hier sind mit Sterk von Du Store Alpakka (40 % Alpaka, 40 % Merinowolle, 20 % Nylon, LL = 137 m/50 g) gestrickt. Der Garnverbrauch beträgt 50 Gramm pro Mütze ohne Bommel. Die gelbe Mütze hat Streifen in Weiß und Goldfarben, während die violette Mütze nur am Bündchen weiße Streifen hat.

GARN: Garn mit Maschenprobe von 21–22 Maschen = 10 cm. Die Mütze hat einen Durchmesser von ca. 50 cm. Das Bündchen mit Krausrippen macht sie sehr elastisch und passend für unterschiedliche Kopfgrößen.
GARNVERBRAUCH: Ca. 50 g ohne Bommel. Für den Bommel kannst du einen synthetischen Bommel aus einem Wollgeschäft verwenden oder selbst einen aus Garn herstellen.
NADELN: Rundstricknadel 40 cm lang und Nadelspiel mit 5 Nadeln Stärke 3,5.

Anleitung

102 Maschen auf der Rundstricknadel anschlagen. Rechte Maschen hin und zurück stricken, 2 Reihen (1 Krausrippe) von jeder Farbe, bis insgesamt 11 Krausrippen gestrickt sind.

Rund weiterstricken. Je 1 Runde pro Farbe stricken oder alle in derselben Farbe. 44 Runden rund stricken, oder bis die Mütze 18 cm hoch ist.

Abnehmen: 4 Maschen stricken, 2 Maschen rechts zusammenstricken, dies die Runde fortlaufend wiederholen. Dann 3 Runden ohne Abnahmen stricken. Wenn die Rundstricknadel zu lang ist, zum Nadelspiel mit 5 Nadeln wechseln.

3 Maschen stricken, 2 Maschen rechts zusammenstricken, dies in der Runde fortlaufend wiederholen. Dann 2 Runden ohne Abnahmen stricken.

2 Maschen stricken, 2 Maschen rechts zusammenstricken, dies in der Runde fortlaufend wiederholen. Dann 1 Runde ohne Abnahmen stricken.

Je 2 Maschen rechts zusammenstricken, dies in der Runde fortlaufend wiederholen. Weiterstricken, am Ende 2 Runden ohne Abnahmen. Faden abschneiden, durch die letzten Maschen ziehen und auf der Rückseite vernähen. Die untere Kante zusammennähen und Fäden vernähen.

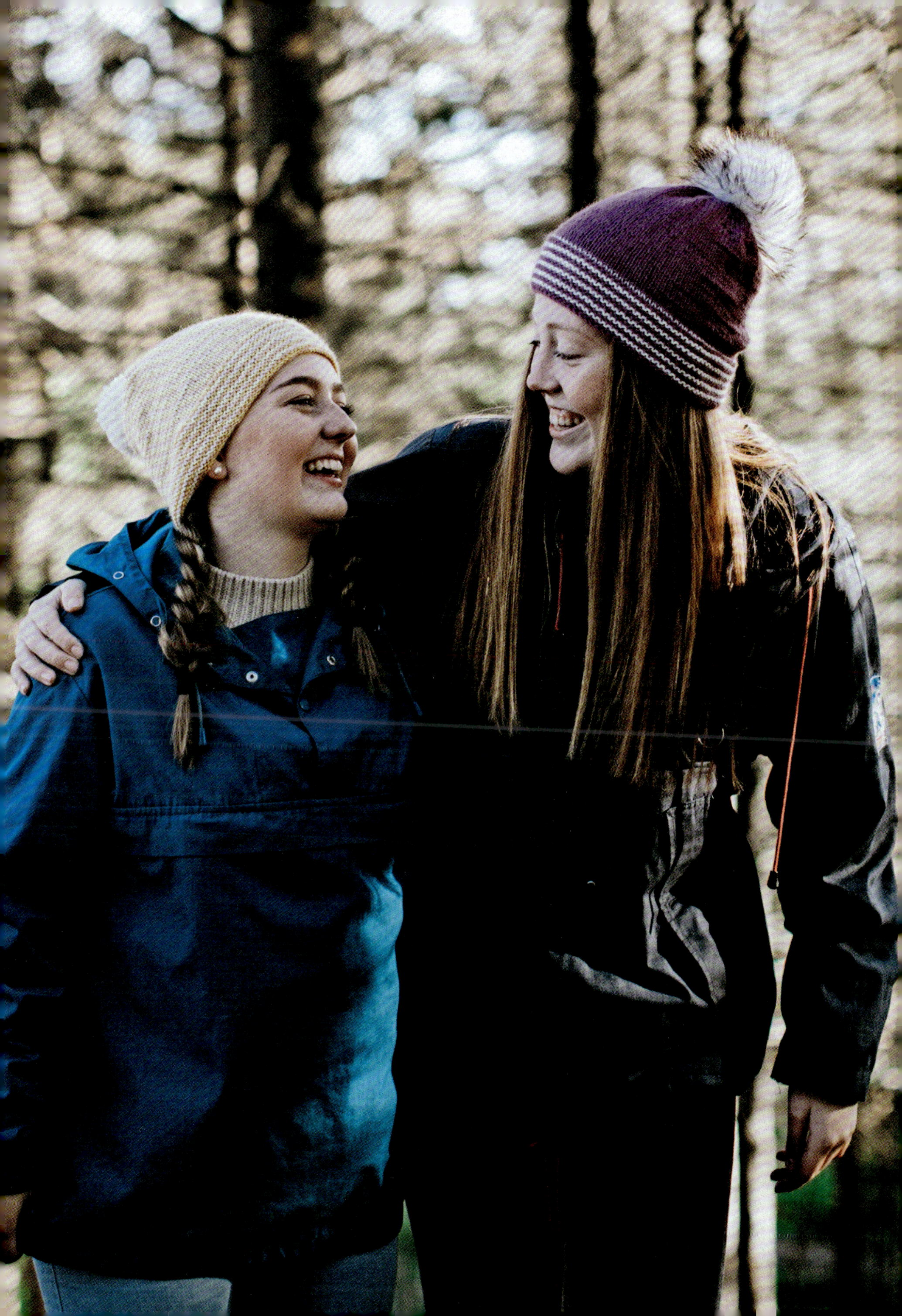

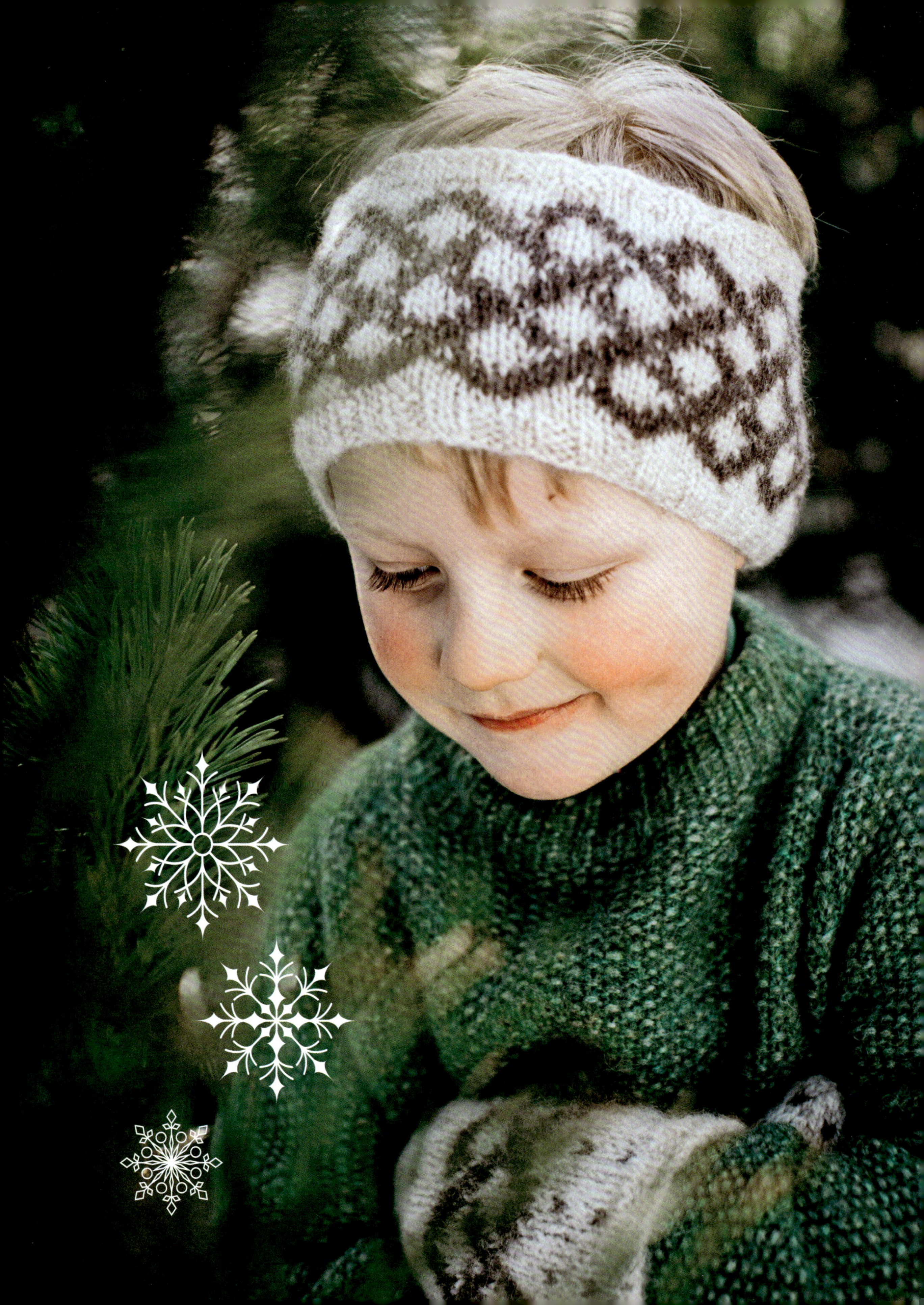

DIE ALLER-WEICHSTEN PÄCKCHEN

Manche Päckchen sind so weich, dass das Papier zerdrückt wird, sobald man es anfasst. In solchen Päckchen können zum Beispiel Mützen, Stirnbänder oder Fausthandschuhe sein, die aus schönem, weichem Wollgarn gestrickt und dann gefilzt sind.

Wenn du solche Geschenke mit der Post verschickst, verpackst du sie am besten in einer Schachtel. So wird das Papier nicht zerdrückt, wenn der/die Postbote/Postbotin das Päckchen zustellt.

GEFILZTE FAUSTHANDSCHUHE

Diese langen und schönen gefilzten Fausthandschuhe wärmen auch den Arm und davon ausgehend das Herz gleich mit. Sie sind im Schaft eher weit und halten gut, wenn sie über die Pulloverärmel gezogen werden.

Beide Fausthandschuhe werden gleich gestrickt, mit Ausnahme vom Platz für den Daumen.

GARN: Tove von Sandnes Garn (100 % Norwegische Wolle, LL = 160 m/ 50 g), je 1 Knäuel in Dunkelblau und Weiß reicht für ein Paar Fausthandschuhe.

NADELN: Nadelspiel mit 5 Nadeln Stärke 3,5–4.

GRÖSSE: Die Herrengröße wird mit Nadeln Stärke 4 gestrickt, die Damengröße mit Stärke 3,5. Die Fausthandschuhe sind nach dem Stricken ziemlich groß und werden dann beim Filzen in die richtige Größe und Form gebracht. Zum Filzen siehe Seite 18.

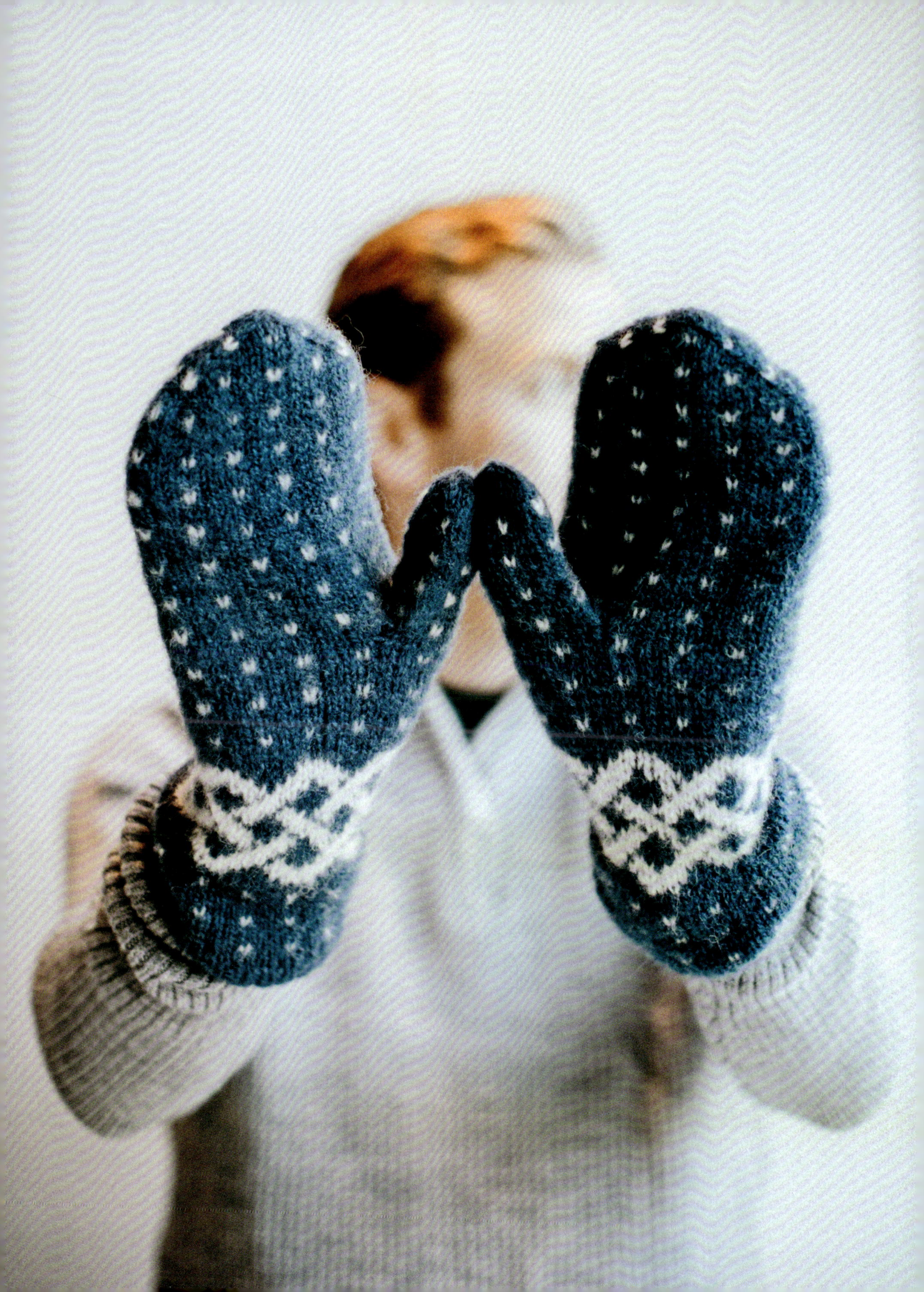

Anleitung

① 48 Maschen mit der Grundfarbe anschlagen (Blau). Je 12 Maschen auf die 4 Nadeln verteilen und zum Ring schließen. Nach der Strickschrift 1, *Rechter und linker Fausthandschuh* stricken. Mit 3 Runden 1 Masche rechts, 1 Masche links beginnen.

② *Daumenöffnung:* Einen extra Faden in einer anderen Farbe über die 9 markierten Maschen mitlaufen lassen. (Linker Fausthandschuh weiße Markierung, rechter Fausthandschuh rote Markierung). Die Maschen zurück auf die linke Nadel schieben und das Muster von der Markierung aus weiterstricken.

③ Mit dem Abnehmen beginnen.

④ Einen Faden durch die letzten Maschen ziehen.

⑤ *Daumen:* Den extra Faden herausziehen und die 9 Maschen auf Nadeln aufnehmen. Auf der anderen Seite 9 Maschen aufnehmen. Nach der Strickschrift 2, *Daumen* stricken. 1. Runde: auf 20 Maschen zunehmen, indem 1 Masche an jeder Seite zugenommen wird, vgl. Strickschrift.

⑥ Mit dem Abnehmen beginnen.

⑦ Faden abschneiden und durch die letzten Maschen ziehen.

Alle Fäden auf der Rückseite vernähen. Den 2. Fausthandschuh gleich stricken, aber mit dem Daumen auf der anderen Seite.

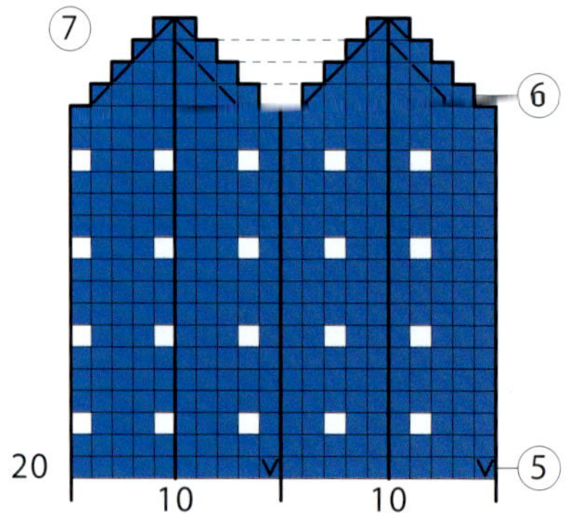

Strickschrift 2
Daumen

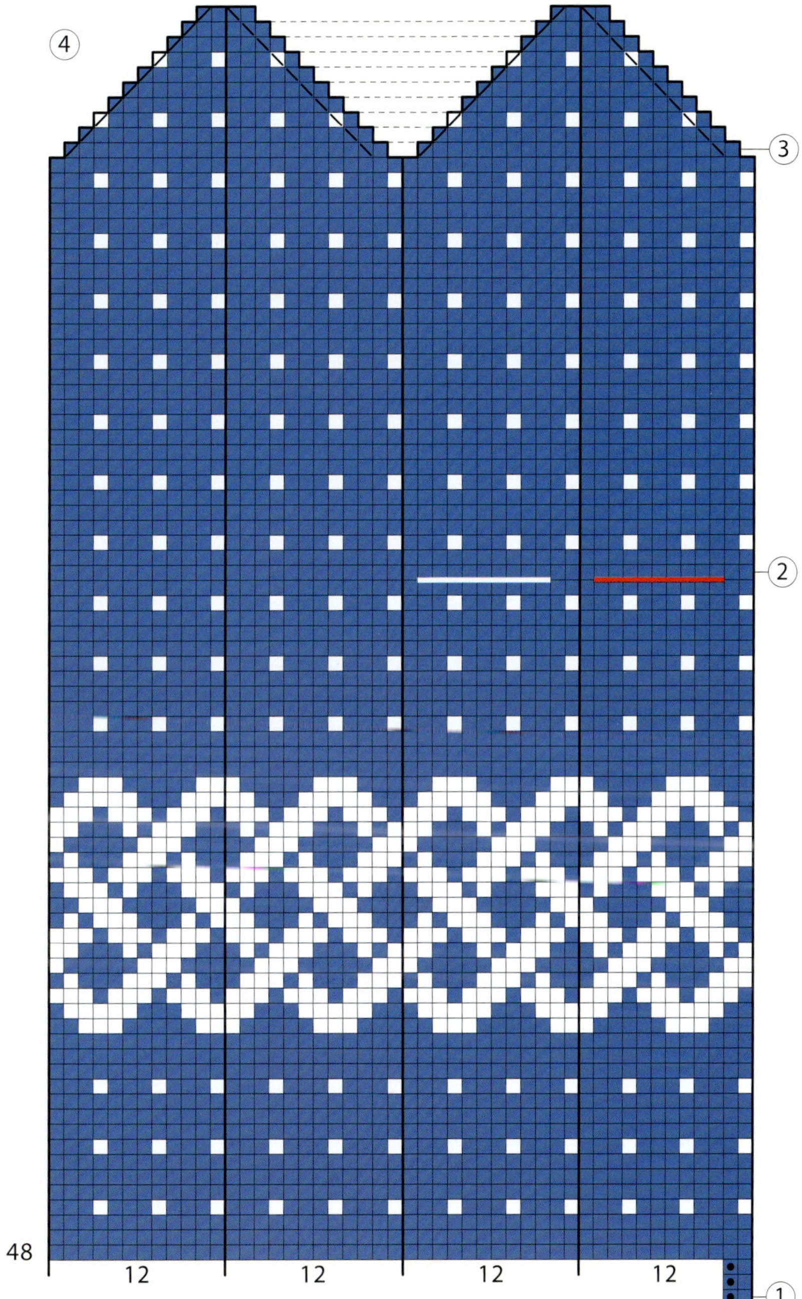

Strickschrift 1
Rechter und linker Fausthandschuh

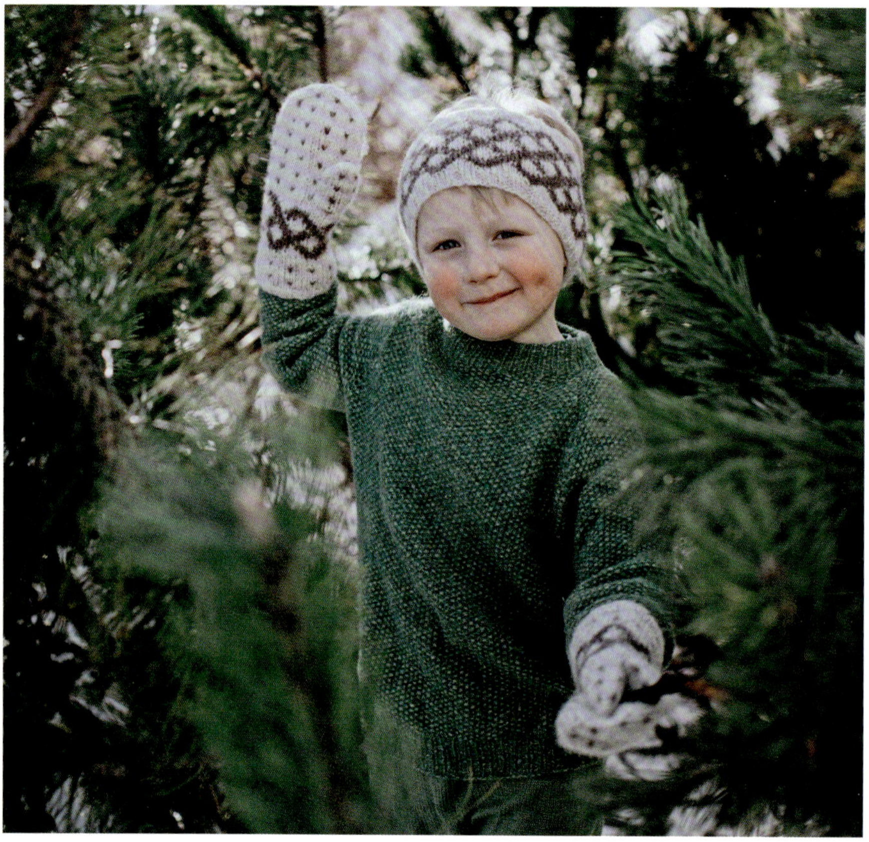

GEFILZTE KINDERFAUST-HANDSCHUHE

Weiche Fausthandschuhe eignen sich gut für Kinderhände. Die langen Fausthandschuhe können über die Jackenärmel gezogen werden, sitzen aber auch gut, wenn sie vor dem Ärmel sind.

Die Fausthandschuhe sind schnell und leicht gestrickt. Nach dem Stricken ist der Fausthandschuh sehr groß und passt einem Erwachsenen. Aber durch das Filzen erhält er eine Kindergröße.

Beide Fausthandschuhe werden gleich gestrickt, mit Ausnahme vom Platz für den Daumen.

GARN: Tove von Sandnes Garn (100 % Norwegische Wolle, LL = 160 m/50 g) in Beige und Braun. 1 Knäuel von jeder Farbe reicht für ein Paar Fausthandschuhe.

NADELN: Nadelspiel mit 5 Nadeln Stärke 3,5–4.

GRÖSSE: Für 2–4-jährige Kinder mit Nadeln Stärke 3,5 stricken, für 4–8-jährige Kinder mit Nadeln Stärke 4. Die Fausthandschuhe sind nach dem Stricken ziemlich groß und werden dann beim Filzen in die richtige Größe und Form gebracht. Zum Filzen siehe Seite 18.

Anleitung

① 40 Maschen mit der Grundfarbe anschlagen (Beige). Je 10 Maschen auf die 4 Nadeln verteilen und zum Ring schließen. Nach der Strickschrift 1, *Rechter und linker Fausthandschuh* stricken.

② *Daumenöffnung:* Einen extra Faden in einer anderen Farbe über die 7 markierten Maschen mitlaufen lassen. (Linker Fausthandschuh blaue Markierung, rechter Fausthandschuh rote Markierung). Die Maschen zurück auf die linke Nadel schieben und das Muster von der Markierung aus weiterstricken.

③ Mit dem Abnehmen beginnen.

④ Einen Faden durch die letzten 8 Maschen ziehen.

⑤ *Daumen:* Den extra Faden herausziehen und die 7 Maschen auf Nadeln aufnehmen. Auf der anderen Seite 7 Maschen aufnehmen. Nach der Strickschrift 2, *Daumen* stricken. 1. Runde: auf 16 Maschen zunehmen, indem 1 Masche an jeder Seite zugenommen wird, vgl. Strickschrift.

⑥ Mit dem Abnehmen beginnen.

⑦ Faden abschneiden und durch die letzten 4 Maschen ziehen.

Alle Fäden auf der Rückseite vernähen. Den zweiten Fausthandschuh gleich stricken, aber mit dem Daumen auf der anderen Seite.

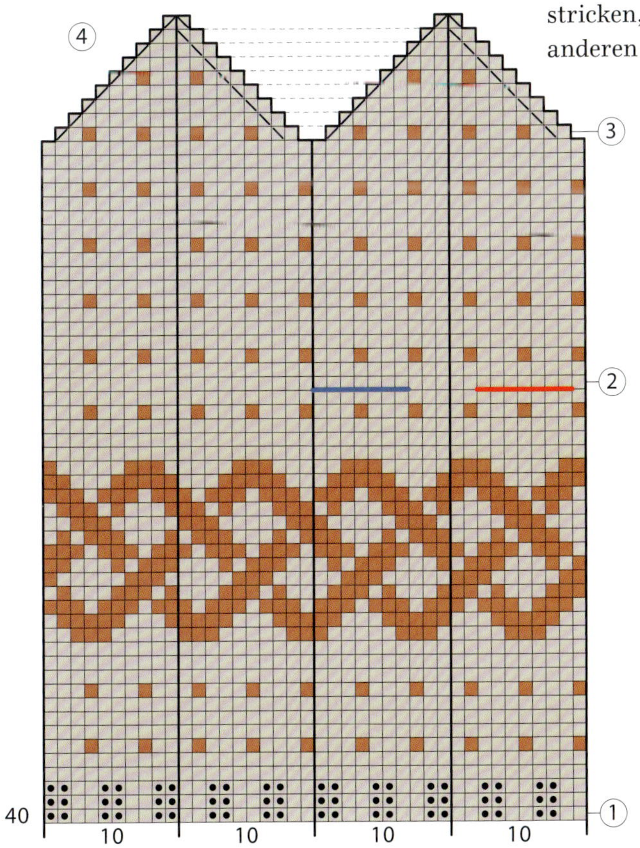

Strickschrift 1
Rechter und linker Fausthandschuh

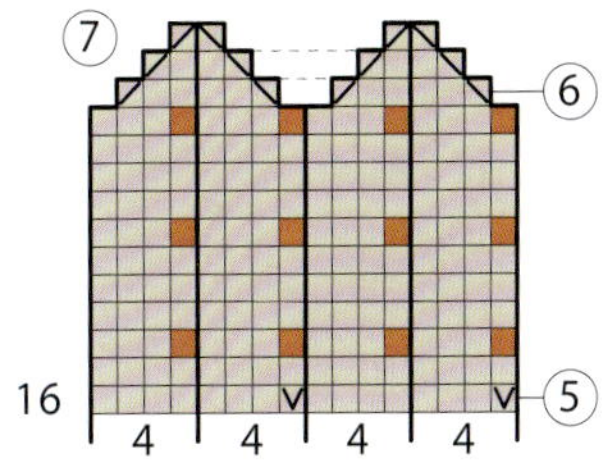

Strickschrift 2
Daumen

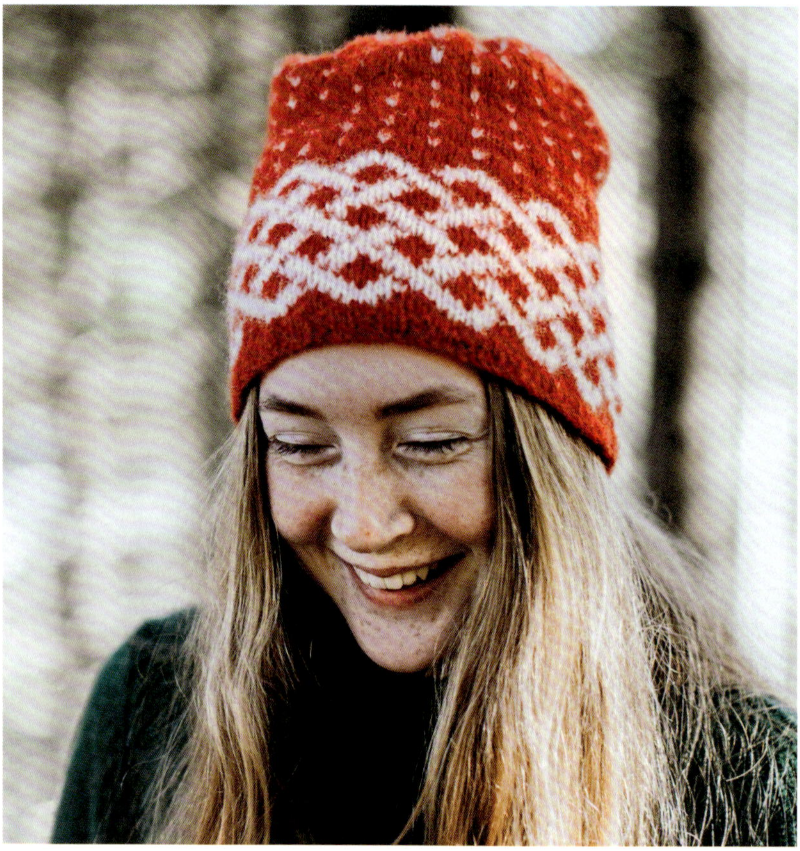

GEFILZTE MÜTZE UND STIRNBAND

Das Muster der Kinderfausthandschuhe findet sich hier auf Mütze und Stirnband, aber in einer etwas breiteren Version. Die weiche Mütze wird gefilzt. Sie sitzt an den Ohren gut und kratzt nicht.

GARN: Tove von Sandnes Garn (100 % Norwegische Wolle, LL = 160 m/50 g) in Weiß und Rot. 1 Knäuel von jeder Farbe reicht für eine lange oder kurze Mütze und ein oder zwei Stirnbänder.

NADELN: Rundstricknadel 40 cm lang Stärke 4–4 ½. Für das Oberteil der Mütze ein Nadelspiel mit 5 Nadeln Stärke 4–4 ½.
GRÖSSE: Die Stücke sind nach dem Stricken zu groß und werden dann beim Filzen in die richtige Größe und Form gebracht. Zum Filzen siehe Seite 18. Man kann die Mütze lang oder kurz stricken. Die kurze bedeckt gerade die Ohren, die lange hängt hinten nach unten.

Die Mützen sehen auch mit einem Bommel schön aus.

Anleitung

Größe: Kind (Erwachsener)

① 88 (96) Maschen auf der Rundstricknadel anschlagen, auf die 4 Nadeln verteilen und zum Ring schließen. Nach der Strickschrift *Mütze und Stirnband* stricken. Das Muster wird in der Runde fortlaufend wiederholt.

② 8 Maschen gleichmäßig verteilt in der Runde zunehmen auf insgesamt 96 (104) Maschen. Das Muster stricken. Stirnband: Bis zur Markierung »Stirnband« stricken. In einer Runde 8 Maschen gleichmäßig verteilt abnehmen, dann 4 Runden Rippenmuster (2 Maschen rechts, 2 Maschen links abwechselnd). Locker abketten. Kurze Mütze: Bis zur Markierung »Kurze Mütze« stricken und dann direkt abnehmen.

③ Abnehmen, vgl. Strickschrift. Wenn die Rundstricknadel zu lang ist, zum Nadelspiel mit 5 Nadeln wechseln. Die Strickschrift zu Ende stricken. Faden abschneiden, durch die letzten Maschen ziehen und auf der Rückseite vernähen.

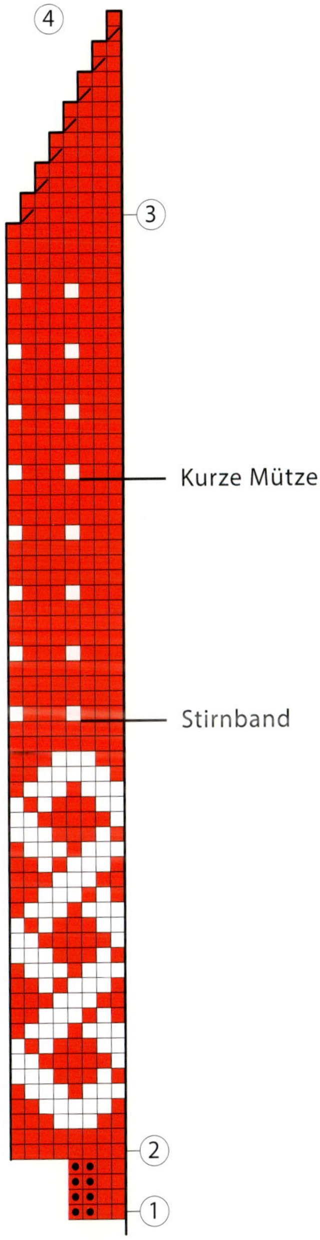

Mütze und Stirnband

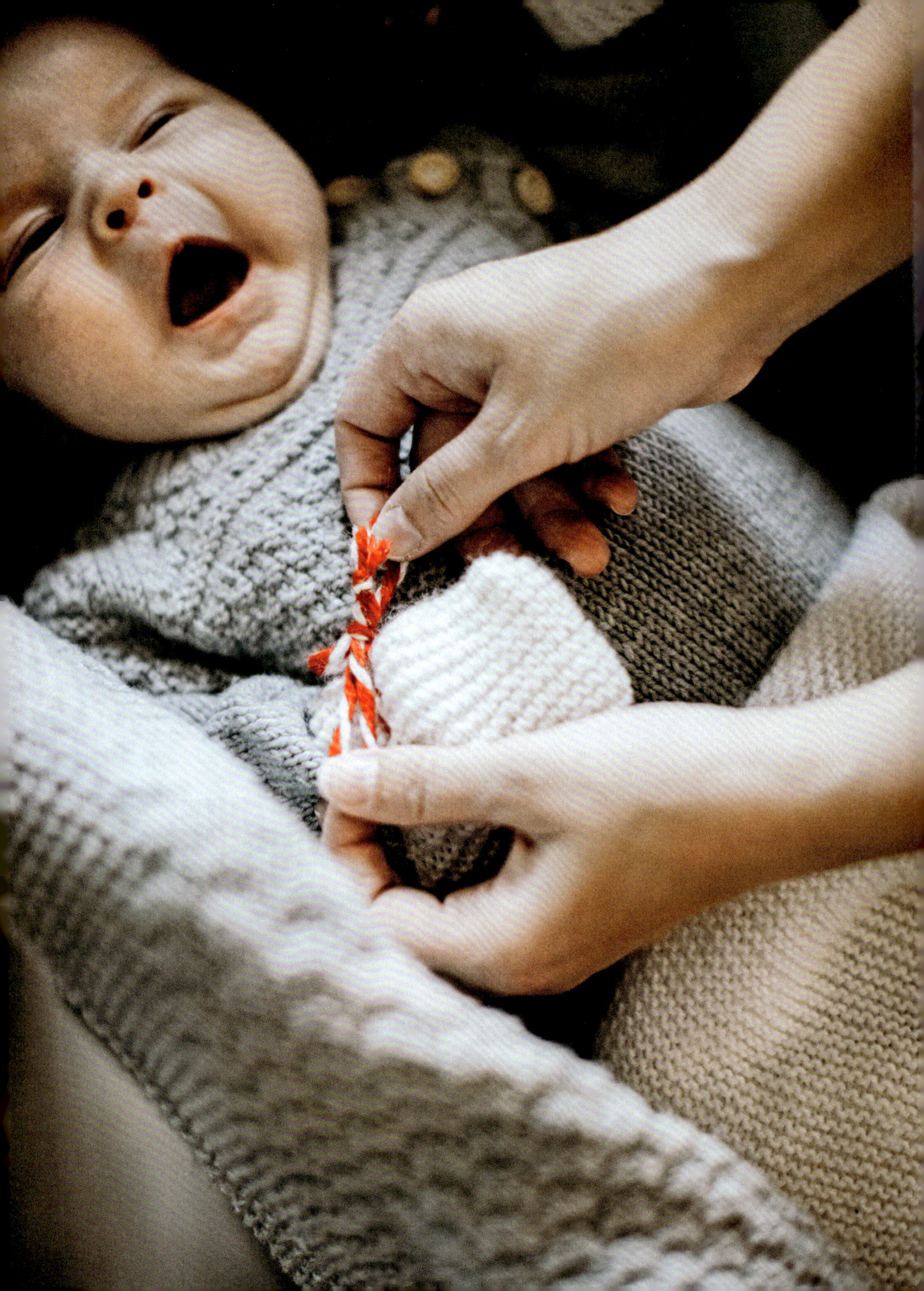

IN LETZTER MINUTE

Auch kurz vor Heiligabend kannst du noch schnell ein Geschenk stricken, selbst wenn die Zeit knapp ist.

Vielleicht hast du ein kleines Wolllager zuhause? Ein Knäuel davon kann zu einem Paar Hausschuhen, einer Mütze, Pulswärmern oder einem Halskragen werden. Überrasche einen/eine Kollegen/Kollegin auf der Arbeit mit einem Geschenk am letzten Arbeitstag vor Weihnachten oder erfreue jemanden mit einem unerwarteten Geschenk.

DAMENHAUSSCHUHE MIT KRAUSRIPPEN UND BOMMEL

Diese leicht zu strickenden Hausschuhe können selbstverständlich ein Weihnachtsgeschenk sein, oder du legst sie für deine Weihnachtsgäste bereit, falls sie kalte Füße haben. Wenn sie ein Geschenk sein sollen, kannst du sie in Farben stricken, die dem/der Beschenkten besonders gut gefallen. Diese Hausschuhe haben ein Streifenmuster, aber du kannst sie natürlich auch einfarbig stricken.

Wenn du schon einen Hausschuh gestrickt hast, kannst du ganz nach Belieben Reihen mehr oder weniger stricken, um die perfekt passende Länge zu erhalten. Oder du nimmst mehr oder weniger Maschen in der Breite für die gewünschte Höhe. Die Hausschuhe sind sowieso elastisch und passen deshalb vielen unterschiedlichen Füßen.

GARN: Sterk von Du Store Alpakka (40 % Alpaka, 40 % Merinowolle, 20 % Nylon, LL = 137 m/50 g). Rot (20 g), Dunkelrot (20 g). Für die Ränder und die Bommel wurde ein wenig Garn in Weiß und Schwarz in ähnlicher Qualität verwendet.
NADELN: Rundstricknadel oder 2 lange Nadeln Stärke 3–3,5. Die Nadeln auswählen, die die richtige Maschenprobe ergeben.
MASCHENPROBE: 20 Maschen = 10 cm.
GRÖSSE: Die Hausschuhe passen für Schuhgrößen ca. 36–40.

Anleitung

Die Hausschuhe werden in Reihen hin und zurück gestrickt und nur mit rechten Maschen. 2 Reihen rechte Maschen ergeben eine Krausrippe. Man beginnt hinten und strickt nach vorne. Später wird der Hausschuh längs zusammengefaltet und vorne und hinten zusammengenäht.

1. Krausrippe: 34 Maschen anschlagen. Eine Reihe stricken. Links: 16 Maschen stricken, * 1 Masche zunehmen, 1 Masche stricken *. Von * bis * 4-mal wiederholen. Dann 16 Maschen stricken, insgesamt 40 Maschen auf der Nadel.

60 Reihen (30 Krausrippen) stricken.

31. Krausrippe, rechts: 6 Maschen vorne in der Mitte folgendermaßen abnehmen: 14 Maschen stricken, 6-mal 2 Maschen rechts zusammenstricken, 14 Maschen stricken. Letzte Reihe komplett rechts stricken. Abketten.

Den Hausschuh längs rechts auf rechts zusammenlegen und nur vorne zusammennähen.

Rand: Der Rand wird hin und zurück über alle Maschen gestrickt. Hinten beginnen, Maschen von rechts entlang der gesamten Kante rundum aufnehmen. Wenden und rechte Maschen zurück stricken. Eine Krausrippe stricken, aber in der zweiten Reihe in der vorderen Mitte 6-mal 2 Maschen rechts zusammenstricken.

Jetzt den Hausschuh hinten zusammennähen und alle Fäden vernähen. Den anderen Hausschuh gleich stricken.

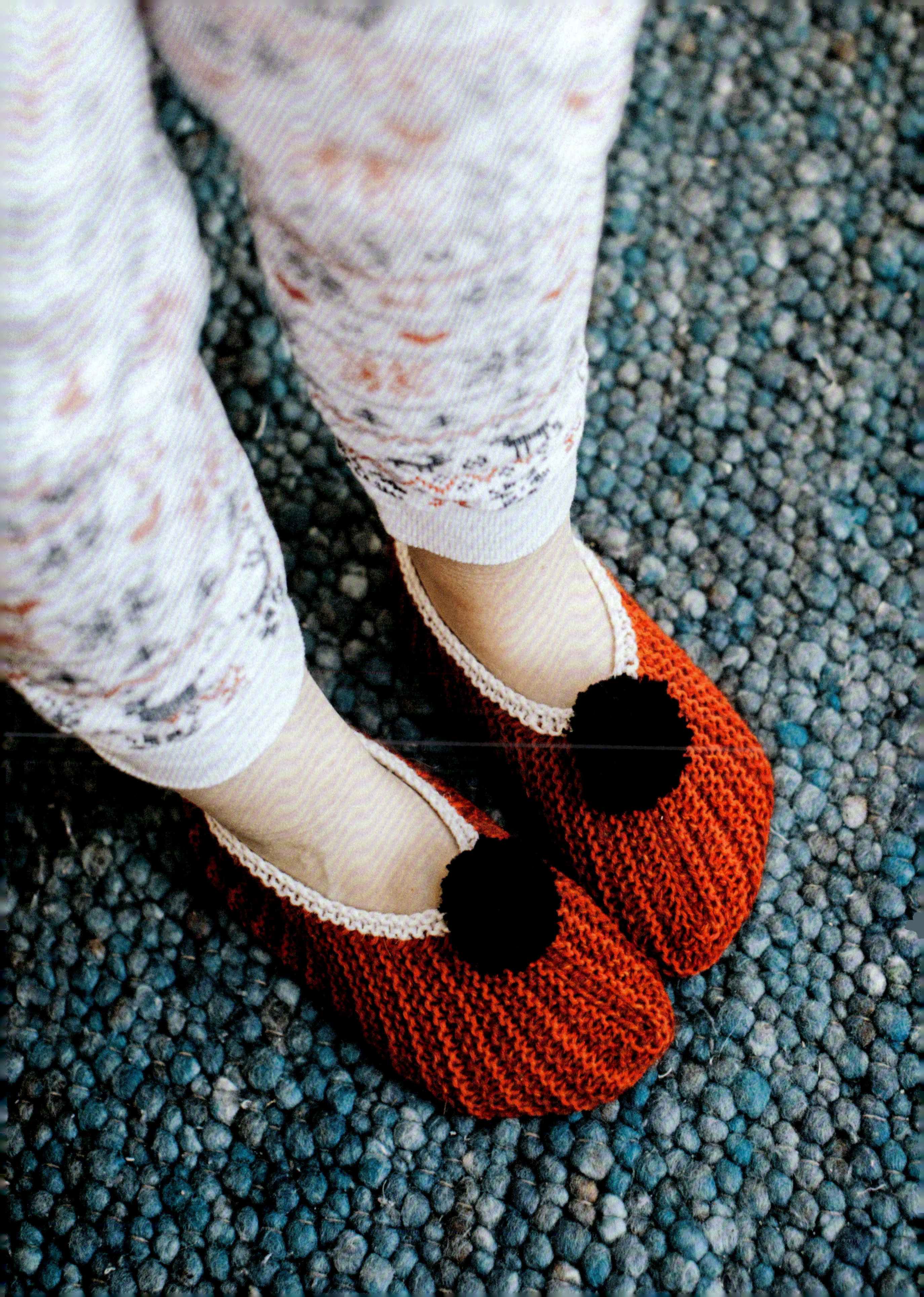

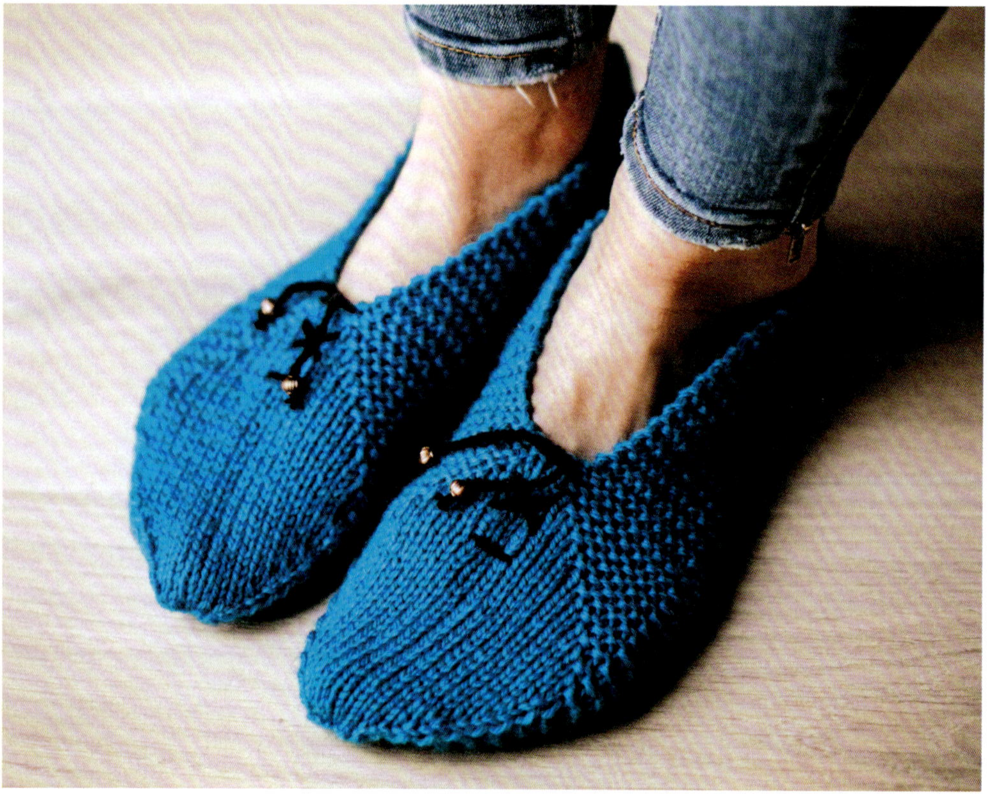

EINFACHE HERRENHAUS-SCHUHE MIT »SCHNÜRSENKELN«

Manche Männer möchten keine Hausschuhe mit Bommeln oder Schleifen tragen. Aber diese leicht zu strickenden Hausschuhe haben aufgenähte falsche Schnürsenkel bekommen und erhalten damit eine wirklich männliche Optik. Die Schnürsenkel machen aus den Hausschuhen einen echten Schuh.

GARN: Viking of Norway Sportsragg (60 % Wolle; 20 % Nylon, 20 % Acryl, LL = 100 m/50 g) in Blau (65 g). Für die Schnürsenkel wurde ein wenig dünnes Garn in Schwarz verwendet.
ALTERNATIVES GARN: Garn mit einer Maschenprobe von ca. 23 Maschen = 10 cm mit Nadelstärke 3,5.
NADELN: Nadelspiel mit 5 Nadeln Stärke 3–3,5. Die Nadeln auswählen, die die richtige Maschenprobe ergeben.
GRÖSSE: Die Hausschuhe passen für Schuhgrößen ca. 39–44.

Anleitung

34 Maschen anschlagen. Nach der Strickschrift *Herrenhausschuhe* stricken. Der erste Teil vom Hausschuh wird in Reihen hin und zurück gestrickt.

① 1 Reihe rechte Maschen stricken.

② *Links:* 15 Maschen stricken. 6-mal nach jeder Masche 1 Masche zunehmen, 15 Maschen rechts stricken. Insgesamt sind es dann 40 Maschen in der Reihe.

③ Weiter hin und zurück stricken, bis 24 Krausrippen gestrickt sind.

④ Die Maschen auf 4 Nadeln verteilen, 10 pro Nadel. Jetzt wird in Runden weitergestrickt. 1 Runde linke Maschen stricken. An jeder Seite in jeder 2. Runde 1 rechte Masche mehr stricken, vgl. Strickschrift, bis rechte Maschen vor den 10 ersten und 10 letzten Maschen der Runde gestrickt sind.

⑤ Abnehmen: In jeder 2. Runde an den Seiten abnehmen, vgl. Strickschrift.

⑥ Abketten: Die Maschen der Oberseite mit den Maschen der Unterseite mit Maschenstich zusammennähen.

Den Hausschuh hinten zusammennähen. Alle Fäden vernähen. Der zweite Hausschuh wird gleich gestrickt.

Schnürsenkel: Schnürsenkel aus dünnem Garn flechten oder drehen. Die Schnürsenkel an den Hausschuhen so aufnähen, wie man sie durch die Löcher in den Schuhen fädeln würde. Am Ende der Schnürsenkel eventuell eine Perle befestigen.

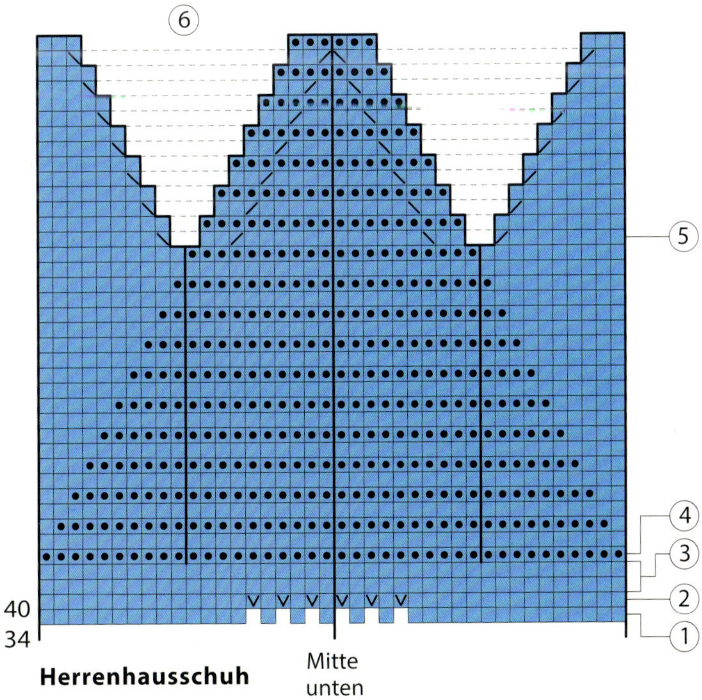

Herrenhausschuh

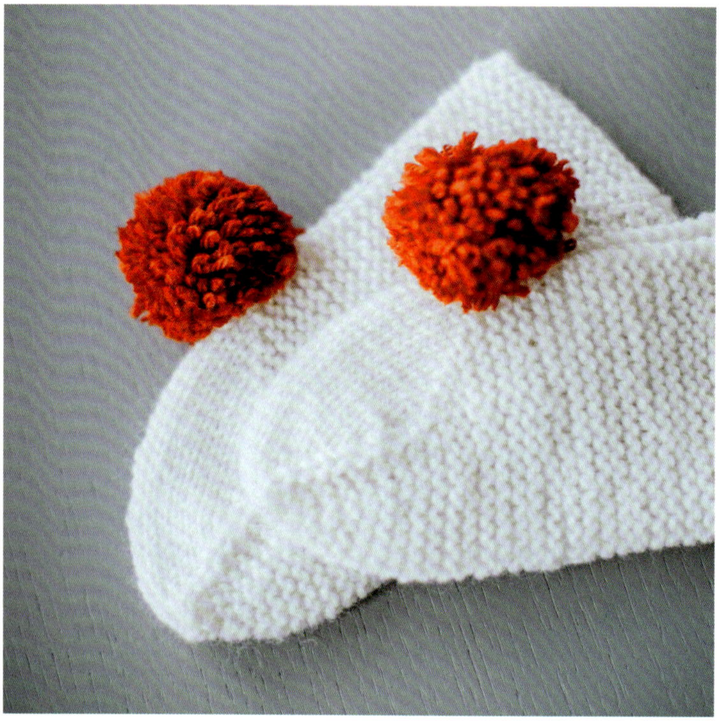

EINFACHE DAMENHAUSSCHUHE

Der gute Schnitt der Hausschuhe in der vorherigen Anleitung passt natürlich auch für einen Damenfuß. Die Damenhausschuhe können mit aufgenähten Schnürsenkeln verziert werden, aber die Möglichkeiten für einen ganz persönlichen Stil sind grenzenlos. Du kannst sie in verschiedenen Farben stricken, mit einem Seidenband verzieren, mit Bommeln, Schleifen ... Oder warum nicht einen Rand mit einem Fransenband schmücken?

Meine Damenhausschuhe wurden mit roten Bommeln verziert.

Wenn du schon einen Hausschuh gestrickt hast, kannst du ganz nach Belieben Reihen mehr oder weniger stricken, um die perfekt passende Länge zu erhalten.

GARN: Viking of Norway Sportsragg (60 % Wolle; 20 % Nylon, 20 % Acryl, LL = 100 m/50 g) in. Weiß (50 g). Für die Bommel wurde ein wenig rotes Garn verwendet.

ALTERNATIVES GARN: Garn mit einer Maschenprobe von ca. 23 Maschen = 10 cm mit Nadelstärke 3,5.

NADELN: Nadelspiel mit 5 Nadeln Stärke 3–3,5. Die Nadeln auswählen, die die richtige Maschenprobe ergeben.

GRÖSSE: Die Hausschuhe passen für Schuhgrößen ca. 36–38.

Anleitung

30 Maschen anschlagen. Nach der Strickschrift *Damenhausschuhe* stricken. Der erste Teil vom Hausschuh wird in Reihen hin und zurück gestrickt.

① 1 Reihe rechte Maschen stricken.

② *Links:* 13 Maschen stricken. 6-mal nach jeder Masche 1 Masche zunehmen, 12 Maschen rechts stricken. Insgesamt sind dann 36 Maschen in der Reihe.

③ Weiter hin und zurück stricken, bis 20 Krausrippen gestrickt sind.

④ Die Maschen auf 4 Nadeln verteilen, 9 Maschen pro Nadel. Jetzt wird rund weitergestrickt. 1 Runde linke Maschen stricken. An jeder Seite in jeder 2. Runde 1 rechte Masche mehr stricken, vgl. Strickschrift, bis rechte Maschen vor den 9 ersten und 9 letzten Maschen der Runde gestrickt sind.

⑤ Abnehmen. In jeder 2. Runde an den Seiten abnehmen, vgl. Strickschrift.

⑥ Abketten. Die Maschen der Oberseite mit den Maschen der Unterseite im Maschenstich zusammennähen.

Den Hausschuh hinten zusammennähen. Alle Fäden vernähen. Der zweite Hausschuh wird gleich gestrickt.

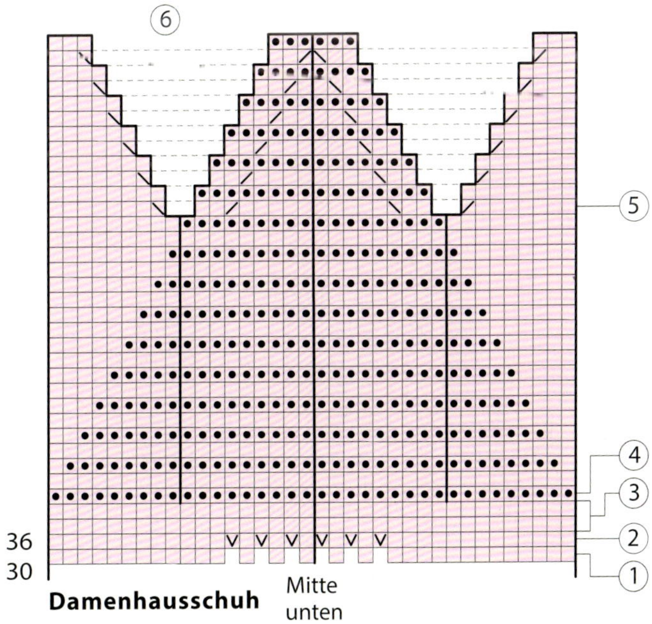

Damenhausschuh

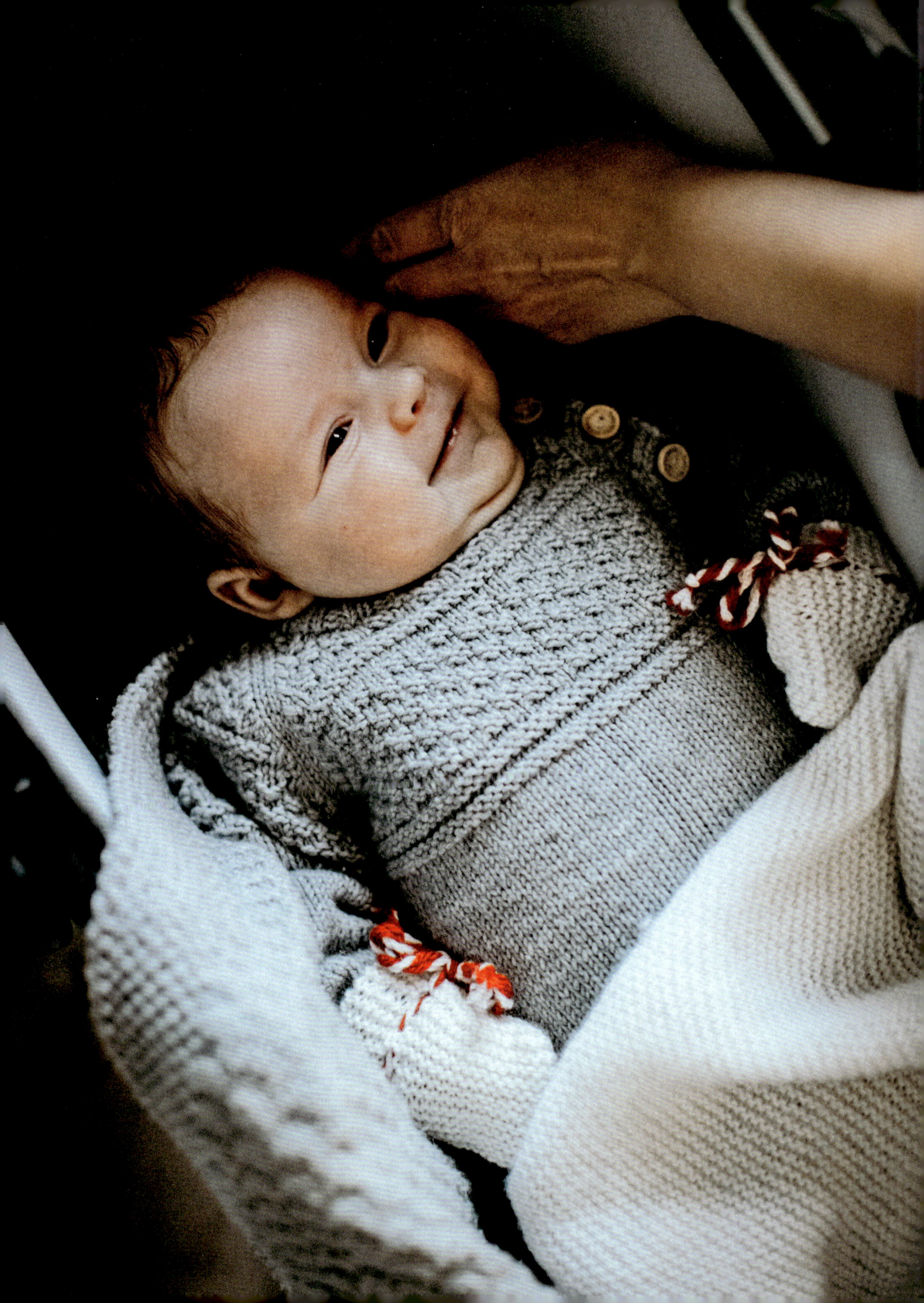

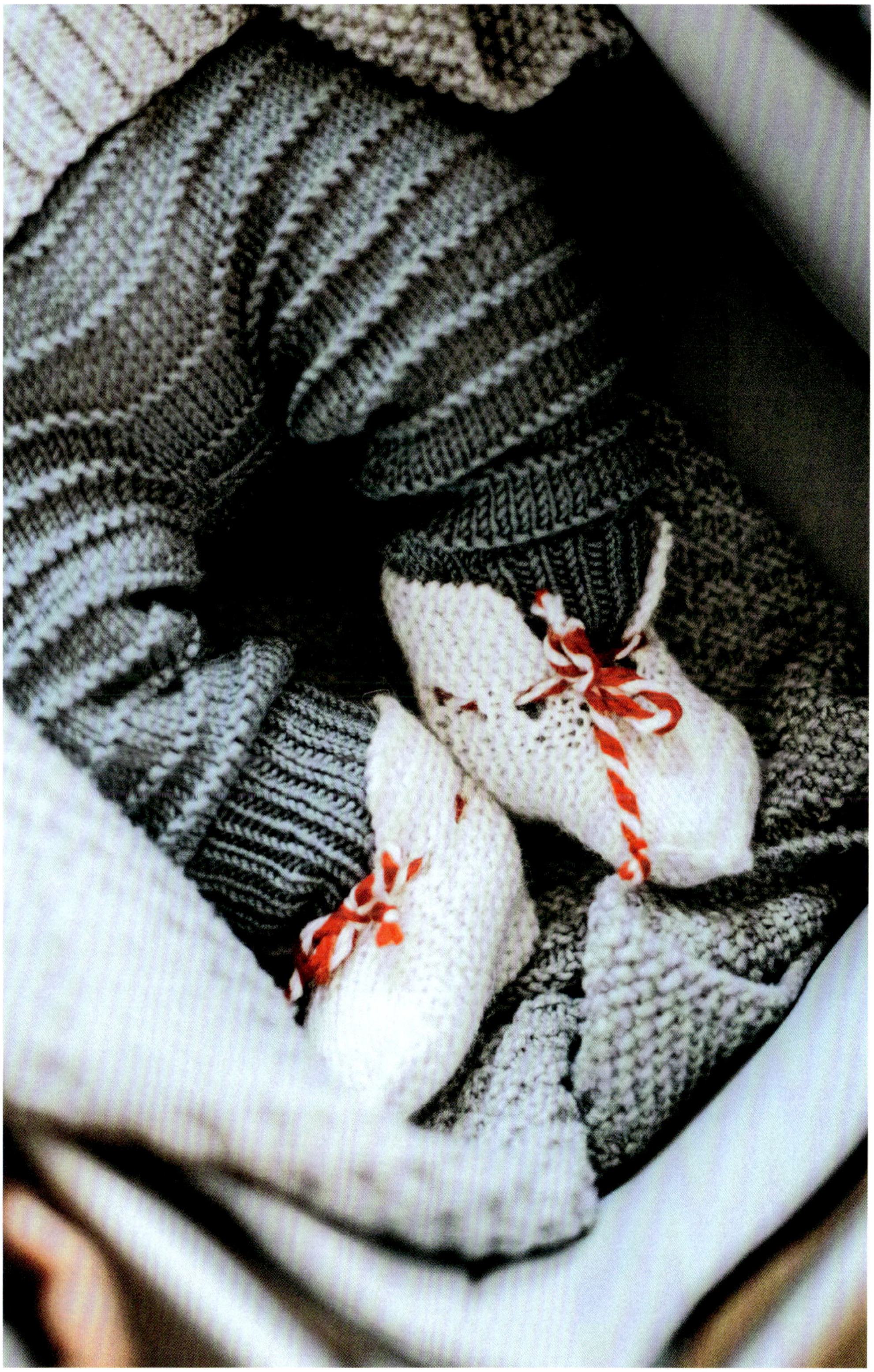

EINFACHE BABYHAUSSCHUHE UND FAUSTHANDSCHUHE MIT BAND

Wenn man ein Nickerchen im Kinderwagen macht, sind weiche Hausschuhe und Fausthandschuhe prima, damit die Füße und Finger auch warm bleiben. Die Hausschuhe und die Fausthandschuhe haben eine einfache Form und sitzen dank Bindeband gut. Die Babyhausschuhe werden nach der gleichen Anleitung wie die großen Damenhausschuhe gestrickt, haben aber ein extra breites Bündchen und eine Lochreihe für ein Bindeband.

GARN: Sterk von Du Store Alpakka (40 % Alpaka, 40 % Merinowolle, 20 % Nylon, LL = 137 m/50 g). 50 g in Weiß reichen für Hausschuhe und Fausthandschuhe.
ALTERNATIVES GARN: Garn mit einer Maschenprobe von 23 Maschen = 10 cm.
NADELN: Nadelspiel mit 5 Nadeln Stärke 3–3,5. Die Nadeln auswählen, die die richtige Maschenprobe ergeben.
GRÖSSE: Für Babys von 0–6 Monate.

Anleitung

Man beginnt an der Ferse und strickt hin und zurück an der Öffnung entlang. Später wird die Arbeit zu einem Ring geschlossen und der zweite Teil rund gestrickt.

Wenn du schon einen Hausschuh gestrickt hast, kannst du ganz nach Belieben mehr oder weniger Reihen stricken, um die perfekt passende Länge zu erhalten.

34 Maschen anschlagen. Nach der Strickschrift *Babyhausschuhe* stricken.

① 1 Reihe rechte Maschen stricken.

② *Links:* 15 Maschen stricken. 6-mal nach jeder Masche 1 Masche zunehmen, 15 Maschen rechts stricken. Insgesamt sind dann 40 Maschen in der Reihe.

③ Ein Loch an jeder Seite arbeiten. 8 Maschen stricken, 1 Umschlag, 2 Maschen rechts zusammenstricken. 20 Maschen stricken, 2 Maschen rechts zusammenstricken, 1 Umschlag, 8 Maschen rechts stricken. Dies 3-mal wiederholen mit 5 Reihen Abstand, vgl. Strickschrift.

④ Die 8 ersten Maschen der Reihe abnehmen.

⑤ Die 8 ersten Maschen der Reihe abnehmen. Linke Maschen über die nächsten 24 Maschen stricken. Die Maschen auf 4 Nadeln verteilen, 8 Maschen pro Nadel. Jetzt wird rund weitergestrickt. An jeder Seite in jeder zweiten Runde 1 Masche mehr stricken, vgl. Strickschrift.

⑥ *Abnehmen*: In jeder 2. Runde an den Seiten abnehmen, vgl. Strickschrift.

⑦ Faden abschneiden und durch die letzten 8 Maschen ziehen.

Den Hausschuh hinten zusammennähen. Alle Fäden vernähen. Der zweite Hausschuh wird gleich gestrickt.

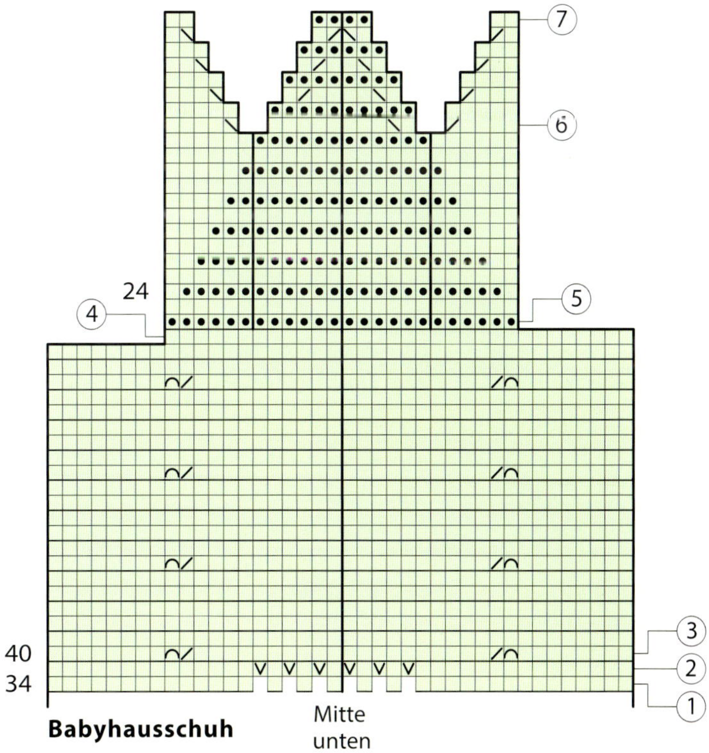

Babyhausschuh

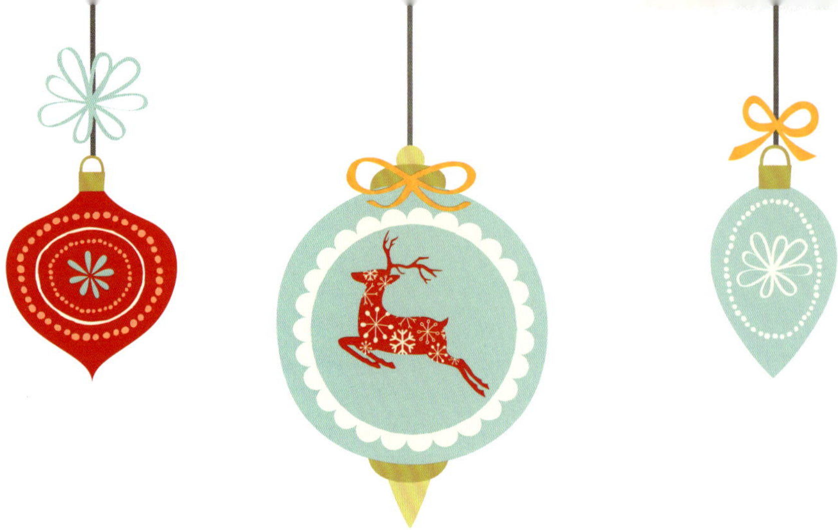

Anleitung

Die Fausthandschuhe werden hin und zurück gestrickt, anschließend quer gefaltet und an den Seiten zusammengenäht.

① 38 Maschen anschlagen, nach der Strickschrift *Babyfausthandschuhe* stricken. 1 Reihe rechte Maschen stricken.

② Links: 16 Maschen stricken, 6-mal nach jeder gestrickten Masche 1 Masche zunehmen, dann 17 Maschen rechts. Insgesamt sind 44 Maschen in der Reihe.

③ Ein Loch an jeder Seite arbeiten. 7 Maschen stricken, 1 Umschlag, 2 Maschen rechts zusammenstricken. 26 Maschen stricken, 2 Maschen rechts zusammenstricken, 1 Umschlag, 7 Maschen rechts stricken. Dies 3-mal wiederholen mit 5 Reihen Abstand, vgl. Strickschrift.

④ Letzte Reihe: 16 Maschen stricken, 6-mal 2 Maschen rechts zusammenstricken, 17 Maschen stricken.

Abketten. Fausthandschuhe in der Mitte falten und an beiden Seiten zusammennähen.

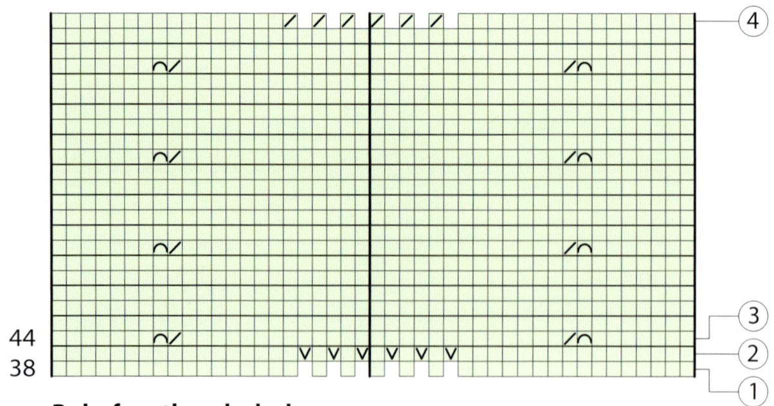

Babyfausthandschuh

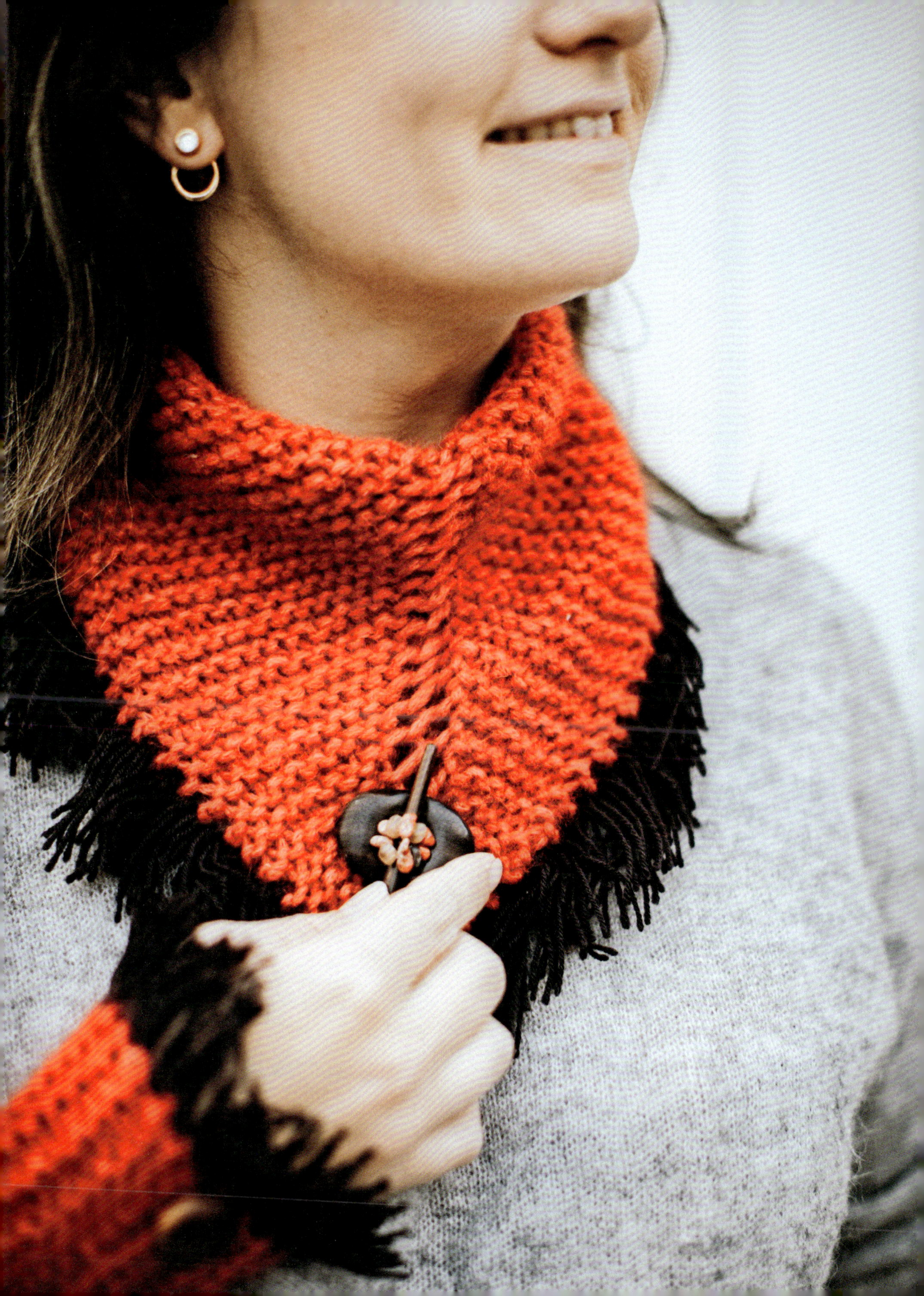

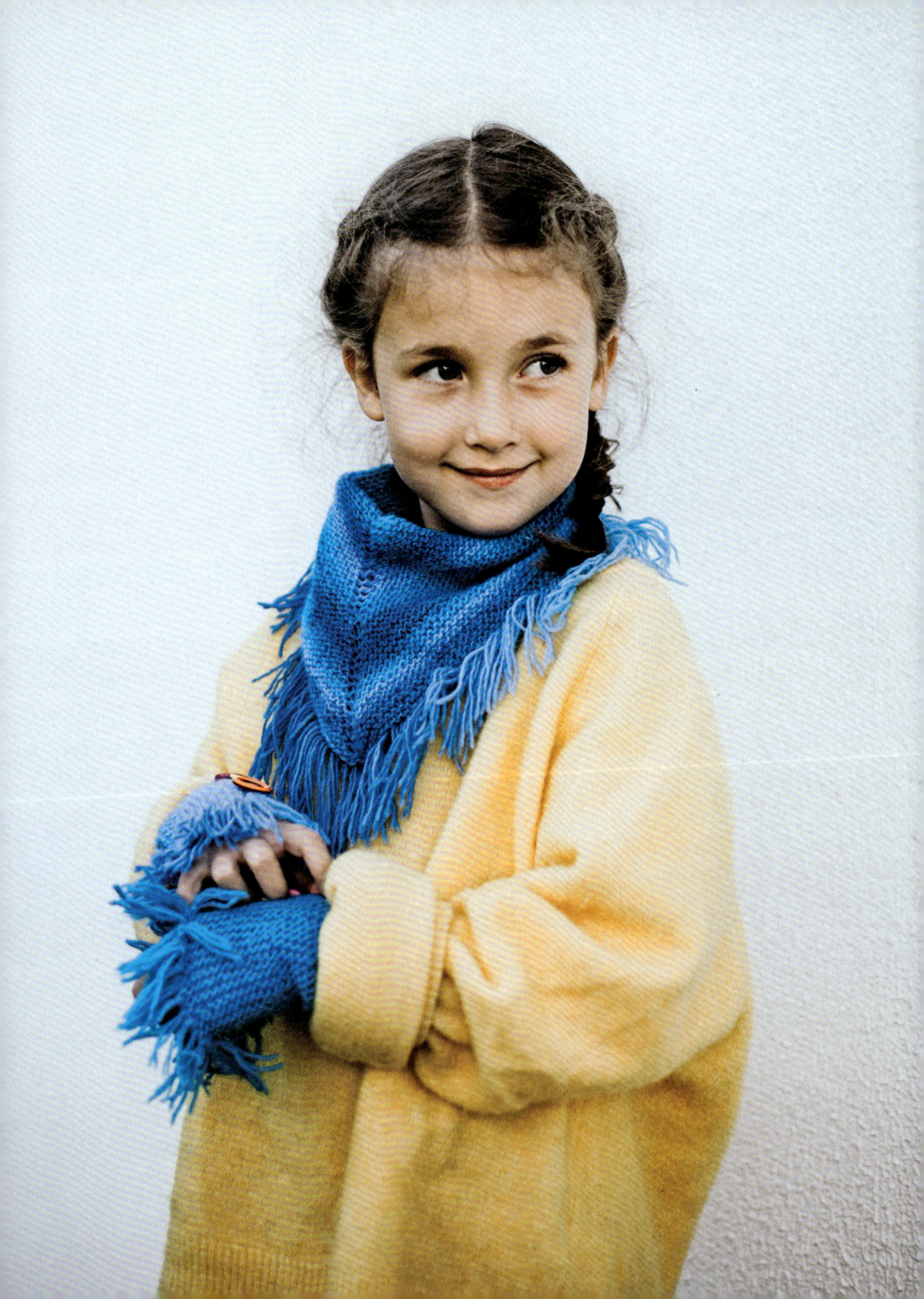

HALSKRAGEN MIT FRANSEN

Vergiss flatternde Halstücher, Schals und Tücher, die sich lockern und herunterfallen. Dieser tolle Halskragen bleibt am Platz und wärmt dort, wo es wirklich nötig ist, nämlich rund um den Hals und vorne auf der Brust. Zusammen mit den Pulswärmern in der nächsten Anleitung verleiht der Kragen jeder Kleidung zusätzlich Pfiff.

Den Kragen kann man mit jedem Garn stricken, das nicht sticht oder kratzt. Verwende 1–1,5 größere Nadeln als auf der Banderole angegeben.

Der Kragen wird hin und zurück gestrickt, dann zu einem doppelten Dreieck aufeinandergelegt und hinten zusammengenäht. Die zwei kurzen Seiten sind mit einer dichten Fransenreihe verziert. Der Halskragen ist so locker, dass er über den Kopf gezogen wird.

BLAUER KRAGEN:
GARN: Viking Nordlys von Gjestdal.
FARBE: 50 g in Blau reichen für Hausschuhe und Fausthandschuhe.
GARNVERBRAUCH: Ca. 35 g inclusive Fransen.
NADELN: Rundstricknadel Stärke 4.
GRÖSSE: 35 cm, etwas kürzerer Kragen, passt Kindern und Erwachsenen.

DUNKELROTER KRAGEN:
GARN: Pus von Du Store Alpakka (70 % Babyalpaka, 17 % Acryl, 135 Polyamid, LL = 100 m/50 g) für den Kragen, dünnes Babygarn für die Fransen.
FARBE: Dunkelrot, Dunkelbraun für die Fransen.
GARNVERBRAUCH: 50 g für den Kragen, ca. 20 g Babygarn für die Fransen.
NADELN: Rundstricknadel Stärke 7.
GRÖSSE: 40 cm, langer Kragen, passt Erwachsenen.

Anleitung

6 Maschen mit der Rundstricknadel anschlagen. 2 Reihen hin und zurück stricken (1 Krausrippe). Nach jeder 3. Masche einen Maschenmarkierer einhängen. Folgendermaßen weiterstricken: Bis zum Maschenmarkierer stricken, den auf die rechte Nadel schieben, 1 Umschlag, rechte Maschen stricken.

Die Arbeit wird schrittweise zu einem Quadrat. Weiterstricken, bis eine Höhe von 35 cm (Kinder) oder 40 cm (Erwachsene) erreicht ist, und abketten.

FRANSEN

Das Garn abwickeln und passende Stücke in der gewünschten Fransenlänge abschneiden. Die Garnstücke der Reihe nach mit einer Häkelnadel durch beide Seiten am Rand ziehen. Wenn das Garn für die Fransen sehr dünn ist, kann man immer zwei Fäden zusammen einziehen. Eine Franse pro Krausrippe einziehen.

PULSWÄRMER MIT KNÖPFEN UND FRANSEN

Diese schönen Pulswärmer sind wirklich etwas vom Einfachsten, das man stricken kann. Du kannst jedes Garn dafür verwenden, aber sie werden mit ein oder zwei Stärken dickeren Nadeln als auf der Banderole angegeben gestrickt. Dadurch werden sie schön locker, elastisch und weich. Die Pulswärmer hier wurden mit dem gleichen Garn gestrickt wie der Halskragen.

Du kannst die Pulswärmer in genau der Länge stricken, die du brauchst. Dafür die Anzahl Maschen anschlagen, die der gewünschten Länge entspricht, und in Reihen hin und zurück stricken, bis die Breite passt. Man kann sie mit Perlen, Knöpfen, Bommeln oder was dir gefällt verzieren oder du kannst sie ganz schlicht ohne Verzierung lassen.

BLAUE PULSWÄRMER:
GARN: Viking Nordlys von Gjestdal in Blau.
NADELN: Stärke 4
GARNVERBRAUCH: Ca. 20 g inclusive Fransen.

DUNKELROTE PULSWÄRMER:
GARN: Pus von Du Store Alpakka (70 % Babyalpaka, 17 % Acryl, 135 Polyamid, LL = 100 m/50 g) in Dunkelrot. Schwarzes Babygarn für die Fransen.
NADELN: Stärke 7
GARNVERBRAUCH: Ca. 15 g.

Anleitung

Blaue (Dunkelrote) Pulswärmer.

25 (15) Maschen anschlagen, rechte Maschen hin und zurück stricken.
35 (17) Krausrippen stricken. (1 Krausrippe = 2 Reihen rechte Maschen).

Abketten. An der Seite zusammennähen.

FRANSEN
Garn in passender Länge abschneiden. Die Garnstücke mittig falten und mit einer Häkelnadel eine Schlaufe durch den Rand ziehen. Dann das Garn durch die Schlaufe ziehen und vorsichtig festziehen. Eine Franse pro Krausrippe einziehen. Wenn das Garn für die Fransen sehr dünn ist, kann man immer zwei Fäden zusammen einziehen.

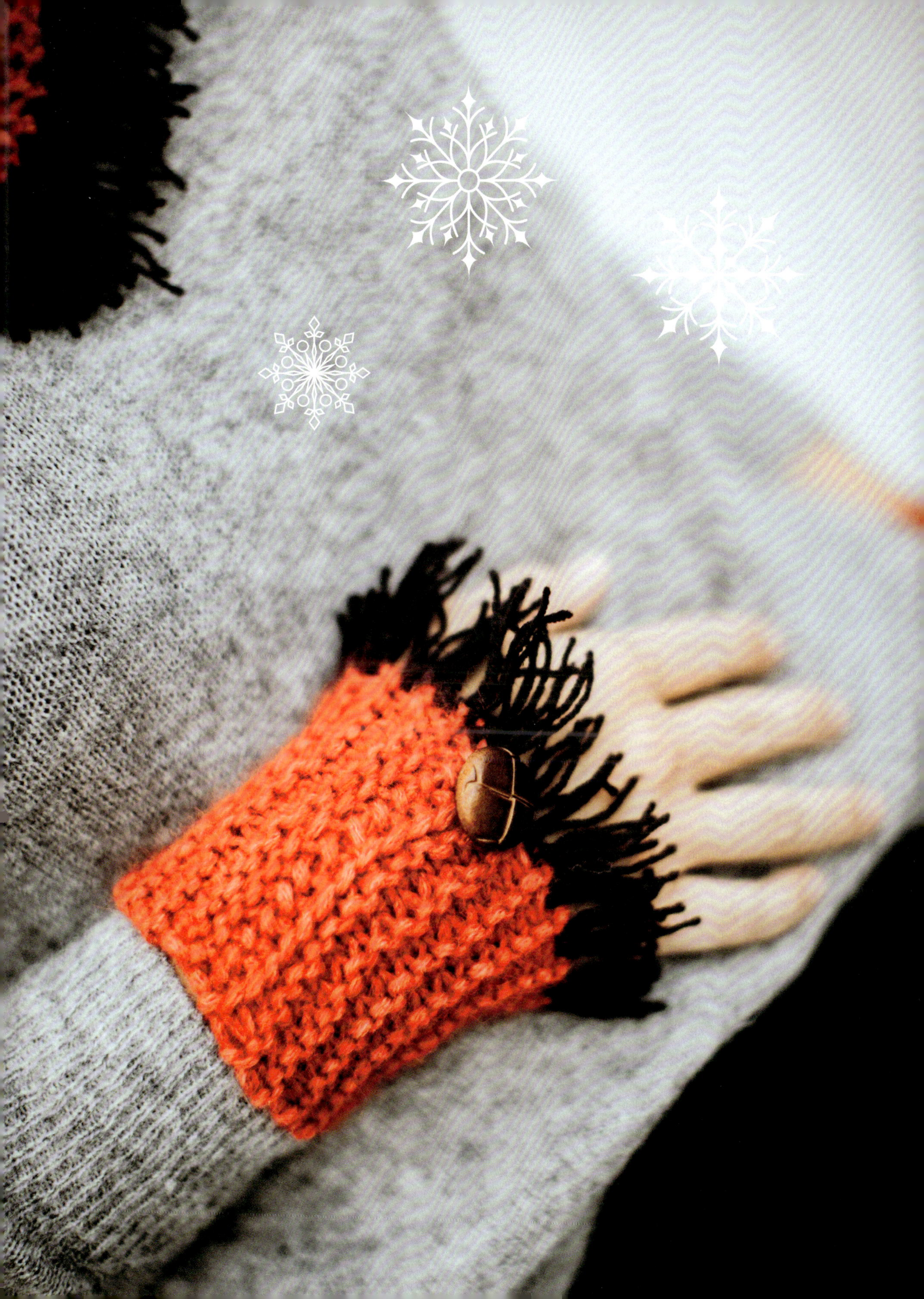

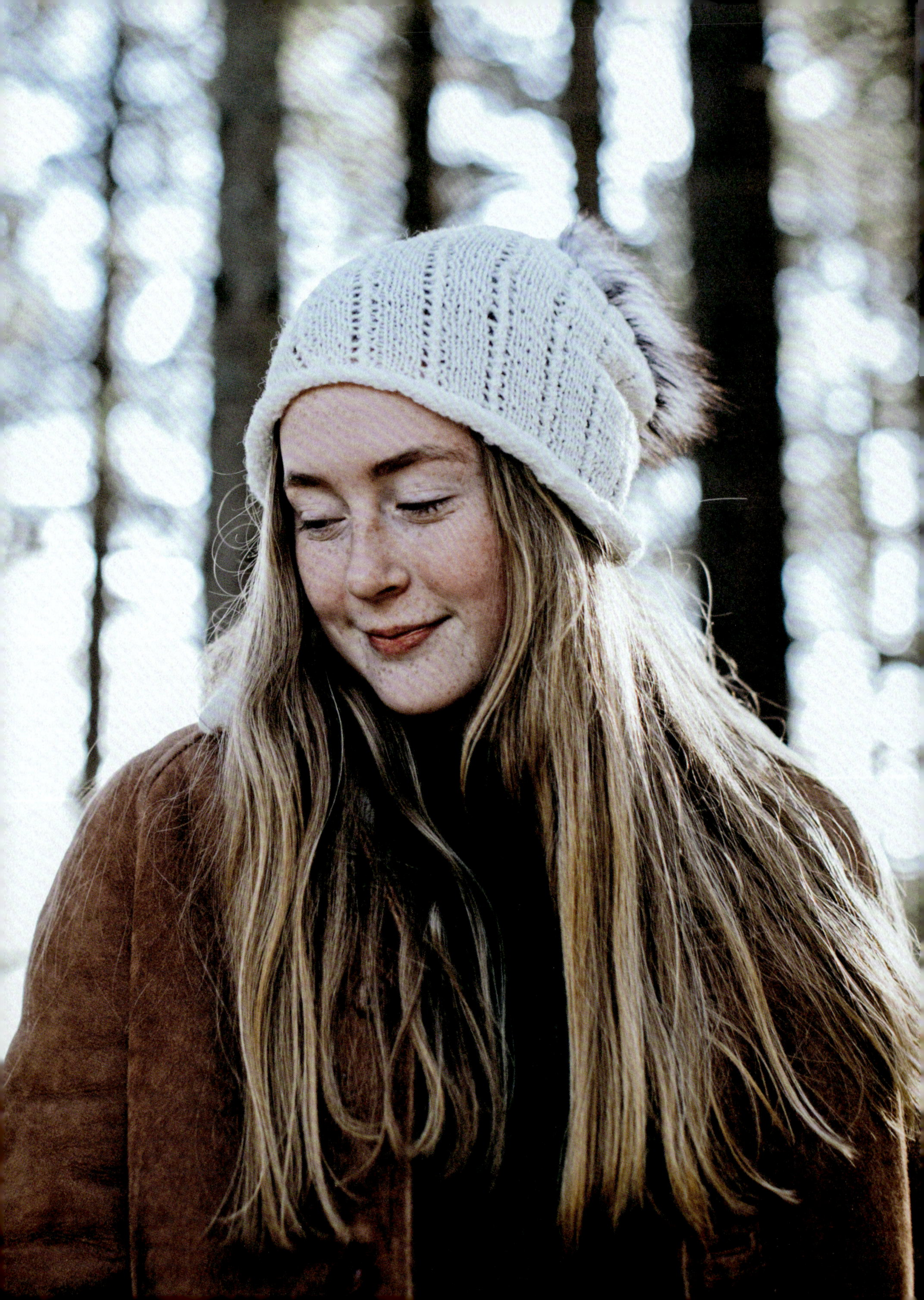

MÜTZE MIT DREHUNG

Das ist eine Mütze für alle, die Angst haben, ihre Frisur zu zerstören. Sie sitzt locker und hängt vielleicht hinten etwas nach unten. Die Mütze ist in einem Streifenmuster gestrickt, das sich spiralförmig windet, und die Mütze sieht deshalb wie gedreht aus.

Als Bommel habe ich einen synthetischen Pelzbommel verwendet, der mit einem Druckknopf befestigt ist.

GARN: Sterk von Du Store Alpakka (40 % Alpaka, 40 % Merinowolle, 20% Nylon, LL = 137 m/50 g), 1 Knäuel in Weiß oder ca. 40 g.
NADELN: Rundstricknadel 40 cm lang und Nadelspiel mit 5 Nadeln, je Stärke 4 ½.
ALTERNATIVES GARN: Garn mit einer Maschenprobe von 22 Maschen = 10 cm.
MASCHENPROBE: 18 Maschen im Muster mit Nadeln Stärke 4 ½ gestrickt = 10 cm.
GRÖSSE: Die Mütze hat einen Durchmesser von ca. 60 cm.

Anleitung

102 Maschen auf der Rundstricknadel anschlagen und zu einem Ring schließen. 5 Runden rechte Maschen stricken. Dann ein Lochmuster stricken: 4 Maschen rechts stricken, 2 Maschen rechts zusammenstricken, 1 Umschlag. Dies in der Runde fortlaufend wiederholen. Muster weiter in jeder Runde stricken, bis die Arbeit 25 cm hoch ist.

Folgendermaßen abnehmen: 4 Maschen rechts, 2 Maschen rechts zusammenstricken. Dies in der Runde fortlaufend wiederholen. 2 Runden rechte Maschen stricken. Sobald die Rundstricknadel zu lang wird, zum Nadelspiel wechseln.

3 Maschen rechts, 2 Maschen rechts zusammenstricken. Dies in der Runde fortlaufend wiederholen. 1 Runde rechte Maschen stricken.

2 Maschen rechts, 2 Maschen rechts zusammenstricken. Dies in der Runde fortlaufend wiederholen. 1 Runde rechte Maschen stricken.

1 Masche rechts, 2 Maschen rechts zusammenstricken. Dies in der Runde fortlaufend wiederholen. 1 Runde rechte Maschen stricken.

2 Maschen rechts zusammenstricken. Dies in der Runde fortlaufend wiederholen. Faden abschneiden und durch die letzten Maschen ziehen. Faden vernähen.

Impressum

Originalausgabe unter dem Titel *Jorids Julestrikk* (2018) erschienen bei: Vega Forlag AS, Pb. 8814 St. Olavs plass, 0028 Oslo

Design/Layout: Johanne Hjorthol
Alle Fotos: Marthe Mølstre

Für die deutsche Ausgabe:
Projektmanagement: Maria Möllenkamp
Übersetzung: Dr. Sabine Blocher
Lektorat: Anna Maier
Korrektorat: Mareike Weber
Satz: satz & repro Grieb, München
Umschlaggestaltung: Louise Lemke
Herstellung: Kathleen Baumann
Printed in Turkey by Elma Basim

★★★★★

Sind Sie mit diesem Titel zufrieden? Dann würden wir uns über Ihre Weiterempfehlung freuen. Erzählen Sie es im Freundeskreis, berichten Sie Ihrem Buchhändler oder bewerten Sie beim Onlinekauf. Und wenn Sie Kritik, Korrekturen, Aktualisierungen haben, freuen wir uns über Ihre Nachricht an: Christian Verlag, Postfach 40 02 09, 80702 München oder per E-Mail an lektorat@verlagshaus.de.

Unser komplettes Programm finden Sie unter

www.christophorus-verlag.de

In diesem Buch wird aus Gründen der besseren Lesbarkeit das generische Maskulinum verwendet. Weibliche und anderweitige Geschlechteridentitäten werden dabei ausdrücklich mitgemeint, soweit es für die Aussage erforderlich ist.

Die Deutsche Nationalbibliothek verzeichnet diese Publikation in der Deutschen Nationalbibliografie; detaillierte bibliografische Daten sind im Internet über http://dnb.de abrufbar.

Infanteriestraße 11a
80797 München

ISBN 978-3-8410-6718-0

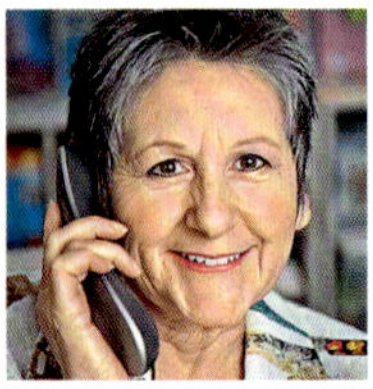

Kreativ-Service

Sie haben Fragen zu den Büchern und Materialien? Frau Erika Noll ist für Sie da und berät Sie rund um alle Kreativthemen. Rufen Sie an! Wir interessieren uns auch für Ihre eigenen Ideen und Anregungen. Sie erreichen Frau Noll per E-Mail: kreativ-service@c-verlag.de oder Tel.: +49 (0) 89 13 06 99-577.

Besuchen Sie uns im Internet: www.christophorus-verlag.de & www.selbstgemacht.de